Linux
Praxiswissen für Ein- und Umsteiger

Christoph Troche

Linux
Praxiswissen für Ein- und Umsteiger

Bibliografische Information der Deutschen Nationalbibliothek
Die Deutsche Nationalbibliothek verzeichnet diese Publikation in der Deutschen
Nationalbibliografie; detaillierte bibliografische Daten sind im Internet über
<http://dnb.d-nb.de> abrufbar.

Bei der Herstellung des Werkes haben wir uns zukunftsbewusst für umweltverträgliche
und wiederverwertbare Materialien entschieden.
Der Inhalt ist auf elementar chlorfreiem Papier gedruckt.

ISBN 978-3-95845-613-6
1. Auflage 2018

http://www.mitp.de
E-Mail: mitp-verlag@sigloch.de
Telefon: +49 7953 / 7189 - 079
Telefax: +49 7953 / 7189 - 082

© 2018 mitp Verlags GmbH & Co. KG, Frechen
Dieses Werk, einschließlich aller seiner Teile, ist urheberrechtlich geschützt. Jede
Verwertung außerhalb der engen Grenzen des Urheberrechtsgesetzes ist ohne
Zustimmung des Verlages unzulässig und strafbar. Dies gilt insbesondere für
Vervielfältigungen, Übersetzungen, Mikroverfilmungen und die Einspeicherung und
Verarbeitung in elektronischen Systemen.
Die Wiedergabe von Gebrauchsnamen, Handelsnamen, Warenbezeichnungen usw. in
diesem Werk berechtigt auch ohne besondere Kennzeichnung nicht zu der Annahme,
dass solche Namen im Sinne der Warenzeichen- und Markenschutz-Gesetzgebung als frei
zu betrachten wären und daher von jedermann benutzt werden dürften.

Lektorat: Sabine Janatschek
Sprachkorrektorat: Petra Kleinwegen
Covergestaltung: Christian Kalkert, www.kalkert.de
Satz: Petra Kleinwegen
Druck: Medienhaus Plump, Rheinbreitbach
Bildnachweis Cover: fotolia.com/julien tromeur

Inhalt

Vorwort			**11**
1	**Das ist Linux**		**13**
	1.1	Ein Betriebssystem	14
	1.2	Open Source	15
	1.3	Linux-Kernel	15
	1.4	Tools	16
	1.5	Freie Software	17
	1.6	Hochflexibel und weit verbreitet	18
	1.7	Distributionen	19
	1.8	Sicher	20
	1.9	Stabil	20
	1.10	Schnell	21
	1.11	Benutzerfreundlich	22
2	**Distributionen**		**25**
	2.1	Debian und seine Varianten	27
		Debian	27
		Ubuntu	28
		Kubuntu	29
		Lubuntu	30
		Linux Mint	30
		Knoppix	31
	2.2	Red Hat und seine Varianten	32
		Red Hat	32
		CentOs	32
		Fedora	33
	2.3	Slackware und Varianten	34
		openSUSE	34

Inhalt

	2.4	ArchLinux und Varianten	35
		Manjaro	36
		Antergos	37
	2.5	Spezialitäten	37
		Raspbian	37
		OpenELEC	38
		Gparted Live-CD	38
		JonDo	39
		Linux from Scratch	39
	2.6	Systeme für Non-PAE-CPUs	40
		Bodhi-Linux	41
		AntiX Linux	41
3	**Desktop-Umgebungen**		**43**
	3.1	Mate	44
	3.2	Gnome 3	45
	3.3	Cinnamon	47
	3.4	Xfce	48
	3.5	Plasma	49
	3.6	LXDE	50
4	**Linux im Internet**		**53**
	4.1	Linux-Distributionen finden	54
	4.2	Minimale oder Netzwerkinstallation	56
	4.3	Überprüfen der Datei	57
	4.4	Linux auf einem Installationsmedium	58
5	**Vorbereitung und Installation**		**63**
	5.1	BIOS vorbereiten	64
		Die Sache mit UEFI	67
		Einen bootfähigen USB-Stick zur Verwendung bei UEFI erstellen	71
	5.2	Die Linux-Live-Installation	73
		Auf eine defekte Windows-Installation zugreifen	75
	5.3	Linux dauerhaft installieren	76
		Parallel zu Windows	76
		Linux als einziges Betriebssystem installieren	79
		Netzwerkinstallation	81

	5.4	Linux auf dem Raspberry Pi 3	86
	5.5	Entscheidungshilfen	90
		Den Bootloader Grub reparieren	93
6	**Die Installation abschließen und Linux einrichten**		**97**
	6.1	Administratorrechte	100
	6.2	Die Netzwerkverbindungen einrichten	101
		Per kabelgebundenem LAN	101
		Per WLAN	101
		Per Smartphone	108
		Per mobilem Breitband-Stick	111
	6.3	Spracheinstellungen anpassen	113
	6.4	Tastaturlayout einstellen	113
	6.5	Grafikkarte einrichten	114
	6.6	Spiegelserver einrichten	116
	6.7	Programme und System aktualisieren	119
	6.8	Scanner einrichten	119
	6.9	Drucker einrichten	120
	6.10	LibreOffice einrichten	121
	6.11	Zusammenfassung	122
7	**Anwendungen nachinstallieren**		**123**
	7.1	Repositorien	124
	7.2	Debian Paketverwaltung (dpkg)	126
	7.3	Synaptic	129
	7.4	Programme mit Hilfe des Terminals installieren	130
	7.5	Programme aus einer anderen Quelle installieren	132
	7.6	Weitere Quellen in Ubuntu-Software einbinden	134
		PPA einbinden	135
		Troubleshooting	139
		RPM, der RedHat Package Manager	139
		PackageKit	140
		Pacman	142
	7.7	Aktualisierungen	142
	7.8	AppImage, Flatpak und Snappy	144
		Flatpak	145
		Snappy	146

Inhalt

8 Linux in der Gruppe — 147

- 8.1 Die Nutzer — 148
  - root — 148
  - Der Benutzer — 149
- 8.2 Die Benutzerverwaltung — 152
  - Im Terminal — 156
  - Gruppeneigentümer — 159
  - Die Zugriffsoptionen — 161
  - Gruppen verwalten per Terminal — 164

9 Windows-Programme mit Linux nutzen — 167

- 9.1 Windows und Linux, schließt sich das nicht aus? — 168
  - WINE (Wine is not an Emulator) — 169
  - Windows-Programme mit PlayOnLinux installieren — 173
- 9.2 Die Königsdisziplin: die virtuelle Maschine — 176
  - VirtualBox installieren — 178
  - Der Willkommensbildschirm — 179
  - Installation der Gasterweiterungen innerhalb des Gastsystems — 181
  - Die Windows-Partition von der Festplatte entfernen — 183

10 Safety first – Sicherheit im System — 187

- 10.1 Ist Linux eigentlich sicher? — 188
  - Trojaner, Viren, Ransomware — 188
- 10.2 Die Privilegien bei Linux — 189
- 10.3 Virenscanner — 190
- 10.4 Firewall — 190
- 10.5 Linux-Ökosystem — 191
- 10.6 Spectre und Meltdown — 192
- 10.7 Sichere Passwörter — 192
  - Buchstaben-durch-Zahlen-ersetzen-Methode — 194
  - Die Anfangsbuchstaben-Methode — 194
- 10.8 Passwortsafe — 195
- 10.9 Start absichern — 199

10.10	Sicherheit und Datenschutz im Internet	200
	Firefox absichern	201
10.11	Social Engineering – Phishing	204
10.12	Ihre Dateien sichern	206
10.13	VPN einrichten	209
10.14	Die Einrichtung eines DynDNS-Servers	212
	Die dynamische IP-Adresse	212
	DynDNS-Server	212
	Den Router einrichten	215
	Die Einrichtung des VPN-Clients im Linux-PC	216

11 Der Linux-Verzeichnisbaum – eine etwas andere Logik — 219

11.1	Die wichtigsten Verzeichnisse	221
11.2	Geräte im Verzeichnisbaum	222
11.3	Ein- und Aushängen von Laufwerken	223
	Partition in das /home-Verzeichnis einbinden	224

A Linux-Alternativen zu Windows-Programmen — 227

A.1	Office-Programme (MS Office)	228
	Textverarbeitung (MS Word)	229
	Tabellenkalkulation (MS Excel)	229
	Datenbankanwendung (MS Access)	230
	Präsentationssoftware (Power Point)	231
	Projektmanagement (MS Project)	231
A.2	Webdesign (Frontpage, Dreamweaver)	232
A.3	Webbrowser (Edge, Internet Explorer, Chrome)	233
A.4	E-Mail-Clients (MS Outlook)	234
A.5	Brennsoftware (Nero BurningROM)	235
	CD rippen	235
A.6	Audiobearbeitung	236
A.7	Bildbearbeitung für Rastergrafiken (Adobe Photoshop, Corel Photo-Paint)	236
A.8	Fotoverwaltung und Bearbeitung (Adobe Lightroom)	237
	Weitere Programme zur Fotoverwaltung	237

Inhalt

A.9	Programme für Vektorgrafiken (Adobe Illustrator, Corel Draw, Freehand)	238
A.10	Videobearbeitung (Windows Movie Maker, Adobe Premiere Elements)	239
	Weitere Videobearbeitungprogramme	240
A.11	3D-Animationen (3D Studio MAX)	241
A.12	CAD-Programme (AutoCAD)	241

Nachwort **243**

Index **245**

Vorwort

Vor nunmehr sechs Jahren veröffentlichte ich mein erstes Linux-Buch zum Thema Ubuntu 12.04. In dieser Zeit wurden immer wieder Leseranfragen an mich gerichtet, die sich nicht nur mittelbar um Ubuntu, sondern vielmehr um Linux an sich drehten. Daraus entstand die Idee, ein Buch zu veröffentlichen, das einem Anfänger, weitgehend unabhängig von einer bestimmten Distribution, den Einstieg in Linux ermöglichen soll.

Alle Bücher, die ich auf dem Markt zu lesen bekam, sind entweder von beeindruckender Dicke und bieten dem Leser Antworten auf Fragen, die er gar nicht stellt, oder sie befassen sich eben doch mit einer bestimmten Distribution und verlieren »das Große und Ganze« aus den Augen.

Dieses Buch ist sicher ein Ritt auf der Rasierklinge: Zum einen weiß ich, dass die meisten Versuche an ganz banalen Problemen scheitern, deswegen erkläre ich oft sehr kleinschrittig, so dass Ihnen der Einstieg auch dann gelingen sollte, wenn Sie bis jetzt beispielsweise nicht wissen sollten, wie man einen USB-Stick bootfähig beschreibt.

Zum anderen aber kann man wirklich dicke Bücher mit Anleitungen zu Linux füllen und dieses Buch muss daher eine knappe Themenauswahl bleiben.

Sie werden in diesem Buch einiges über die Entwicklung dieses einzigartigen Betriebssystems erfahren, wie seine Macher denken und warum Linux umsonst ist.

Ich werde Sie mit einigen der verbreitesten und anfängertauglichsten Distributionen bekannt machen und Ihnen Entscheidungshilfen geben.

Weitere Kapitel befassen sich mit der Vorbereitung der Installation, dem Installationsvorgang an sich und der nötigen Feinarbeit und den Einstellmöglichkeiten danach.

Sie erfahren, wie Sie Ihr System absichern und praktisch unangreifbar machen, wie Sie mit verschiedenen Benutzern umgehen und wo Sie was im Dateisystem finden.

Falls Sie gar nicht auf Windows-Programme verzichten können, erläutere ich Ihnen Möglichkeiten, wie Sie trotz eines Linux-Grundsystems mit Windows-Programmen arbeiten können. Ein Kapitel befasst sich allerdings auch mit den Linux-Alternativen bekannter Windows-Programme.

Vorwort

Alles das versuche ich so einsteigerorientiert wie möglich zu halten, allerdings steigert sich der Anspruch im Laufe des Buches. Es ist daher zwar nicht unbedingt nötig, aber doch empfehlenswert, das Buch von vorne an durchzuarbeiten.

Mir ist natürlich bewusst, dass meine Auswahl willkürlich ist, bitte seien Sie mir nicht böse, wenn die von Ihnen bevorzugte Distribution hier nicht gebührend gewürdigt oder ein Ihnen wichtiges Thema unerwähnt bleibt. So much Linux, so little time.

Und falls Sie sich fragen, welche Distribution ich eigentlich nutze:

- auf meinem PC Linux Mint 18,
- auf meinem uralten, schwachbrüstigen Netbook antiX- oder Bodhi-Linux,
- auf meinem Segelboot werkelt ein Raspberry Pi mit Raspbian als Navigation
- und mein Mediacenter ist ein Raspberry Pi mit OpenElec.

Kapitel 1

Das ist Linux

1.1	Ein Betriebssystem	14
1.2	Open Source	15
1.3	Linux-Kernel	15
1.4	Tools	16
1.5	Freie Software	17
1.6	Hochflexibel und weit verbreitet	18
1.7	Distributionen	19
1.8	Sicher	20
1.9	Stabil	20
1.10	Schnell	21
1.11	Benutzerfreundlich	22

1 Das ist Linux

1.1 Ein Betriebssystem

Linux ist ein Betriebssystem, das auf dem in den 1960er- und 70er-Jahren auf Großrechnern führenden UNIX-System basiert. UNIX war im Windschatten des Apollo-Programms entstanden und zu seiner Zeit das State-of-the-Art-System: Es war Multiuser- und Multitasking-fähig, konnte also mehrere Nutzer mit klar definierten Zugriffsrechten verwalten und mehrere Prozesse gleichzeitig getrennt voneinander ausführen. Darüber hinaus war das System bereits netzwerkfähig und verfügte über eine eindeutige Dateienhierarchie.

> **Hinweis**
>
> Ein Betriebssystem im weiteren Sinne ist eine Sammlung von Programmen, die Sie benötigen, um Programme auf dem Computer überhaupt starten zu können. Das Betriebssystem sorgt dabei dafür, dass Sie die Computer-Hardware, also Tastatur, Maus, Bildschirm ... benutzen können. Ohne dass Sie es merken, verwaltet das Betriebssystem darüber hinaus die Systemressourcen, also die Speicher, die CPU-Auslastung ...

Im Laufe der nächsten Jahre entstand aus einer freien UNIX-Lizenz eine Unzahl verschiedenster Versionen. Eine dieser Versionen war das kostenlose, aber auch nicht besonders leistungsfähige Minix. Der finnische Student Linus Torvalds war Ende der 1980er-Jahre im Besitzer einer solchen Lizenz, die auf seinem 386-PC allerdings nicht zu seiner Zufriedenheit lief. Der Legende nach wollte er im Winter einfach nicht die Wohnung verlassen und begann eine Möglichkeit zu suchen, sich mit seinem PC in den Universitätscomputer einzuloggen. Irgendwann erkannte er dann wohl, dass er gerade im Begriff war, ein neues Betriebssystem zu entwickeln. Dies war allerdings bereits in den Anfangszeiten des Personal Computers eine Herkulesaufgabe, die ein Mensch alleine gar nicht bewerkstelligen konnte. So postete er seine Entwicklung im gerade entstehenden Internet und forderte andere Interessierte auf, am System mitzuarbeiten und Verbesserungsvorschläge zu machen (»Nur so als Hobby, es wird nicht groß und professionell ...«).

Von Beginn an beteiligten sich Enthusiasten auf der ganzen Welt an der Entwicklung, programmierten viele Millionen Seiten Programmcodes und brachten die Entwicklung weiter voran.

1.2 Open Source

Den entscheidenden Schritt in der Entwicklung von Linux war die Idee, den Kernelcode unter der so genannten GNU General Public License (GPL) zu veröffentlichen. Diese Lizenz erlaubt es einem Nutzer, eine Software zu nutzen, sie zu studieren, zu verändern und weiterzugeben, solange diese Nutzerrechte ebenfalls weitergegeben werden. Dies bedeutet, dass alle Software, die unter dieser Lizenz vertrieben wird, »frei« ist. »Frei« heißt in diesem Zusammenhang nicht unbedingt nur »kostenlos«. Es bedeutet, dass der Quellcode eines Programms offen zugänglich sein muss.

> **Hinweis**
>
> Der Quellcode ist der vom Menschen lesbare Text, den Programmierer eingeben, um einem Computer Befehle zu übermitteln. Diese Befehle werden dann mit einem Compiler in Maschinensprache, die nur aus 1 und 0 besteht, übersetzt. Da diese Übersetzung nur in einer Richtung funktioniert, also ein Rückübersetzen in den Quellcode nicht möglich ist, muss Entwicklern der Quellcode zugänglich sein, um die Software verändern zu können (»Open Source«).

Das GNU-Projekt unter dem Softwarepionier und -aktivisten Richard Stallman arbeitete damals bereits einige Jahre an der Entwicklung eines kostenlosen und freien Systems, das dem von Linus Torvalds ähnelte. Sie hatten bereits eine Reihe klassischer UNIX-Tools so programmiert, dass sie sich auf unterschiedlichen Systemen einsetzen ließen. Zu einem kompletten Betriebssystem fehlte lediglich der Kernel und den lieferte nun Linus Torvalds.

1.3 Linux-Kernel

> **Hinweis**
>
> Der Kernel ist der innerste Teil eines Betriebssystems. Die grundlegenden Aufgaben wie beispielsweise die Steuerung der Hardware und des Speichers werden hier erledigt. Während der Kernel des am weitesten verbreiteten Betriebssystems »Windows« von Microsoft zu den am besten gesicherten Industriegeheimnissen der Welt gehört, enthält der Linux-Kernel keinerlei Geheimnisse, sein Quellcode ist frei zugänglich.

Die GPL-Lizenz war unter anderem auch deswegen nötig, weil die Platzhirsche des boomenden Softwaremarktes immer wieder versuchten, die Ergebnisse der freiwilligen und oft ehrenamtlichen Arbeit der Entwickler in ihren Besitz zu bringen. Nicht umsonst wurde Bill Gates der reichste Mensch der Welt: Sein Wohlstand beruht auf der Entwicklung und Vermarktung von Microsoft DOS und Windows, zwei Betriebssysteme, die bis heute dafür sorgen, dass Microsoft eine marktbeherrschende Stellung bei Desktop-PCs einnimmt.

War die Entwicklung des Kernels lange Zeit im Wesentlichen das Ergebnis ehrenamtlicher Arbeiten, hat sich das natürlich längst geändert und Linux ist bei weitem kein Hobby-Projekt mehr. Die großen Firmen der IT-Branche, von A wie Adobe bis Z wie ZTE, unterstützen die Linux-Foundation, helfen bei der Entwicklung des Kernels sowie anderer Open-Source-Projekte. Dabei verfolgen diese Unternehmen durchaus eigennützige Ziele: Linux hat UNIX längst verdrängt und findet seinen Platz vor allem in der Netzwerktechnologie. Und hier sind die Großen der Branche darauf angewiesen, dass ihre Ideen und Standards mit Linux kompatibel bleiben. Und seit 2016 ist eben sogar Microsoft Mitglied der Linux Foundation

Im engeren Sinne umfasst Linux als Betriebssystem nur den Kernel, also den innersten Kern des Systems. Bekannte Betriebssysteme, die einen Linuxkernel nutzen, sind Android und iOS OSX.

1.4 Tools

Nun bringt ein Kernel alleine ein System noch nicht zum Laufen, es werden darüber hinaus noch eine Menge anderer Programmpakete benötigt. Während Sie als Nutzer mit dem Kernel gar nicht in Kontakt kommen, nutzen Sie diese anderen Programme direkt oder indirekt. Es handelt sich hierbei unter anderem um:

Den *X-Window-Manager*: Linux kümmert sich eigentlich nicht um die grafische Darstellung, dies übernimmt ein eigenes Grafiksystem, der X-Window-Manager (Dies hat nichts mit Windows zu tun). X-Window wurde am MIT (Massachusetts Institute of Technology) in Cambrigde entwickelt und an Linux angepasst. Zur Zeit der Erstellung dieses Buches wird allerdings Nachfolger ins Feld geführt, der X-Window mittelfristig ersetzen soll: der *Wayland-Window-Manager*.

Die *GNU Core Utilities* sind eine Sammlung von Befehlszeilenprogrammen, mit denen Sie Linux außerhalb der grafischen Benutzeroberflächen steuern können. Die Programme sind meist sehr klein und beschränken sich auf eine bestimmte Aufgabe.

Die *Shell:* Diese Befehle müssen außerhalb einer grafischen Nutzeroberfläche irgendwo eingegeben werden. Die Aufgabe übernimmt die Shell. Obwohl es mehrere Shell-

Programme gibt, gilt das Programm *bash* (bourne-again-shell) als Standard. Dies ist nicht zu verwechseln mit dem Programm *Terminal*. Ein Terminal ist nur ein grafisches Programm, um die Shell zu bedienen.

GNU Compiler, um die Quellcodes der benutzten Programme in von Computer lesbare Formate zu übertragen und

GNU-Bibliotheken: Ein Entwickler muss nicht alle Details seines Programms selbst schreiben. Viele Routinen, Abläufe und Dienstprogramme existieren bereits als Module und der Programmierer kann darauf zurückgreifen. Die wichtigste Linux-Bibliothek heißt *glibc*.

Diese Pakete waren im Vorfeld bereits durch die Beteiligten des GNU-Projektes erstellt worden. Am Ende wurde daraus ein Streit, der bis heute andauert: Handelt es sich um ein GNU-Projekt, dem später nur noch der Kernel hinzugefügt wurde, oder ist der Kernel der zentrale Punkt und die GNU-Programme sind nur Beiwerk?

Als Folge dieser Diskussion werden Sie oft den Ausdruck GNU/Linux lesen, als Würdigung der Rolle, die R. Stallman und sein GNU-Projekt bei der Entstehung von Linux spielte.

1.5 Freie Software

Stallman und Torvalds sind der genaue Gegenentwurf von gewinnorientierten Unternehmern wie Bill Gates, Steve Jobs und Steve Ballmer, der Linux und die Idee freier Software schon auch mal als ein »Krebsgeschwür« bezeichnete. Für Stallman und Torwald hingegen sollte Information kostenlos jedermann zur Verfügung stehen können.

Freie Software bedeutet in diesem Zusammenhang allerdings nicht zwingend »kostenlos«. Auch für freie Software kann eine Gebühr erhoben werden, sofern der Nutzer dieselben Rechte erhält, also das Programm seinerseits weiterentwickeln und verkaufen darf. Sie sollten sich ohnehin darüber im Klaren sein, dass ein Programm, das Sie käuflich zu erwerben meinen, gar nicht Ihnen gehört. Sie erwerben lediglich das Recht zur Nutzung und das zu meist sehr strengen Bedingungen.

Per Definition ist Software dann frei, wenn der Benutzer vier Rechte erhält:

- ein Programm so auszuführen, wie er möchte,
- die Freiheit, die Funktionsweise des Programms zu untersuchen und anzupassen,
- die Freiheit, das Programm weiter zu verbreiten,
- die Freiheit, das Programm zu verbessern und diese Verbesserungen der Allgemeinheit zur Verfügung zu stellen.

1 Das ist Linux

Natürlich ist auch klar, dass auch mit Linux viel Geld verdient wird. Eine Reihe von Distributoren lassen sich ihre Arbeit bezahlen und liefern dann zur kostenlosen Software ein Handbuch dazu.

Die börsennotierte Firma *Red Hat* bietet Geschäftskunden die Programme mit Support-Verträgen an und wächst seit Jahren kontinuierlich. Und auch ich schreibe dieses Buch gegen ein Honorar.

1.6 Hochflexibel und weit verbreitet

Auch wenn Sie es gar nicht merken: Linux ist bereits jetzt viel weiter verbreitet, als Sie glauben:

Das Internet basiert weitgehend auf den sehr sicheren und zuverlässigen Linux-Systemen, Linux findet sich in Form von Android auf Smartphones und Tablets und als eingebettetes Betriebssystem zum Beispiel in der Fritz!Box.

Bereits seit 2012 laufen über 90% der leistungsstärksten Supercomputer der Welt mit Linux, Microsoft Windows spielt hier keine nennenswerte Rolle.

Sie werden vielleicht öfter das Urteil lesen, dass Linux als Netzwerklösung hervorragend funktioniere, aber als Betriebssystem für den täglichen Gebrauch am heimischen Computer ungeeignet sei. Ich halte dies für Unsinn: Alle denkbaren Aufgaben für den heimischen Computer lassen sich mit Linux ebenfalls hervorragend lösen.

Denn natürlich läuft Linux auch auf herkömmlichen Computern und Laptops. Dabei ist es gleichgültig, ob Sie ganz moderne Hardware oder einen schon in die Jahre gekommenen Computer benutzen. Im Extremfall ist es durchaus möglich, Linux so einzurichten, dass es auf einem 486-er aus den 90er-Jahren läuft. Da diese Computer mit ihren 4 MB RAM damals schon am Rande des Nicht-Funktionierens standen, kann ich Ihnen hier allerdings keine Auskunft über die Performance geben. Interessanter sind hier die kleinen 1-Platinen-Computer wie RaspberryPi, Arduino oder BananaPi. Auch hier läuft Linux als Betriebssystem reibungslos.

Egal ob Supercomputer im Rechenzentrum oder heimischer Router: Dies alles wird auf Basis eines einzigen Kernels erreicht. Zu der Zeit, da ich dieses Buch schreibe, lautet die Kernel-Version 4.9.58. Wenn dieses Buch in den Druck geht oder bei Ihnen ankommt, werden allerdings schon wieder einige Versionsnummern dazugekommen sein.

> **Tipp**
>
> Welche Version zur Zeit aktuell ist, können Sie auf der Internetseite *https://www.kernel.org/* nachsehen.

1.7 Distributionen

Wenn Sie möchten, über sehr viel Zeit, eine tolerante Familie und das nötige Knowhow verfügen, können Sie sich Ihr eigenes Linux mitsamt allen nötigen Tools selbst maßschneidern.

Vielleicht möchten Sie als Einsteiger allerdings viel lieber ein System von der Stange haben, ein System, an dem Sie nicht herumzuschrauben brauchen, sondern das zunächst einfach funktioniert und mit dem Sie arbeiten können. Dann sollten Sie ein vollständiges Linux-Paket, genannt *Distribution*, installieren. Denn die Arbeit, ein gut funktionierendes System zusammenzustellen, ist nicht so ganz einfach. Eine Distribution enthält typischerweise den Linux-Kernel, häufig in einer angepassten Version, Werkzeuge des GNU-Projekts, eine oder mehrere Arbeitsumgebungen und eine beliebige Anzahl verschiedenster Anwendungen. Im Internet kursieren buchstäblich hunderte Distributionen. Im nächsten Kapitel möchte ich Ihnen einen ersten Überblick über die bekanntesten und am weitesten verbreiteten Distributionen geben.

Meist lassen sich diese Programmpakete mehr oder weniger einfach über eine grafische Benutzeroberfläche auf dem Computer installieren. Zum sicheren Betrieb ist es allerdings nötig, dass Ihnen Sicherheits-Updates und Aktualisierungen der von Ihnen verwendeten Programme über das Internet zur Verfügung stehen. Bei den meisten Distributionen ist die Update-Funktion automatisiert. Dabei werden dann über das Internet nicht nur die Updates des Betriebssystems, sondern auch die installierte Software im Blick behalten und auf den neuesten Stand gebracht.

1.8 Sicher

Als Desktop-Anwendung ist Linux, im Unterschied zu Windows, fast vollständig frei von Schadsoftware. Dafür gibt es mehrere Ursachen:

- Die meisten Schadprogramme werden für die Windows-Umgebung programmiert. Sie laufen gar nicht in der Linux-Umgebung.
- Selbst wenn sie für Linux programmiert würden: Für jede Systemveränderung müssen Sie sich als Administrator legitimieren, das »heimliche Installieren« durch die Hintertür ist nicht möglich.
- Da die Quellcodes der Programme offen liegen, werden potentielle Einfallstore für Schadsoftware besser erkannt und können rechtzeitig geschlossen werden.
- Linux hat einen zu geringen Marktanteil. Damit sich ein Schadprogramm wirkungsvoll verbreiten kann, ist allerdings eine Monokultur nötig. Und die bietet Linux nicht.
- Etwas anders sieht die Situation bei Internet- oder Netzwerkservern aus: Hier ist die Sicherheit von der Frequenz der Updates abhängig, denn für alle Sicherheitsprobleme der letzten Jahre gab es Patches, bevor das Problem überhaupt bekannt wurde.

1.9 Stabil

Der Linux-Kernel ist ein außerordentlich stabiles System. Jeder Netzwerkadministrator wird Ihnen Geschichten von Linux-Servern erzählen können, die jahrelang ohne einen einzigen Absturz liefen. Ähnlich empfinde ich mein eigenes System: Ich kann mich nicht erinnern, dass mein eigenes System in den letzten Jahren vollständig abgestürzt sei.

Dies bedeutet allerdings nicht, dass sich nicht einzelne Programme gelegentlich aufhängen würden. Je aufwändiger und komplexer das benutzte Programm ist, desto höher ist die Wahrscheinlichkeit, dass es seinen Betrieb einstellt. Im Übrigen sind auch Linux-Programme gelegentlich so schlampig programmiert, das sie gerne mal den Dienst quittieren. Allerdings wird Linux immer zuerst versuchen, das abgestürzte Programm zu beenden, das übrige Betriebssystem läuft zunächst weiter.

1.10 Schnell

Es wird häufig in den Internetforen kolportiert, dass Linux grundsätzlich weniger Ressourcen benötigen würde und schneller liefe als andere Betriebssysteme. Das ist leider nur zur Hälfte wahr. Die Geschwindigkeit eines Programms hängt zunächst einmal davon ab, auf welcher Hardware es läuft. Auch Linux kann aus einem Uralt-PC keinen Supercomputer machen. Darüber hinaus ist es allerdings durchaus interessant, für welches Betriebssystem ein Programm entwickelt und optimiert wurde. Die gängigen Programme, wie *Thunderbird* oder *Firefox*, die oft mit den Distributionen ausgeliefert werden, sind tatsächlich für Linux optimiert. Diese Programme sind bei gleicher Hardware unter Linux schneller als unter Windows.

Das oben genannte Gerücht bezieht sich wahrscheinlich auf die Tatsache, dass es Linux-Distributionen gibt, die selbst Pentium-PCs der ersten und zweiten Generation wieder zum Leben erwecken können. Aber Sie dürfen auch hier keine Wunderdinge in puncto Performance erwarten.

Ähnliches gilt, wenn Sie bei einigermaßen aktueller Hardware ein sehr leichtgewichtiges Linux installieren. Je weniger Hardware-Ressourcen Sie für das Betriebssystem aufwenden, umso mehr Ressourcen bleiben für die Ausführung der Programme.

Sie kennen vielleicht das Phänomen: Nach einigen Monaten wird ein Windows-Computer immer langsamer. Eine ganze Software-Sparte lebt davon, Programme für die Wartung des Systems anzubieten, der Nutzen ist bestenfalls kurzfristig und überschaubar.

Linux benötigt die Wartungsprogramme nicht: Eine Registraturdatenbank (*Registry*), die sich im Laufe der Zeit aufbläht und die Sie immer wieder aufräumen müssten, existiert nicht.

Während bei Windows die Festplatte immer weiter fragmentiert und damit Lese- und Schreibprozesse immer langsamer werden, bleibt die Festplatte bei Linux immer gleich schnell. Defragmentierungen sind überflüssig, und selbst wenn Sie etliche Programme auf Ihrem System installiert haben, wird es nicht gebremst. Sie brauchen auch keine Dienste abschalten, um Ihre Performance zu optimieren.

Außerdem muss im Hintergrund kein Anti-Viren-Programm oder eine Firewall mitlaufen, die Speicherplatz benötigen und die Performance Ihres Computers spürbar verlangsamen.

1 Das ist Linux

1.11 Benutzerfreundlich

Sehen Sie sich die unüberschaubare Vielzahl der Distributionen einmal genauer an, werden Sie überrascht sein, auf wie viele verschiedene Arten Sie Linux bedienen können. Einige verzichten auf jedwede Form der grafischen Benutzeroberfläche, was bedeutet, dass Sie jeden Befehl selbst eintippen müssen. Andere Zusammenstellungen bieten ein leicht verständliches Umfeld, das oft an Windows- oder Apple-Vorbildern angelehnt ist. Dies trifft auch für den Zugang und Umfang der integrierten Systemeinstellungen zu. Einige Distributoren erlauben Ihnen nur den Zutritt zu einfachen und leicht zu bedienenden Einstellungen, andere konfrontieren den Nutzer mit der ganzen Palette oft undurchsichtiger Einstelloptionen.

Insgesamt ist der Umgang mit den Benutzeroberflächen bei Linux nicht einfacher oder schwieriger als mit anderen Betriebssystemen. Er ist manchmal nur anders.

Eine mögliche Schwierigkeit stellt die Kompatibilität mit sehr neuer Hardware dar. Jeder Hersteller von Hardwarekomponenten stellt selbstverständlich Treiber für den Marktführer Microsoft her. Anders verhält es sich manchmal bei der Erstellung von Linux-Treibern. Diese erscheinen den Herstellern wohl nicht als lohnend, daher müssen diese Treiber oft erst von der Community programmiert werden.

Hinweis

Ein Treiber ist ein Programm, das es dem Computer ermöglicht, eine Hardware-Komponente zu erkennen und zu nutzen. Viele dieser Treiber sind Bestandteil des Kernels; wenn allerdings neue Komponenten dazukommen, kann es sein, dass der Treiber nachinstalliert werden muss.

Im Laufe der letzten Jahre hat sich die Hardware-Erkennung allerdings massiv verbessert. Sie sollten jedoch beim Nachkauf und geplanten Einbau einer Grafikkarte Vorsicht walten lassen.

Die Firmen *NVIDIA*, *ATI/AMD* und *Intel* bieten gute Kerneltreiber an, damit Sie auch High-End-Karten unter Linux nutzen können. Darüber hinaus befasst sich der Linux-Kernel gar nicht mit der grafischen Ausgabe. Diese Aufgabe übernimmt das X-Window-System.

> **Tipp**
>
> Wenn Sie Schwierigkeiten mit einer Grafikkarte haben, sollten Sie sich auf der Internetseite *http://x.org* nach dem Status der Treiberentwicklung erkundigen.
>
> Falls Sie planen, Linux auf einem Laptop zu installieren, empfehle ich Ihnen dringend den Besuch der Internetseite *http://www.linux-on-laptops.com/*. Hier erfahren Sie in einer großen, leider nicht immer ganz aktuell verlinkten Datenbank, ob Ihr Laptop Schwierigkeiten mit Linux hat.

Bei allen anderen Hardware-Produkten gilt: Ruhig einige Monate alte Hardware verbauen, dann ist die Wahrscheinlichkeit sehr groß, dass Sie die auch mit Linux nutzen können. Dies gilt vor allem für Drucker.

Sehr viele Distributionen bieten Ihnen die Möglichkeit, Ihren Computer und die angeschlossenen Komponenten erst einmal mittels einer Live-Installation zu testen, ohne dauerhafte Veränderungen am Rechner vorzunehmen.

Nun werden Sie sich vielleicht fragen: Wenn Linux so gut und sicher ist, warum nutzen es dann nicht alle? Die Antwort ist recht einfach: Aus demselben Grund, aus dem Sie es bisher nicht benutzt haben.

Kapitel 2

Distributionen

2.1	Debian und seine Varianten	27
2.2	Red Hat und seine Varianten	32
2.3	Slackware und Varianten	34
2.4	ArchLinux und Varianten	35
2.5	Spezialitäten	37
2.6	Systeme für Non-PAE-CPUs	40

2 Distributionen

Es ist völlig gleichgültig, ob Auto, Motorrad oder Computersoftware: Sobald die Möglichkeit zum Basteln, Tunen, Verändern gegeben ist, gibt es Menschen, die einen Schraubenzieher in die Hand nehmen und an den Dingen zu schrauben beginnen. Mag es ein spielerisch-kreativer Drang sein, der dazu führt, das Bestehende zu verbessern, oder einfach der Unwille, sich mit dem Vorgefundenen zu arrangieren – der kreative Veränderungsdrang führt nicht nur zu abenteuerlich getunten Fortbewegungsmitteln, sondern auch zu buchstäblich hunderten verschiedener Linux-Distributionen.

Selten sind es völlige Neuentwicklungen, dazu fehlt den Entwicklern die Manpower, in fast allen Fällen sind die angebotenen Distributionen Variationen bereits bestehender Angebote und unterscheiden sich in mehr oder weniger wichtigen Details. Hinter den Entwicklungen stehen mehr oder weniger große, locker miteinander verbundene Entwicklergruppen, die in engagierter Arbeit die Linux-Angebote der Platzhirsche analysieren, für ihre eigenen Bedürfnisse verändern und das Ergebnis wieder anbieten, ganz im Geiste der freien Software. Dabei ist Linux ist ein Kind des Internets, viele der Entwickler, die an einem Projekt arbeiten, kennen sich persönlich gar nicht, sondern arbeiten über das Internet miteinander. Sie können die meisten Linux-Varianten auch gar nicht kaufen, sondern nur als .iso-Datei im Internet herunterladen.

Installieren müssen Sie das Ganze dann natürlich selbst, je nach Anspruch der Projektgruppe gestaltet sich der Installationsvorgang von »sehr einfach« bis hin zu »ganz schön schwierig«. Einige Entwickler formulieren nämlich mit ihren Distributionen gleich den Anspruch an den Endnutzer mit, nach dem Motto, man müsse sich die Distribution erst einmal verdienen.

Apropos verdienen: Es spricht nichts dagegen, dass einige Distributionen Geld kosten. Dies steht auch gar nicht im Widerspruch zu dem Gedanken freier Software: Kommerzielle Distributoren lassen sich die Zusatzleistungen wie Support oder den automatischen Installations- und Updateservice bezahlen, die Software an sich bleibt kostenlos.

Ich möchte Ihnen an dieser Stelle einen kurzen Überblick über einige interessante Distributionen geben, ich habe dabei überhaupt keinen Anspruch auf Vollständigkeit und sicher wird der eine oder andere Leser seine favorisierte Distribution nicht wiederfinden. Zudem werden in der Zwischenzeit einige Distributionen neu erscheinen, andere verschwinden von der Bildfläche, d.h. sie werden nicht mehr weiter unterstützt. Meine Auswahl beschränkt sich daher auf Linux-Varianten, von denen ich hoffen kann, dass sie in einigen Jahren noch aktualisiert werden.

> **Tipp**
>
> Eine sehr gute Anlaufstelle, um die geeignete Linux-Distribution zu finden, ist die Internetseite *https://distrochooser.de/*. Hier helfen Ihnen 16 Drop-down-Menüs eine Wahl zu treffen. Ob Sie nun ein Rundum-sorglos-Paket installieren wollen, das sofort vollständig läuft, oder ob Sie nur ein Rumpfsystem aufspielen und sich die passenden Programmkomponenten selbst zusammensuchen wollen, hier bekommen Sie die richtigen Empfehlungen.
>
> Eine zweite Anlaufstelle um sich einen Überblick über die ist das Angebot an Distributionen zu verschaffen, ist Seite *http://distrowatch.com/*. Diese Seite listet die Häufigkeit der Aufrufe und damit tendenziell auch die Häufigkeit der Installation auf.
>
> Wenn Sie auf der Suche nach einer Distribution für besondere Hardware-Architekturen wie *arm* oder *ppc* sind, kann ich Ihnen die Internetseite *https://en.wikipedia.org/wiki/Comparison_of_Linux_distributions* empfehlen. Sie scheint einigermaßen aktuell zu sein und bietet einen guten Überblick über die verfügbaren Linux-Versionen mit unterstützter Hardware.

Um Ihnen einen Überblick zu verschaffen, teile ich die Distributionen nicht in »einfach« oder »schwierig«, sondern in »Familien« auf. Denn im Wesentlichen funktionieren alle Linux-Distributionen gleich, bis auf die Paketmanager zur Installation neuer Programme.

2.1 Debian und seine Varianten

Debian

https://www.debian.org/

2 Distributionen

Debian wurde 1993 ins Leben gerufen und wird durch mehr als 1000 Entwickler meist ehrenamtlich weiterentwickelt. Ich nenne diese Distribution an erster Stelle, da sie die Basis einer Unzahl anderer Distributionen darstellt.

Diese Distribution verkörpert die Linux-Ideale in Reinkultur. Allen Entscheidungen gehen lange basisdemokratische Debatten voran. Das führt dazu, dass strategische Entscheidungen eben etwas länger dauern, aber im Konsens und nach sehr gründlichen Abwägungen getroffen werden. Die Ideale, nach denen Debian entwickelt wird, sind in einer Verfassung und dem *Debian Gesellschaftsvertrag* festgehalten. Diesem Vertrag zufolge bekennt sich Debian zu freier Software und maximaler Transparenz.

Die Software für Debian wird über so genannte Pakete installiert, wozu das Betriebssystem das *Advanced Packaging Tool (APT)* als Paketmanager nutzt. Hiermit lassen sich sehr einfach Programme nachinstallieren oder entfernen. Der Paketmanager prüft dabei, ob alle nötigen Pakete vorhanden sind, und installiert diese, falls es nötig sein sollte. Dass ein Paket für Debian vorgesehen ist, erkennen Sie an der Dateiendung *.deb*.

Die Projektbetreiber erkennen unfreie Software an, das heißt, es ist möglich, diese in Debian zu integrieren. Dies ist dann wichtig, wenn Sie planen, Musik oder Videos abzuspielen. Dazu benötigt das System so genannte *Codecs* und die sind oft unfrei. Allerdings wird Debian niemals mit solchen Programmen ausgeliefert. Die Installation von Debian ist nicht immer ganz simpel, aber auf jeden Fall ein politisches Statement.

Eine Besonderheit der Debian-Distribution sind die so genannten *Pure Blends*. Hier sind die Programmpakete auf bestimmte Interessensgruppen zugeschnitten: Hobbyastronomen, Kinder, Gamer, Designer und viele mehr.

Ubuntu

ubuntu®

https://www.ubuntu.com/

https://ubuntuusers.de/

Ubuntu ist die wahrscheinlich bekannteste, wenn auch nicht die am weitesten verbreitete auf Debian basierende Distribution, dabei wird die Nutzerzahl auf 25-30 Millionen Menschen geschätzt. Das Projekt wurde 2004 von dem südafrikanischen Unternehmer *Mark Shuttleworth* mit der Absicht initiiert, ein Linux-Betriebssystem so einfach und anwendbar zu gestalten, dass es für so viele Menschen wie möglich nutzbar ist. Der Begriff Ubuntu stammt aus dem Zulu und bedeutet so viel wie »Gemeinsinn« oder »soziale Verantwortung«. Im Unterschied zu Debian, das strikte nichtkommerzielle Ziele verfolgt, steht hinter Ubuntu allerdings Shuttleworths Firma *Canonical*. Diese bietet Dienstleistungen für Firmen, wie Schulungen und Support an.

Technisch basiert Ubuntu auf Debian, die Dateistruktur ist gleich und auch das Paketformat .deb ist von Debian übernommen.

Trotzdem geht Ubuntu gelegentlich eigene Wege im Rahmen der Linux-Entwicklung. So versucht Canonical die Ablösung des in die Jahre gekommenen *X-Window-Systems* durch eine Eigenentwicklung namens *Mir* voranzutreiben. Das .deb-Paketformat soll mittelfristig durch ein eigenes Paketformat namens *snap* ersetzt werden, ein eigener Desktop namens *Unity* wurde entworfen und zum Schrecken der puristischen Linux-Vertreter wurde Werbung von *Amazon* und Suchergebnisse von *Youtube* und *Last.fm* in die Suchfunktion eingebaut. Wirklich erfolgreich sind diese Bemühungen allerdings bis heute nicht. Die Arbeiten an Mir wurden inzwischen eingestellt und auch beim Desktop ist Unity nur noch eine Option.

Ubuntu zeichnet sich durch sehr einfache Installation und Bedienung aus und ist definitiv für einen Einsteiger geeignet. Dazu gehört auch, dass Ubuntu als ein so genanntes Live-System genutzt werden kann, Sie können das Betriebssystem von einer DVD aus starten, um es überhaupt erst einmal auszuprobieren, ohne es gleich fest zu installieren.

Kubuntu

kubuntu®

http://www.kubuntu-de.org/

Kubuntu ist eine Variante von Ubuntu, bei der die Desktop-Umgebung *KDE-Plasma* verwendet wird. Dies richtet sich an die Nutzer, denen die mitgelieferten Programme von Ubuntu nicht ausgefeilt und umfangreich genug sind: Bei Kubuntu ist dann auch alles ein bisschen bunter und vielfältiger. Und auch wenn es optisch Ubuntu kaum ähnelt: Beide haben denselben technischen Hintergrund mit denselben Paketquellen. Allerdings versuchen die Entwickler dem umstrittenen Unity-Desktop und der kritisierten Unternehmensphilosophie eigene Werte und Vorstellungen entgegenzustellen. Dabei wird Kubuntu offiziell nicht von Canonical unterstützt, die Entwicklung wird von einer freiwilligen Gemeinschaft vorangetrieben.

Die Installation und die Bedienung gestalten sich sehr einfach, auch hier ist es möglich, das Betriebssystem erst einmal auszuprobieren, bevor man es endgültig installiert.

Lubuntu

http://lubuntu.net/

Lubuntu ist hingegen eine offizielle Variante von Ubuntu, die von Canonical weiterentwickelt und betreut wird. Hier wird *LXDE* als leichtgewichtige Desktop-Umgebung benutzt und möglichst einfache, ressourcenschonende Programme mitgeliefert. Das Betriebssystem ist auf alte und schwache Hardware ausgelegt; so läuft beispielsweise die Live-CD auch auf einem Pentium II mit 350 MHz und 128 MB RAM.

Dies stellte sich in meinem Versuch allerdings als gerade noch ausreichend dar, zügiges Arbeiten mit größeren Dateien ist kaum möglich und Filme in höherer Auflösung abzuspielen scheitert an der schwachbrüstigen Hardware. Wollen Sie allerdings Ihren einigermaßen modernen Computer optimal nutzen und bereitet Ihnen die bisweilen spartanische Ausstattung kein Problem, sollten Sie sich diese Variante einmal genauer ansehen.

Linux Mint

https://linuxmint.com/

Laut *distrowatch* ist diese Linux-Distribution seit Jahren die meistverbreitete Variante. Der Anspruch der Entwickler ist es, weitgehend unberührt von Linux-Ideologien, ein völlig fertiges System an die Nutzer auszuliefern. Dies beinhaltet unter anderem, dass beliebte nicht-freie Software, die aller Erfahrung nach von den meisten Nutzern sowieso installiert wird, in die Distribution integriert wird. Dies betrifft nicht-freie Treiber, vor allem aber Multimedia-Codecs wie *.mp3* oder *h264*.

Linux Mint basiert in der Hauptversion auf Ubuntu und nutzt hierbei aus Stabilitätsgründen nur die Pakete, die zur Langzeitunterstützung angeboten werden. Eine zweite Version hat Debian als Unterbau. Dies soll die Linux-Mint-Entwickler unabhängiger von den manchmal irritierenden Entscheidungen Canonicals machen.

Mint bringt eine eigene Desktop-Umgebung mit, *Cinnamon*, die als sehr übersichtlich und ergonomisch gilt. Insgesamt ist Linux-Mint eine Distribution, die sehr auf den Einsteiger eingeht. Die Installation und die Benutzung ist unkompliziert. Auch hier finden Sie ein Live-System, das heißt, Sie können Linux Mint erst einmal ausprobieren, um herauszufinden, ob Sie das Look-and-Feel überhaupt mögen.

Knoppix

http://www.knoppix.org/

Knoppix ist der Klassiker des Linux-Live-Systems. Diese Distribution wird seit 2002 von Klaus Knopper entwickelt und hat sicher viele Linux-Nutzer erstmalig mit diesem Betriebssystem in Kontakt gebracht. Vom Grundgedanken her ist keine Festplatteninstallation vorgesehen, das System wird soweit möglich in den Arbeitsspeicher geladen. Dies macht zügigeres Arbeiten möglich, als wenn die Komponenten immer wieder neu von der DVD gelesen werden müssten.

Wenn Sie statt der Live-CD einen USB-Stick benutzen, können Sie wie mit einer Festplatteninstallation arbeiten, also Programme installieren und Veränderungen speichern, ohne dabei das Grundsystem zu verändern. Alle Veränderungen werden auf den USB-Stick geschrieben, das Grundsystem wird beim Neustart in seinen alten Zustand zurückversetzt.

Wenn Sie möchten, ist es ebenso einfach möglich, Knoppix fest zu installieren, dazu reicht (theoretisch) bereits ein 486er-PC.

2.2 Red Hat und seine Varianten

Red Hat

https://www.redhat.com/de

Die zweite Familie, die ich Ihnen vorstellen möchte, ist die Familie um die Distribution *Red Hat*. Hierbei handelt es sich um eine sehr erfolgreiche kommerzielle Distribution. Sie kommt bei Versicherungen, Banken und bei Großrechnern zum Einsatz, überall da, wo maximale Stabilität und umfassender Support gewünscht ist. Es ist also eine Distribution, die nicht vordringlich für den Privatanwender gedacht ist, deswegen können Sie Installationsmedien auch nicht einfach so bekommen, sie sind nur für zahlende Kunden in Verbindung mit einem Support und Updatevertrag zu bekommen.

Alle Programmpakete, die Sie unter Red Hat oder seinen Ablegern installieren wollen, werden vom *RPM Package Manager* verwaltet. Diese Pakete erkennen Sie an der Dateiendung *.rpm*.

Da aber auch Red Hat eine Open-Source-Distribution ist, müssen auch diese Hersteller ihren Quellcode offenlegen. Und hier treten die so genannten *Clones* auf den Plan. Praktisch identisch mit Red Hat ist die seit Jahren populäre Distribution CentOs.

CentOs

https://www.centos.org/

Diese kostenlose Distribution ist aus demselben Quellcode wie Red Hat erstellt, allerdings mussten aus Markenschutzgründen alle Hinweise auf den Ursprung *Red Hat* gelöscht werden. Ursprünglich einmal als eigenes Projekt gestartet, ist CentOs seit 2014 im Besitz von Red Hat, was zur Folge hat, dass Updates nun regelmäßiger und schneller erscheinen.

Da der Fokus der Entwickler bei Red Hat auf maximaler Zuverlässigkeit und Stabilität liegt, kommen auch bei CentOs nur Programme zum Einsatz, die sich in puncto Zuverlässigkeit und Sicherheit bewährt haben. Brandneue Versionen der verbreiteten Anwendungen und die neuesten Features unter der Motorhaube werden Sie hier nicht finden.

Technisch ist der Unterschied zu Red Hat ohnehin marginal: Es fehlt der Support, CentOs ist auf einigen (eher seltenen) Computerarchitekturen nicht installierbar und Updates dauern aus oben genannten Gründen schon mal ein paar Tage länger. Dafür ist der Supportzeitraum phänomenal: Über sieben Jahre werden Updates angeboten, danach noch drei Jahre lang Wartungsupdates.

Sie können eine Live-CD von der Homepage herunterladen um sich zuerst einmal einen Überblick zu verschaffen. Sollten Sie sich zur Installation entschließen, ist die Installation des grafischen Installationsprogrammes *Anaconda* denkbar einfach.

Fedora

https://getfedora.org/de/

CentOs stellt so etwas wie die konservative Fraktion der Linux-Distributionen dar, das genaue Gegenteil ist die kostenfreie Distribution *Fedora*: Fedora gilt ein wenig die Spielwiese von Red Hat. Neue Linux-Konzepte und Ideen werden häufig zuerst unter Fedora ausprobiert, bevor sie von anderen Distributionen übernommen werden. Wenn Sie also die neusten Trends ausprobieren möchten und Stabilität und Zuverlässigkeit des Systems keine unbedingte Priorität hat: Hier sind Sie richtig.

Obwohl es sich um ein eigenes Projekt mit eigenem Team handelt, wird die Arbeit von Red Hat personell und finanziell unterstützt. Die Fedora-Community wird von einem Gremium geführt, deren Vorsitzender von Red Hat ernannt wird und ein Vetorecht hat. Trotzdem: Fedora versteht sich nicht als ein Anhängsel von Red Hat, sondern als eine selbstbewusste Community, die auch schon einmal den Führungsanspruch innerhalb der Linux-Welt für sich erhebt. Zu Recht, denn seit vielen Jahren gehört Fedora laut Distrowatch zu den meistgenutzten Distributionen.

Fedora verschreibt sich dabei sehr konsequent den GNU-Regeln. Nur vollständig freie Programme werden in die Distribution aufgenommen, was bedeutet, dass der Nutzer beispielsweise Multimedia-Codecs selbst nachinstallieren muss.

Für die Installation stehen mehrere Modi zur Verfügung. Sie können eine Live-CD benutzen, eine grafische oder eine rein textbasierte Installationsroutine verfolgen oder, wenn Ihnen das alles zu viel ist, Anaconda, das Installationsprogramm von Red Hat, benutzen.

Bei Fedora steht außerdem das Upgrade von Vorgängerversionen hoch im Kurs. Dieses Vorgehen, das von anderen Distributoren nicht unbedingt favorisiert wird, ist nötig, da es eine Langzeitunterstützung nicht gibt. Die Lebensdauer einer Version beträgt gerade einmal 13 Monate.

2.3 Slackware und Varianten

Slackware ist die älteste noch heute existierende Distribution, sie ist einige Monate älter als Debian. 1992 entstanden, nimmt sie für sich in Anspruch, sich strikt an die UNIX-Prinzipien zu halten, die da lauten: »Mache nur eine Sache und mache sie gut.« Slackware wird hauptsächlich im professionellen Umfeld eingesetzt und verzichtet auf Einstellungswerkzeuge mit Benutzeroberfläche. Alle Einstellungsdateien müssen per Hand bearbeitet werden, was den Umgang sehr anspruchsvoll macht. Dies ist wohl auch der Grund, warum diese Distribution, obwohl sehr alt und auch sehr etabliert, nur einen wirklich bekannten Vertreter aufweist:

openSUSE

https://de.opensuse.org/

Im deutschen Sprachraum ist diese Distribution besonders weit verbreitet, was damit zusammenhängen könnte, dass sie ursprünglich der *Gesellschaft für Software und Systementwicklung* entstammt. OpenSUSE ist dabei der kostenlose Ableger der kommerziellen SUSE-Enterprise-Distribution.

OpenSUSE nutzt als Alleinstellungsmerkmal ein eigenes, übersichtliches und mächtiges Administrationswerkzeug namens *YAST* (Yet *a*nother *s*etup *t*ool). Mit diesem Tool lässt sich praktisch alles verwalten: das Netzwerk, die Benutzer, die komplette Hardware ... Und wenn ein Einstellungsmodul fehlt, ist es ein Leichtes, sich dieses Modul von der Homepage *https://yast.github.io/* herunterzuladen und in das System einzubinden.

Die Paketverwaltung innerhalb der Distribution ist auf den ersten Blick verwirrend: Obwohl openSUSE .*rpm*-Pakete verwendet, stehen neben YAST auch noch andere Verwaltungssysteme wie *Zypper*, *Smart* oder *YUM* zur Verfügung.

Die Installation des Betriebssystems ist nicht ganz so einfach und birgt einige Fallstricke, vor allem, wenn Sie bereits ein anderes Linux-Betriebssystem installiert haben. Für einen Einsteiger halte ich openSUSE nur dann für geeignet, wenn schon etwas Erfahrung und die Bereitschaft, sich tiefer in die Administration einzuarbeiten, vorhanden ist.

OpenSUSE wird in zwei Varianten angeboten:

1. Als *Leap*, dies ist eine gängige Version mit 36 Monaten Unterstützung. Danach muss eine Neuinstallation erfolgen, da der Support eingestellt wird.
2. Als *Tumbleweed*, dem *Rolling Release*. Hier gibt es keine Versionsnummern mehr, da das Betriebssystem fortlaufend aktualisiert wird. Versionssprünge sollen damit der Vergangenheit angehören.

2.4 ArchLinux und Varianten

https://www.archlinux.org/

ArchLinux ist eine spannende Distribution, die allerdings, das möchte ich nicht verschweigen, für fortgeschrittene Nutzer geschaffen ist. Sie installieren nur ein Basissystem, das per Kommandozeile zu bedienen ist. Es ist die Aufgabe des Nutzers, das System individuell, maßgeschneidert für sich selbst zu entwickeln. Das macht dieses System schnell, schlank und auch auf alter Hardware einsetzbar.

ArchLinux verfolgt das Rolling-Release-Prinzip, d.h. es gibt keine Versionsnummern, sondern das Betriebssystem wird kontinuierlich weiterentwickelt.

Im Unterschied zu den meisten oben genannten Distributionen wird ArchLinux von einem kleinen unabhängigen Team ohne finanzielle Interessen entwickelt.

Die Community um ArchLinux hat ein eigenes Paketsystem namens *Pacman* entwickelt

2 Distributionen

Manjaro

manjaro

https://de.manjaro.org/

Aufbauend auf ArchLinux ist diese Distribution sehr viel besser für Einsteiger geeignet als die Basisversion.

Als Benutzer haben Sie die Auswahl zwischen diversen Desktop-Umgebungen, angepasst an die zur Verfügung stehende Hardware. Die Entwickler stellen eine ganze Reihe verschiedener Multimedia-Codecs zur Verfügung, so dass die Wiedergabe von Filmen und Musik gleich von Anfang an funktioniert. Bei meinem (nicht repräsentativen) Test auf einem schwächlichen Netbook funktionierte diese Distribution mit am flüssigsten.

Falls Sie die Befürchtung hegen, Ihnen könnten weniger Programme zur Verfügung stehen als mit Debian- oder Red-Hat-Distributionen: Es kann Ihnen durchaus passieren, dass Sie exotische Programme, die für die großen Distributionen erstellt sind, hier nicht finden können. Die gängigen Programmpakete werden allerdings auch für das pacman-Format zur Verfügung gestellt.

Die Grundausstattung mit Programmen ist identisch mit der anderer Distributionen, LibreOffice und die Mozilla-Programme sind an Bord und funktionieren glatt und reibungslos. Programme werden über die Programmverwaltung Pacman installiert und auf dem aktuellen Stand gehalten. Dabei betreibt Manjaro auch noch seine eigenen Paketquellen.

Mit einem eigenen Installationsprogramm *Calamares* ist die Einrichtung des Systems auch für Anfänger sehr gut zu bewerkstelligen.

Zu guter Letzt: Das Forum *http://www.manjaro-forum.de/* ist deutschsprachig, das macht die Suche nach Hilfe schon mal einfacher, falls etwas nicht richtig funktionieren will.

Antergos

https://antergos.com/

Eine interessante Distribution, die in Galizien entwickelt wurde und sich die einfache Bedienbarkeit auf die Fahne geschrieben hat. Es liegen zwei verschiedene Installationsmöglichkeiten vor: Zum einen können Sie eine .iso-Datei zum Live-Betrieb herunterladen, die es Ihnen ermöglicht, ein wenig herumzustöbern. Für die endgültige Installation benötigen Sie eine Internetverbindung, denn jetzt können Sie das komplette System mit Ihrer bevorzugte Arbeitsoberfläche und Sprache herunterladen.

Die Internetseite und die Foren sind auf Englisch, allerdings ist das Betriebssystem natürlich multilingual.

2.5 Spezialitäten

Raspbian

https://www.raspberrypi.org/

Angepasste Linux-Distributionen lassen sich sehr gut auf den Einplatinencomputern wie dem Raspberry Pi oder Banana Pi installieren. Die Distribution *Raspbian* basiert dabei optisch und technisch auf Debian und ist das von der *Raspberry Pi Foundation* offiziell unterstütze Betriebssystem.

Die Erledigung gängiger Office-Aufgaben und Surfen im Internet funktionieren verblüffend gut, ein großer Teil dieses Buches wurde auf einem RaspberryPi geschrieben, Linux-basierte Microcomputer finden sich als winzige und energiesparende Computer in Wohnwagen und auf Segelyachten, als Medien- und Webserver in der Hausautomation und vieles mehr. Eine riesige Community unterstützt bei zahllosen Projekten.

Benötigt wird neben dem RaspberryPi lediglich eine Micro-SD-Karte und ein Micro-USB-Netzteil.

Die Installation von Raspbian funktioniert anders als das Aufspielen einer Distribution auf einen PC, ich werde sie in den folgenden Kapiteln beschreiben.

OpenELEC

http://openelec.tv/

OpenELEC steht für **Open Embedded Linux Entertainment Center**. Die Basis ist eine rudimentäre Linux-Distribution, die nur eine Aufgabe hat: Das Multimediazentrum Kodi auch auf eingeschränkten Systemen zum Laufen zu bringen. Die Distribution benötigt installiert nur etwa 100 MByte Speicherplatz und bootet recht flott. Einmal eingerichtet verwalten und genießen Sie Ihre Filme, Fotos und Musiktitel.

Der Funktionsumfang vom OpenELEC basiert auf so genannten *Addons*, Programmen, die den Zugriff beispielsweise auf Internetradio, Streamingdienste oder Sendermediatheken ermöglichen.

OpenELEC können Sie sowohl auf einem PC, einem Raspberry Pi oder einem AppleTV installieren.

Gparted Live-CD

GNOME Partition Editor

https://gparted.sourceforge.io/livecd.php

Um die Partitionsgrößen von Festplatten während des laufenden Betriebs ohne Datenverlust zu verändern, zu formatieren oder zu löschen, benötigen Sie ein spezielles Programm: Die Festplattenverwaltung. *GParted* ist hierbei in der Linux-Welt State of the Art.

In dieser Distribution baut GParted allerdings auf einem minimalisierten Live-Linux auf. Und dieses Linux hat dabei auch nur eine Aufgabe: Gparted zu starten.

Wenn Sie nämlich Linux auf Ihrem PC nutzen, können Sie die Partition, auf dem das Betriebssystem installiert ist, nicht verändern. Sie müssen eine andere Linux-Instanz starten, in diesem Falle die Live-CD, um Veränderungen vornehmen zu können.

Ich würde Ihnen empfehlen, dieses Linux auf jeden Fall herunterzuladen und auf einem USB-Stick zu installieren: Sie benötigen es unter Umständen, bevor Sie Linux parallel zu einem bereits bestehenden Betriebssystem, zum Beispiel Windows, installieren möchten; auf jeden Fall aber, wenn Sie eine Windows-Partition entfernen und den freigewordenen Festplattenspeicherplatz Ihrem Linux zuschlagen wollen.

JonDo

https://www.lidux.de/jondo-download

JonDo ist eine Linux-Distribution, die für anonymes und sicheres Surfen entwickelt wurde. Die auf Debian basierende und in Deutschland entwickelte Distribution hat eine Reihe von Tools zum anonymen Surfen bereits vorinstalliert und vorkonfiguriert. Sie hinterlassen weder Spuren im Internet, zumindest keine, die nicht ohne großen Aufwand aufspürbar wären, und auch keine auf dem Computer, den Sie gerade nutzen.

JonDo wird dabei standardmäßig auf einen USB-Stick oder eine DVD kopiert und als Live-Linux benutzt, also nicht fest installiert.

Linux from Scratch

http://wiki.linuxfromscratch.org/lfs/

Linux from Scratch (»Linux von Grund auf«) ist keine Distribution im engeren Sinne, sondern ein Projekt, das eine Anleitung zum Bau eines auf die persönlichen Wünsche angepassten Linux-Betriebssystems von Grund auf aus den Quelltexten anbietet. Dazu bieten die Projektmitarbeiter eine Anleitung im .pdf-Format und eine Sammlung von Paketen zum Download an.

Dabei werden Ihnen nicht etwa die notwendigen Tools angeboten, sondern nur die Quelltexte. Anpassen und kompilieren müssen Sie dann selbst.

2 Distributionen

Das Ganze ist natürlich nichts für Einsteiger, neben mehr als oberflächlichen PC-Kenntnissen sollten Sie sehr gut Englisch können, denn eine aktuelle Anleitung auf Deutsch liegt nicht vor. Und Sie werden viel Zeit brauchen.

Wenn Sie sich auf das Projekt einlassen, haben Sie (vielleicht) am Ende ein Linux, das genau auf Ihre Hardware abgestimmt ist, ohne Programme, Komponenten oder Treiber, die Sie nicht möchten oder benötigen.

2.6 Systeme für Non-PAE-CPUs

Wenn Sie versuchen, Linux auf einem Laptop zu installieren, der ungefähr um die Jahrtausendwende hergestellt wurde, kann es sehr gut sein, dass der Bootvorgang mit folgender Meldung stoppt:

```
This kernel requires the following features not present on the CPU:
pae
Unable to boot - please use a kernel appropriate for your CPU.
```

An eine Installation ist dann nicht zu denken.

PAE ist eine Prozessorerweiterung und steht für *Physical Address Extension*: Einfach ausgedrückt ermöglicht sie 32-Bit-Betriebssystemen, mehr als 4 GB Arbeitsspeicher anzusprechen und zu verwalten. PAE wurde zwar schon Mitte der 90er-Jahre bei Prozessoren wie dem Pentium Pro und AMD Athlon eingeführt, Intel produzierte allerdings noch bis 2005 abgespeckte Non-PAE-Prozessoren, vor allem bei Laptops. Diese findet man unter den Namen *Pentium M*, *Celeron M*.

Aktuelle Linux-Systeme bringen einen Kernel mit, der Prozessoren mit PAE voraussetzt, diese sind also auf diesen Computern nicht ohne weiteres installierbar. Linux wäre allerdings nicht Linux, gäbe es nicht auch hier wieder Entwickler, die sich um alte Hardware verdient machen würden.

Die nachfolgend kurz vorgestellten Linux-Distributionen sind Minimalisten und eignen sich generell für ältere Hardware, bringen aber auch eine Kernel-Variante mit, die die problematischen CPUs unterstützt.

Bodhi-Linux

http://www.bodhilinux.com/

Bodhi ist eine Art Speed-Ubuntu, d.h. diese Distribution basiert auf Ubuntu, hat allerdings einen angepassten Kernel. Das System ist so anspruchslos, dass es nach den Angaben des Entwicklerteams nur 128 MB Arbeitsspeicher und einen 300-MHz-Hauptprozessor benötigt.

Der Desktop *Moksha* bietet enorme Einstellmöglichkeiten, wirklich jedes Detail ist über grafische Anpassungsdialoge per Maus zu erreichen. Das gelingt nicht überall konsistent, erspart aber jedes manuelle Bearbeiten von Konfigurationsdateien.

Wenn man sich mit den oft unübersichtlichen und ausufernden Einstellebenen einmal befasst hat, ist BodhiLinux eine tolle Möglichkeit, alte Hardware wieder zu neuem Leben zu erwecken.

Bodhi bietet selbst ein eigenes sehr limitiertes App-Center an, Programme können aber natürlich problemlos aus den Ubuntu-Quellen installiert werden.

AntiX Linux

https://antixlinux.com/

Den Griechen sagt man ja nach, dass sie sich mit Antiquitäten auskennen. So stammt denn nun auch dieses Linux, das sich dezidiert an Besitzer alter Computer richtet, aus Athen.

2 Distributionen

Gerade einmal ein Pentium II und 256 MB Arbeitsspeicher benötigt das Betriebssystem, das auf Debian basiert. Dabei kann AntiX den gesamten Softwarebestand von Debian nutzen, und das sind derzeit immerhin über 50.000 Pakete.

Die Installation ist sehr einfach, es steht eine ganze Reihe von Optionen zur Verfügung, von einer Netzwerk- bis zur All-inclusive-Installation stehen alle Möglichkeiten zur Verfügung.

AntiX verwendet den *ROX-Desktop*, der etwas anders funktioniert als die meisten bekannten Arbeitsumgebungen. So werden Sie keine Menüs finden, alle Menüfunktionen werden mit der rechten Maustaste aufgerufen. Das ist durchaus etwas gewöhnungsbedürftig, die Bedienung mit einem Mousepad am Laptop ist allerdings sehr viel einfacher. Ebenso fehlen Icons, um Programme zu starten, auch dies funktioniert mit der rechten Maustaste.

Obwohl für sehr limitierte Hardware entworfen, machen Desktop und die gesamte Arbeitsumgebung überhaupt keinen spartanischen Eindruck, man sollte allerdings Englisch können, um sich auf der Webseite und der sehr informativen FAQ zurechtzufinden.

Kapitel 3

Desktop-Umgebungen

3.1	Mate	44
3.2	Gnome 3	45
3.3	Cinnamon	47
3.4	Xfce	48
3.5	Plasma	49
3.6	LXDE	50

Wenn Sie sich auf den empfohlenen Internetseiten nach den .iso-Dateien umsehen, werden Sie immer wieder mit Begriffen wie *Gnome*, *Mate* oder *LXDE* konfrontiert. Dabei handelt es sich um die *Desktop-Umgebung* (zu Deutsch: *Schreibtischoberfläche*). Während der Schreibtisch bei Betriebssystemen wie Windows oder MacOS vorgegeben ist, müssen Sie bei Linux-Distributionen nicht das nehmen, was Ihnen vorgesetzt wird. Distributoren setzen ganz einfach ihre Favoriten als Desktop-Umgebung auf die Basis-Systeme. Und weil nicht allen Benutzern dasselbe gefällt, haben die Entwickler für jeden Geschmack was dabei: Einige der Desktop-Umgebungen sind so aufgebaut, dass sie möglichst ressourcenschonend sind, andere schwelgen geradezu im Luxus der grafischen Möglichkeiten.

Die meisten Anbieter mit großer Reichweite wie Cannonical oder Debian bieten dann auch gleich mehrere Desktop-Umgebungen an.

So können Sie die Farben und Gestaltung der Fenster beeinflussen oder kleine zusätzliche Programme mit Wettervorhersage oder Uhr auf den Desktop integrieren. Die Ecken eines Bildschirms können mit Funktionen belegt werden oder die benutzten Arbeitsflächen variieren. Ein weiterer Aspekt der Desktop-Umgebung ist allerdings auch die Auswahl und Gestaltung der mitgelieferten Programme und Tools, beispielsweise die Dateienverwaltung oder das Programm, mit dem die Systemsteuerung aufgerufen wird.

Ich versuche, Ihnen einen kurzen Überblick über die am häufigsten verwendeten Desktops zu vermitteln.

3.1 Mate

https://mate-desktop.org/

Die *MATE* Desktop-Umgebung basiert auf der eher einfachen, übersichtlichen Gnome 2 Desktop-Umgebung. Als diese seit 2011 nicht mehr weiterentwickelt werden sollte, nahm sich eine Entwicklergruppe dieses sehr stabilen und bewährten Desktops an und es entstand das Mate-Projekt.

Als Einsteiger werden Sie sich hier sehr gut zurechtfinden, da die Einstellmöglichkeiten und Optionen begrenzt und deshalb übersichtlich sind. Die Ähnlichkeit mit Gnome ist dann auch überall zu finden, die mitgelieferten Programme sind oft identisch, bekommen aber andere Namen. So wird aus dem Gnome-Dateimanager *Nautilus* dann eben mal *Caja* oder aus dem Texteditor *gedit* die Mate-Entsprechung *Pluma*.

Im Unterschied zum unten beschriebenen Gnome 3 können Sie hier auf dem Desktop Icons zum Programmstart ablegen.

Abb. 3.1: Stabil und bewährt: Der Mate Desktop

3.2 Gnome 3

https://wiki.gnome.org/

Gnome 3 kommt sehr puristisch daher, allein ein Eintrag AKTIVITÄTEN empfängt den Nutzer. Ein Klick hierdrauf öffnet eine Seitenleiste mit favorisierten Anwendungen. Diese lassen sich recht leicht mit der rechten Maustaste ergänzen oder entfernen.

Die Auswahl der Programme unterstützt den ressourcensparenden Ansatz: Anstatt des umfangreichen *LibreOffice* findet sich das einfachere *AbiWord* oder *Evolution* statt des allgegenwärtigen *Thunderbird* als E-Mail-Client. Als Dateiverwaltung kommt der sehr simple *Nautilus* zur Anwendung.

3 Desktop-Umgebungen

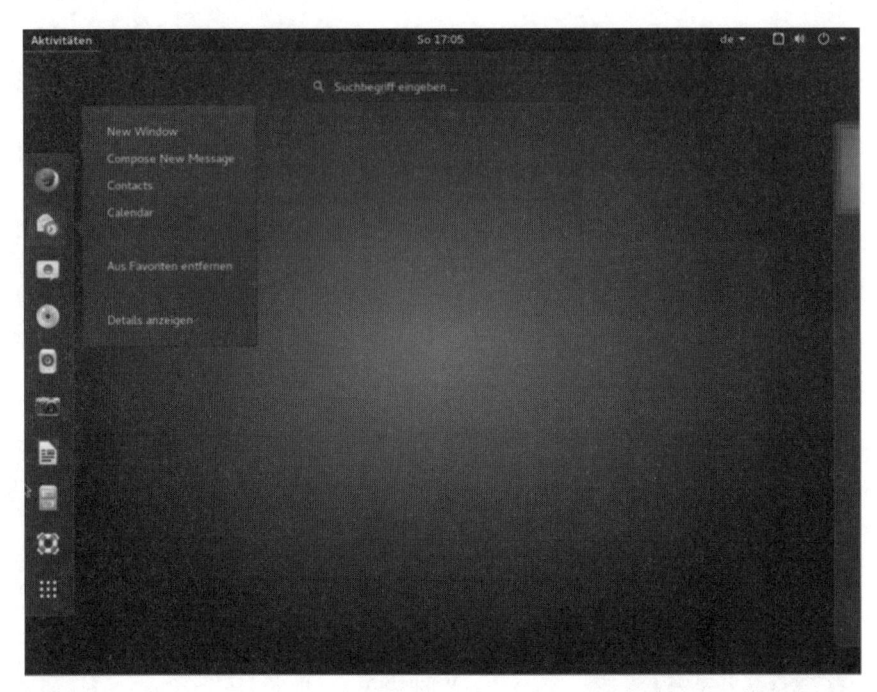

Abb. 3.2: Puristisch: der Gnome-3-Desktop

Bei diesem Desktop ist es nicht möglich, Icons zum Programmstart auf dem Desktop zu platzieren, nur Icons, die mit Dateien verknüpft sind, finden hier Platz. Dies hält den Schreibtisch aufgeräumt.

Wenn Ihnen die Bedienung zu ungewohnt ist, können Sie bei einigen Distributionen Gnome auch unter der Option *Gnome-Classic* starten. Gnome-Classic orientiert sich hier an der Oberfläche der Vorgängerversion Gnome 2. Auch diese Oberfläche ist einfach gehalten. Ein Klick auf den Button ANWENDUNGEN öffnet eine Programmübersicht, die einfach und übersichtlich gestaltet ist. Außerdem finden Sie einen Button ORTE, hier werden die angeschlossenen Laufwerke abgebildet.

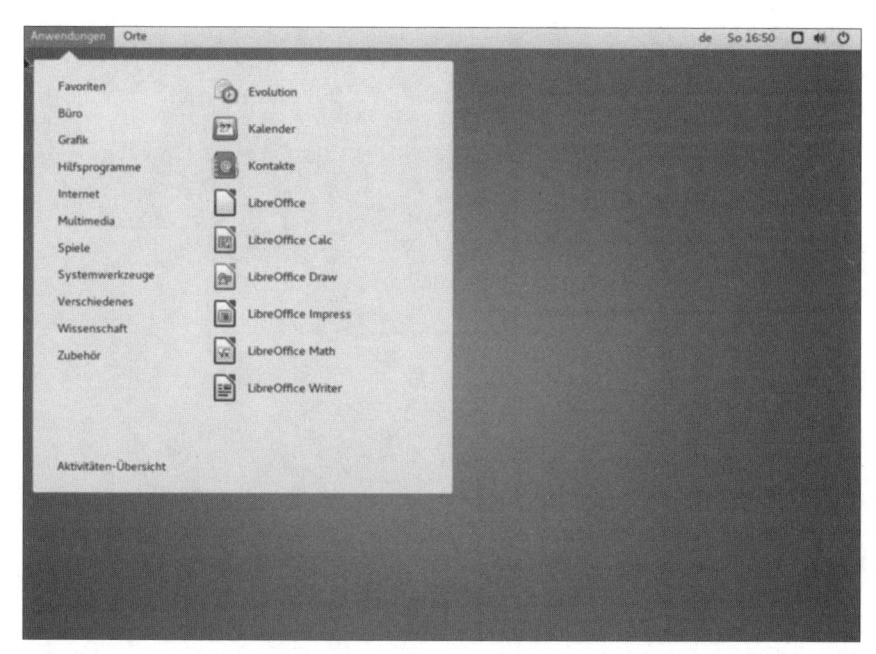

Abb. 3.3: Die Arbeitsoberfläche *Gnome-Classic*

Jedes gerade aktive Programm legt einen Eintrag in der oberen Leiste ab.

3.3 Cinnamon

http://developer.linuxmint.com/

Cinnamon startete als eigens entwickelte Benutzeroberfläche für das Derivat *Linux Mint*, ist aber in der Zwischenzeit für eine großen Anzahl von Distributionen erhältlich. Ursprünglich basierend auf Gnome 3 versteht sich Cinnamon eher als innovative Desktop-Umgebung. Sie werden mehr Effekte, 3D-Animationen und weitere Gimmicks entdecken können. Einige Zubehörprogramme wie z.b. die Dateiverwaltung *Nemo* liegen in einer komfortableren Version mit mehr Möglichkeiten vor. Auch die umfangreicheren Programme wie das Bildbearbeitungsprogramm *Gimp* oder *LibreOffice* sind dabei.

Falls Sie kleine Fenstereinblendungen mit der aktuellen Wettervorhersage oder »aktive Fensterecken« suchen, sind Sie hier richtig.

3 Desktop-Umgebungen

3.4 Xfce

https://xfce.org/

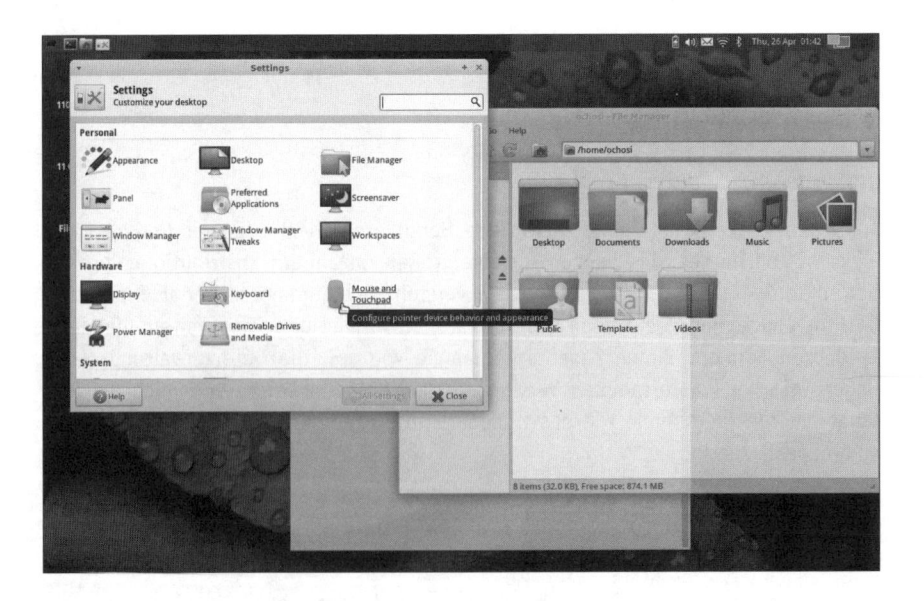

Der Xfce-Desktop ist ein minimalistischer und ressourcenschonender Vertreter seiner Gattung. Er kommt meist optisch und funktional eher wenig ansprechend vorkonfiguriert daher, nicht zuletzt um dessen Einsatzfähigkeit auch noch auf besonders schwacher Hardwareplattformen zu gewährleisten. Das soll aber nicht darüber hinwegtäuschen, dass dieser Desktop durch sein Baukastensystem enorm in Aussehen und Funktionalität erweitert werden kann. So lässt er sich sehr flexibel an nahezu sämtliche Wünsche und Anforderungen des Nutzers anpassen.

3.5 Plasma

https://www.kde.org/plasma-desktop

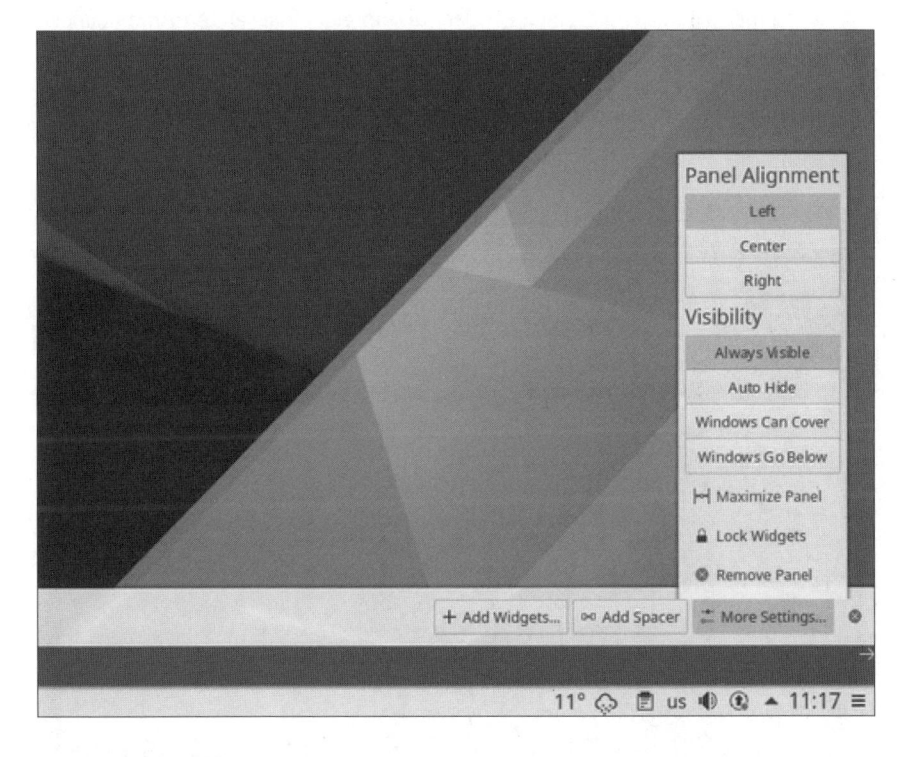

Plasma ist die Desktop-Umgebung der KDE-Entwickler, die ursprünglich für Kubuntu entwickelt wurde. Plasma ist grafisch noch ansprechender, vielleicht auch verspielter, auf jeden Fall aber speicherhungriger als MATE und Cinnamon. Sollten Sie einen PC mit mehr als 2 GB Arbeitsspeicher zur Verfügung haben – probieren Sie es aus. Einige der integrierte Programme, wie beispielsweise das Brennprogramm k3b, stellen oft genug den Goldstandard der möglichen Programme dar. Plasma ist, im Unterschied zu den anderen Desktops, nicht so ohne weiteres in andere Linux-Umgebungen zu integrieren; sollte Ihnen der Desktop zusagen, installieren Sie am besten das oben beschriebene *Kubuntu* oder besuchen die KDE-Webseite. Hier finden Sie weitere Hinweise.

3.6 LXDE

http://lxde.org/

LXDE ist die Abkürzung von *Lightweight X11 Desktop Environment* und repräsentiert das nüchterne, pragmatische Linux, in dem die jeweils eingesetzten Anwendungen wichtig sind, nicht das »Klicki-Bunti« der Arbeitsumgebung. Wichtig ist den Entwicklern Schnelligkeit und Energieeffizienz, damit der Desktop möglichst niedrige Anforderungen an die Hardware stellt. LXDE eignet es sich damit besonders, aber nicht ausschließlich auch für ältere oder leistungsschwächere Geräte.

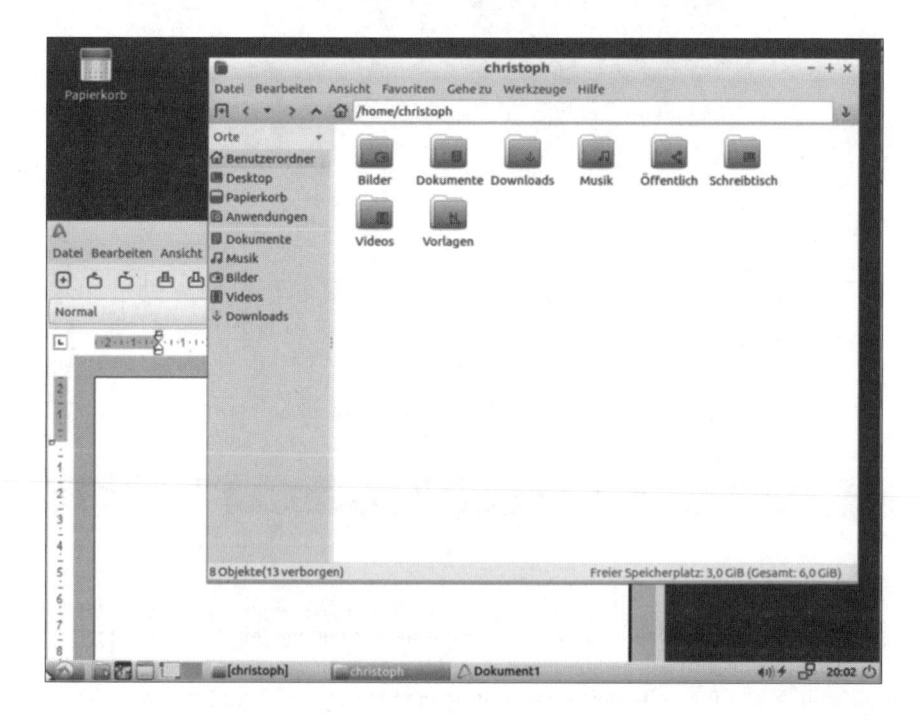

So finden Sie LXDE als Desktopumgebung auch in den Distributionen für die Einplatinen-Computer Raspberry Pi und Banana Pi. Sie können, wenn Sie über eine leistungsstärkere Hardware verfügen, in dieser anspruchslosen Umgebung selbstverständlich trotzdem die anspruchsvollen KDE-Programme installieren, sie sind völlig kompatibel.

Die Programme werden aus einem Startmenü heraus gestartet, es ist aber auch möglich, Icons auf dem Desktop zu hinterlegen. Auf der Leiste am unteren Bildrand werden aktive Programme markiert, Programme, die eben zu den einfacheren zählen: Statt LibreOffice ist AbiWord an Bord, xfburn statt Brasero.

Natürlich ist es mit den hier beschriebenen Optionen noch längst nicht getan. So gibt es wohl einen regelrechten Wettstreit darum, wer das kleinste Linux und den minimalistischsten Desktop erstellt. Diese Distributionen, oft nicht einmal 100 MB groß, sind allerdings für Einsteiger oft nicht geeignet, nicht ohne Vorkenntnisse zu installieren und auf sehr schwache Hardware ausgelegt. Deswegen verzichte ich darauf, Ihnen diese Varianten vorzustellen.

Nun liegt die Qual der Wahl bei Ihnen: Die ungeheure Diversifikation macht die Entscheidung nicht gerade leichter, allerdings bin ich mir sicher, dass auch für Sie und Ihre Ansprüche etwas dabei ist.

Kapitel 4

Linux im Internet

4.1	Linux-Distributionen finden	54
4.2	Minimale oder Netzwerkinstallation	56
4.3	Überprüfen der Datei	57
4.4	Linux auf einem Installationsmedium	58

4.1 Linux-Distributionen finden

Wie Sie vielleicht mittlerweile festgestellt haben, ist es nicht gut möglich, in ein Computergeschäft zu gehen und dort eine DVD mit Linux zu kaufen. Linux ist ein Kind des Internets und hier bekommen Sie die verschiedenen Distributionen auch. Sie müssen sich nur entscheiden, welche Distribution Sie wollen, im vorherigen Kapitel habe ich Ihnen eine kleine Auswahl vorgestellt.

Da meine persönliche Auswahl natürlich nur sehr eingeschränkt ist, kann ich Ihnen nur noch einmal die Webseite *https://distrochooser.de/* nahelegen. Sie werden durch ein Fragemenü aus Vorerfahrung und Interessen geführt, an dessen Ende Empfehlungen für Ihre Präferenzen stehen. Sollten Sie eine Entscheidung getroffen haben, werden Sie gleich zur Website geleitet, von der aus Sie Ihren Favoriten herunterladen können.

Ich habe im Rahmen meiner bisher erschienen Bücher einige ungläubige E-Mails erhalten, in denen immer wieder die Frage auftauchte, ob denn das alles legal sei: Betriebssysteme aus dem Internet herunterzuladen hat angesichts der gehackten Windowssysteme, die in bestimmten Foren zu bekommen sind, einen unsicheren Beigeschmack.

Und um es noch einmal zu betonen: Es ist völlig legal, ja sogar gewünscht, sich diese Betriebssysteme herunterzuladen, eine Installationsmedium zu erstellen und dieses auch zu kopieren und weiterzugeben.

Natürlich müssen Sie das Installationsmedium selbst erstellen. Sie sollten allerdings über einen schnellen Internetanschluss mit einer Datenflatrate verfügen, die Datenmengen können leicht mehrere GB betragen.

Wie Sie in Abbildung 4.1 sehen, stehen Ihnen auf der Download-Seite Ihrer Distribution mehrere Images, das sind 1:1-Abbilder einer Installations-DVD, zur Verfügung. Aber welches Images ist denn nun das Richtige? Wenn Sie nicht wissen, ob Ihr PC die 64-Bit- oder nur die 32-Bit-Version unterstützt, nutzt als erstes ein Blick in das Handbuch Ihres Computers. Liegt Ihnen das nicht vor, und Sie können auch keinen Blick auf das Motherboard werfen, können Sie die Version Ihrer CPU leicht mit dem kostenlosen Tool *CPU-Z*, herausfinden. Dieses Programm können Sie im Internet unter der Webseite *http://www.cpu-z.de/* beziehen. Nachdem Sie das Programm installiert und gestartet haben, sehen Sie im ersten Reiter CPU die entscheidenden Daten.

Linux-Distributionen finden 4.1

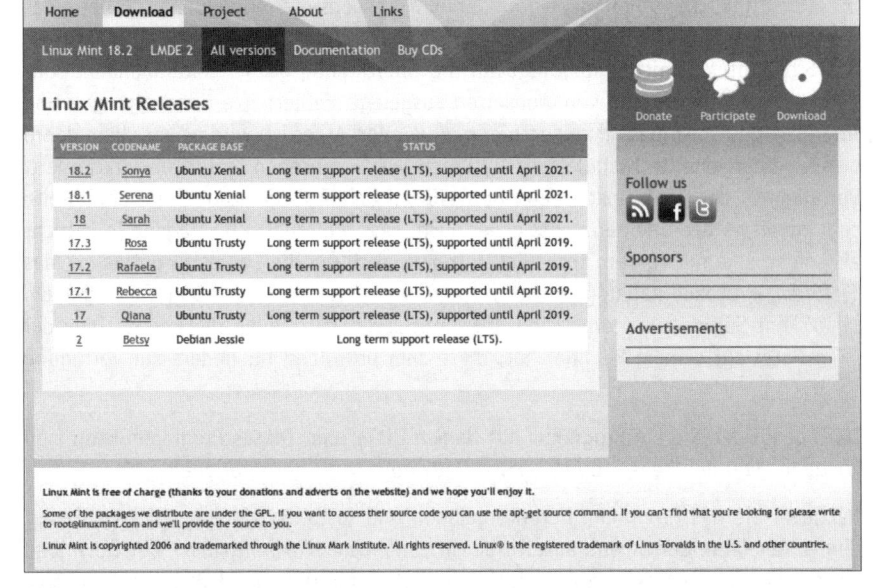

Abb. 4.1: Downloadlinks auf der Webseite des Linux Mint-Projektes

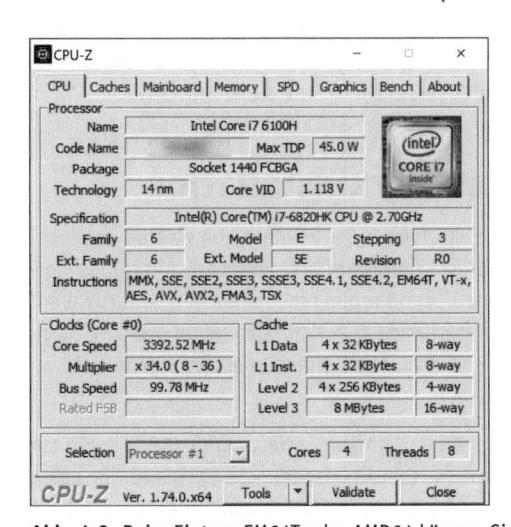

Abb. 4.2: Beim Eintrag EM64T oder AMD64 können Sie die 64-Bit-Version verwenden

Sollten Sie sich allerdings nicht sicher sein, laden Sie bitte die 32-Bit-Version.

4 Linux im Internet

Die Direktlinks der oben gezeigten Linux-Mint-Webseite ermöglichen Ihnen, das Image als sogenannte *.iso-Datei* direkt auf Ihrem Rechner zu speichern. Allerdings ist das http-Protokoll nicht unbedingt auf die Übertragung großer Datenmengen, sondern auf die Übertragung von Webseiten ausgelegt. Fehlerhafte Übertragungen und Abbrüche des Downloads kommen hier häufiger vor. Ärgerlich wird es vor allem dann, wenn die hergestellte Installations-DVD nicht wie vorgesehen fehlerfrei funktioniert.

Vor allem in den Tagen nach einer Neuveröffentlichung kann zudem die Bandbreite sehr knapp werden und dann passiert es auch, dass fehlerhaft übertragene Teile nicht als solche erkannt werden. Ich möchte Ihnen, auch um die Server zu entlasten, das *BitTorrent*-Protokoll nahelegen. Hier wird nur eine kleine, wenige kB große Datei vom Linux Mint-Server heruntergeladen, die dafür sorgt, dass jeder, der bereits Teile der .iso-Datei auf seinem Rechner hat, diese zum Download für andere zur Verfügung stellt.

Dazu benötigen Sie ein Programm mit Namen BitTorrent, Dieses Programm kann man kostenlos von der Webseite *http://www.bittorrent.com/* herunterladen.

Nachdem Sie das Programm heruntergeladen und installiert haben, klicken Sie auf den *torrent*-Link der Downloadseite bei *https://www.linuxmint.com/*. Der Download startet dann automatisch. Sofort nach Erhalt aller übertragenen Pakete wird die vollständige Datei mit einer Prüfsumme (Checksumme) auf Fehler überprüft.

Sollte Ihnen das Herunterladen der BitTorrent jedoch zu aufwändig erscheinen, suchen Sie sich einen Download-Link aus Deutschland. Dies minimiert die Fehleranfälligkeit und vergrößert die Chance, eine unversehrte .iso-Datei zu erhalten.

4.2 Minimale oder Netzwerkinstallation

Bei der normalen Installation laden Sie ein mehr oder weniger komplettes Betriebssystem herunter, daher auch die zum Teil sehr großen Datenvolumen. Allerdings werden sich dabei Programmpakete befinden, die Sie gar nicht brauchen, oder wollen. Zudem ist die Installation, wie Sie in den nächsten Kapiteln sehen werden, auch noch gar nicht völlig abgeschlossen, es müssen noch einmal mehrere hundert MB an Aktualisierungen heruntergeladen werden.

Einige Distributoren stellen daher so genannte Mini- oder Netzwerkinstallationen zur Verfügung. Hier handelt es sich nicht etwa um eingeschränkte Systeme. Sie laden und installieren zuerst einmal ein Minimalsystem mit der Software, die nötig ist, um die eigentliche Installation zu konfigurieren. Dann erst laden Sie dann alle übrigen Programmpakete über das Internet herunter, was sowohl Zeit als auch Downloadvolumen spart.

Bei Debian oder openSUSE können Sie außerdem auswählen, welche Programme Sie überhaupt installieren möchten. Programme, die nicht zu Ihren Interessen passen, wie beispielsweise Spiele oder Entwicklungsumgebungen, lassen Sie einfach aus, Programme, die Sie benötigen, laden Sie herunter. Keine Sorge, dass Sie nun etwas Wichtiges verpassen könnten, sollten Sie Programme, die Sie nun nicht installiert haben, vielleicht später doch benötigen, installieren Sie die einfach nach.

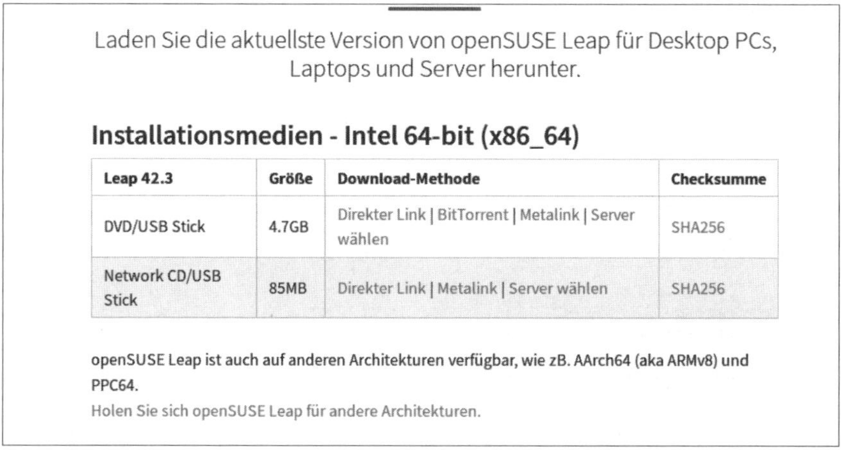

Laden Sie die aktuellste Version von openSUSE Leap für Desktop PCs, Laptops und Server herunter.

Installationsmedien - Intel 64-bit (x86_64)

Leap 42.3	Größe	Download-Methode	Checksumme
DVD/USB Stick	4.7GB	Direkter Link | BitTorrent | Metalink | Server wählen	SHA256
Network CD/USB Stick	85MB	Direkter Link | Metalink | Server wählen	SHA256

openSUSE Leap ist auch auf anderen Architekturen verfügbar, wie zB. AArch64 (aka ARMv8) und PPC64.
Holen Sie sich openSUSE Leap für andere Architekturen.

Abb. 4.3: Hier wählen Sie aus: komplette, oder minimale Installation

---

Hinweis

Die Netzwerkinstallation ist allerdings nur dann sicher geeignet, wenn Ihr Computer über ein BIOS verfügt, mehr dazu im folgenden Kapitel.

4.3 Überprüfen der Datei

Wenn Sie die .iso-Datei mit Hilfe des http-Protokolls heruntergeladen haben, ist es dringend zu empfehlen, die Datei auf ihre Vollständigkeit und Integrität zu überprüfen. Dazu wird in aller Regel die MD5-Checksumme benutzt.

Diese Checksumme ist in einer eigenen Textdatei auf der Webseite des Anbieters zu finden. Sie kann ungefähr so aussehen:

ba411cafee2f0f702572369da0b765e2   bodhi-4.1.0-64.iso

4 Linux im Internet

Diese Buchstaben-Zahlenkombination gilt nur für diese eine Version von Bodhi-Linux und verändert sich, wenn auch nur ein einziges Bit verändert wird, ganz gleich, ob per fehlerhafter Übertragung oder böswilligem Hack.

Da Windows kein Bordmittel zur Verfügung hat, um MD5-Checksummen zu überprüfen, müssen Sie zuerst ein Programm herunterladen und installieren. Ein kleines Freeware-Tool, das für alle Windows-Versionen geeignet ist, finden Sie hier:

https://www.gservon.de/downloads/md5check/

Abb. 4.4: Sehr zu empfehlen: Die Überprüfung, ob mit der heruntergeladenen Datei alles in Ordnung ist.

Das Programm ist sehr einfach zu bedienen: Navigieren Sie in der oberen Checkbox zu der Datei, die Sie überprüfen wollen und klicken Sie danach auf GENERIEREN. Nach einigen Momenten wird Ihnen die vom Programm generierte MD5-Prüfsumme angezeigt. Nun vergleichen Sie diese mit der vom Hersteller zur Verfügung gestellten. Stimmen beide exakt überein, können Sie die Datei auf den gewünschten Datenträger brennen.

Stimmen die beiden Codes jedoch nicht überein, versuchen Sie den Download noch einmal, wahrscheinlich hat es einen Übertragungsfehler gegeben, der die Installation schwierig bis unmöglich macht.

4.4 Linux auf einem Installationsmedium

Sie haben nun die Möglichkeit, mit der heruntergeladenen *.iso-Datei sowohl eine Installations-DVD als auch einen bootfähigen USB-Stick zu erstellen. Ich würde Ihnen allerdings dringend empfehlen, einen USB-Stick als Installationsmedium zu wählen. Sie sparen nicht nur sehr viel Zeit, da alle Vorgänge sehr viel schneller ablaufen,

Linux auf einem Installationsmedium 4.4

sondern können viel leichter mehrere Distributionen testen. Sollten Sie zudem einen PC mit UEFI (siehe nächstes Kapitel) haben, ist die Installation mit einem USB-Stick gegebenenfalls ohnehin sicherer.

Der Vollständigkeit halber erkläre ich trotzdem die Erstellung einer Installations-DVD. Sollte Ihnen dieses Thema vertraut sein, können Sie sich der Bordmittel Ihres Betriebssystems, wohl in aller Regel Windows, bedienen. Starten Sie dazu den Explorer, klicken Sie mit der rechten Maustaste auf die Datei und wählen Sie den Menüpunkt DATENTRÄGERABBILD BRENNEN. Nun legen Sie eine DVD ein und starten den Brennvorgang.

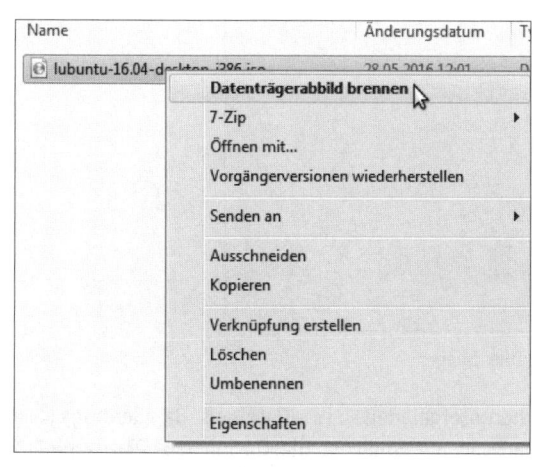

Abb. 4.5: So wird eine bootfähige DVD erstellt.

Möglicherweise hat der Rechner, auf dem Sie Linux installieren möchten, kein DVD-Laufwerk, oder Sie haben gerade keine beschreibbare DVD-ROM zur Hand. Dann ist die Installation über den USB-Zugang ohnehin obligatorisch. Wie gesagt: diese Möglichkeit ist eleganter und aufgrund der höheren Lesegeschwindigkeit eines USB-Sticks im Vergleich zu einer DVD auch komfortabler und sehr viel schneller.

Allerdings können Sie auch hier die .iso-Datei nicht einfach auf den USB-Stick kopieren, Sie brauchen noch ein weiteres Programm um den USB-Stick so zu präparieren, dass sie Linux von ihm starten können.

Ein sehr gutes, kostenloses und nahezu selbsterklärendes Programm, den *Win32 Disk Imager* der dies unter Windows kann, findet man auf der Webseite:

https://sourceforge.net/projects/win32diskimager/

4 Linux im Internet

Laden Sie dieses Programm herunter und installieren Sie es, indem Sie doppelt auf das Dateisymbol klicken. Ein Installationsmanager führt Sie durch die unkomplizierte Installation. Sie benötigen einen USB-Stick mit einer passenden Kapazität, den Sie nun am Rechner anschließen. Starten Sie dann den *Win32 Disk Imager*.

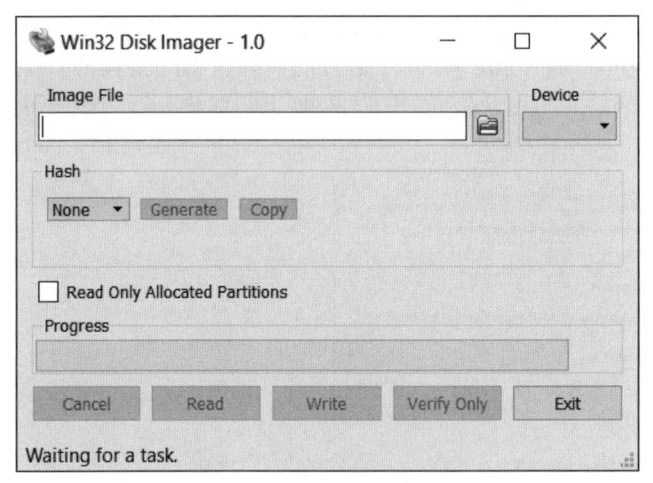

Abb. 4.6: Die Oberfläche von Win32 Disk Imager

Im Feld IMAGE FILE wählen Sie die heruntergeladene .iso-Datei aus. Da allerdings .img als Dateityp voreingestellt ist, müssen Sie zunächst die Option ALLE DATEITYPEN *.* auswählen. Im Feld Device wählen Sie die Laufwerknummer des USB-Sticks. Achten Sie darauf, die richtige Laufwerksnummer für Ihren USB-Stick auszuwählen, denn wenn Sie eine zusätzliche Festplatte am USB-Ausgang haben, erscheinen hier mehrere Optionen.

Wie ich Ihnen im vorherigen Kapitel beschrieben habe, ist es sehr sinnvoll, die Prüfsumme berechnen zu lassen. Wählen Sie also im Feld HASH den Prüfsummentyp aus, der vom Distributor angegeben wurde, und lassen mit Klick auf den Button GENERATE eine Prüfsumme berechnen.

Dieser Vorgang geht recht flott und ist kein Vergleich zu der verlorenen Zeit einer fehlgeschlagenen Installation.

Nun klicken Sie auf den Button SCHREIBEN und beobachten den Fortschrittsbalken. Je nach Größe der .iso-Datei und der Geschwindigkeit Ihres Systems kann es ein paar Minuten dauern, aber am Ende haben Sie einen bootfähigen USB-Stick, mit dem Sie Linux starten können.

Linux auf einem Installationsmedium 4.4

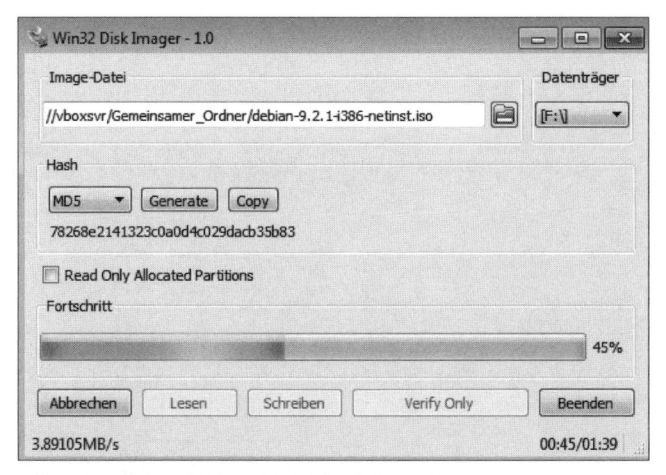

Abb. 4.7: Der bootfähige USB-Stick wird erstellt.

Kapitel 5

Vorbereitung und Installation

5.1	BIOS vorbereiten	64
5.2	Die Linux-Live-Installation	73
5.3	Linux dauerhaft installieren	76
5.4	Linux auf dem Raspberry Pi 3	86
5.5	Entscheidungshilfen	90

5 Vorbereitung und Installation

Bevor Sie sich an die Installation Ihrer bevorzugten Linux-Distribution begeben, sollten Sie sich überlegen, was Sie genau tun wollen, denn Sie müssen bei Ihren ersten Versuchen keine endgültige Entscheidung treffen. Um mit Linux zu arbeiten, haben Sie mehrere Möglichkeiten:

- *Live-Installation:* Vielleicht möchten Sie zuerst ausprobieren, ob Ihnen die Handhabung von Linux überhaupt zusagt und ob Ihre Hardware reibungslos funktioniert. Möglicherweise haben Sie auch mehrere Distributionen heruntergeladen und möchten ausprobieren, welche davon Ihren Bedürfnissen am nächsten kommt. Vielleicht startet auch Ihr PC nicht mehr und Sie möchten Ihre Dateien retten oder versuchen, den Computer zu reparieren. Bei der Live-Installation starten Sie Linux von einer DVD oder dem USB-Stick, dabei wird am bestehenden System auf Ihrem Computer nichts verändert.

- *Parallel-Installation:* Als Skeptiker möchten Sie Linux zunächst parallel zu Ihrem bestehenden Windows installieren und bei jedem Start neu entscheiden, ob Sie Windows oder Linux nutzen wollen. Erst wenn Sie sicher sind, dass Sie nichts mehr vermissen, würden Sie Windows dann ganz einfach von der Festplatte entfernen, ebenso können Sie Linux wieder löschen, falls Sie lieber bei Windows bleiben möchten.

- *Konsequent:* Sie möchten die komplette Festplatte für Ihre Linux-Installation verwenden.

Wie ich eingangs beschrieben habe, legen die meisten Distributoren Wert auf eine einfache und auch von Einsteigern gut zu meisternde Installation. Einige wenige andere wiederum legen wohl Wert darauf, dass Sie sich mit Ihrem PC und der darauf installierten Software auseinandersetzen und Linux als bewusste Entscheidung installieren und nicht nur weil, es umsonst ist. Dabei liegt dann der eine oder andere Fallstrick aus, meist Kleinigkeiten, die aber Lust, Nerven und Zeit rauben. Falls irgendetwas nicht klappt: Alle Distributionen mittlerer oder größerer Reichweite haben Foren, in denen alle denkbaren und undenkbaren Fehler diskutiert werden.

In diesem Kapitel gehe ich der Einfachheit halber davon aus, dass Sie einen USB-Stick als Installationsmedium benutzen. Dies ist der wesentlich komfortablere Weg, auch wenn Sie mehrere Distributionen ausprobieren wollen.

5.1 BIOS vorbereiten

Stecken Sie zunächst einmal den Stick ein und starten Sie Ihren PC. Aller Wahrscheinlichkeit nach wird das bisher vorhandene Betriebssystem starten, oder, wenn keines installiert ist, wird gar nichts passieren.

BIOS vorbereiten 5.1

Sie müssen Sie Ihrem PC in diesem Falle zunächst beibringen, dass er den »Zündschlüssel«, also den Bootsektor, nicht auf der Festplatte, sondern auf dem USB-Stick suchen soll. Dazu müssen Sie eine Veränderung am BIOS-Setup Ihres Computers vornehmen.

> **Tipp**
>
> Achten Sie beim Startvorgang des PCs auf den unteren Rand des Monitors. Kurz nach dem Einschalten erscheint eine Aufforderung, die je nach verwendetem Chip so oder ähnlich lautet: HIT ... TO ENTER SETUP. Merken Sie sich die entsprechende Taste, beim ersten Mal kann man gar nicht schnell genug lesen und die richtige Taste finden. In aller Regel handelt es sich um die Taste `Entf` oder die Tasten `F1` bis `F10`.

Es kann Ihnen durchaus passieren, dass Sie den Vorgang wiederholen müssen. Wenn Sie das Handbuch des Motherboards zur Hand haben, lohnt es sich, dort nachzuschauen, welche Taste Sie drücken müssen, um das BIOS aufzurufen. Wenn Ihnen dies gelungen ist, erscheint ein Bild, das an die Ursprünge des Computerzeitalters erinnert:

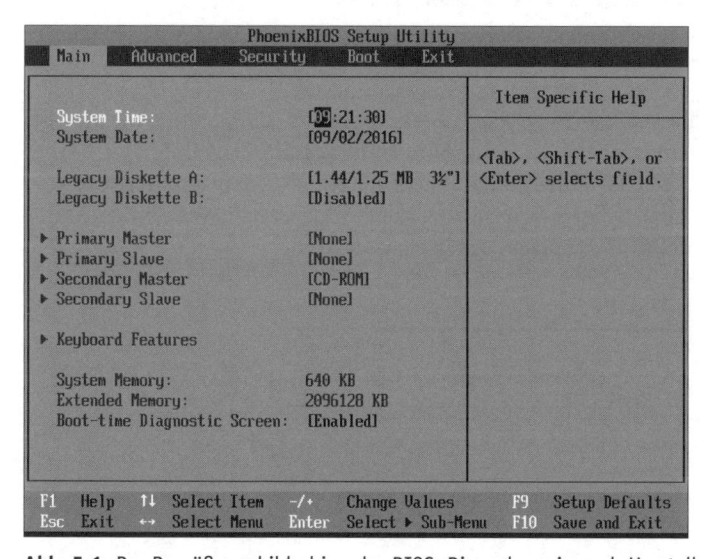

```
              PhoenixBIOS Setup Utility
   Main   Advanced   Security   Boot   Exit
                                              Item Specific Help
   System Time:        [09:21:30]
   System Date:        [09/02/2016]
                                              <Tab>, <Shift-Tab>, or
   Legacy Diskette A:  [1.44/1.25 MB 3½"]     <Enter> selects field.
   Legacy Diskette B:  [Disabled]

   ▶ Primary Master    [None]
   ▶ Primary Slave     [None]
   ▶ Secondary Master  [CD-ROM]
   ▶ Secondary Slave   [None]

   ▶ Keyboard Features

   System Memory:          640 KB
   Extended Memory:        2096128 KB
   Boot-time Diagnostic Screen:  [Enabled]


   F1  Help   ↑↓ Select Item   -/+    Change Values       F9   Setup Defaults
   Esc Exit   ←→ Select Menu   Enter  Select ▶ Sub-Menu   F10  Save and Exit
```

Abb. 5.1: Der Begrüßungsbildschirm des BIOS. Dieser kann je nach Hersteller auch ein wenig anders aussehen.

65

5 Vorbereitung und Installation

Beim BIOS *(Basic Input/Output System)* handelt es sich um die Firmware eines PCs. Diese ist in einem Chip fest auf der Hauptplatine installiert und sorgt nach dem Einschalten dafür, dass ein Haufen elektronischer Einzelteile überhaupt »weiß«, dass er ein PC ist und seine Komponenten wie beispielsweise die Grafikkarte, die Festplatte und die Netzwerkschnittstelle korrekt erkennt. Ein Betriebssystem wäre ansonsten nicht lauffähig.

Suchen Sie innerhalb des Setup die BOOT OPTIONS und hier die BOOTSEQUENZ. Die Bootsequenz ist die Reihenfolge der Laufwerke, in der der Rechner bei Starten nach einem Betriebssystem suchen wird.

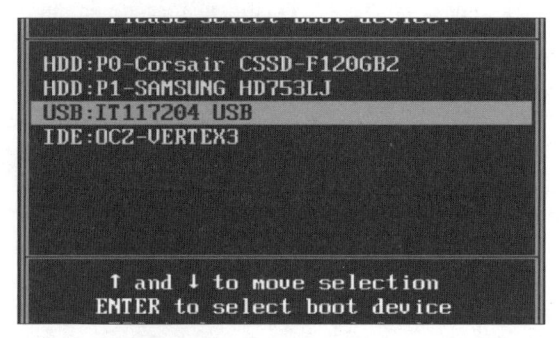

```
HDD:P0-Corsair CSSD-F120GB2
HDD:P1-SAMSUNG HD753LJ
USB:IT117204 USB
IDE:OCZ-VERTEX3


↑ and ↓ to move selection
ENTER to select boot device
```

Abb. 5.2: Markieren Sie den Eintrag USB und verschieben Sie ihn mit den Pfeiltasten Ihrer Tastatur an die richtige Stelle.

Bestätigen Sie Ihre Veränderungen und verlassen Sie das BIOS. Sollten Sie sich bei der Arbeit am BIOS unsicher sein, holen Sie sich bitte Hilfe. Das BIOS ist das Herzstück des Rechners und so einfach es ist, Einstellungen vorzunehmen, so leicht kann man den Rechner auch völlig unbrauchbar machen. Widerstehen Sie daher der Versuchung, experimentelle Einstellungen vorzunehmen!

Hinweis

Eine Reihe vor allem älterer PCs bietet die Möglichkeit des Bootens von einem USB-Stick nicht an. In diesem Falle müssen Sie natürlich eine DVD als Startlaufwerk benennen. Das funktioniert genauso, ist allerdings sehr viel langsamer.

Die Sache mit UEFI

Bislang bin ich davon ausgegangen, dass auf Ihrem PC ein BIOS installiert ist. Wenn Sie allerdings einen PC besitzen, auf dem Windows 7 vorinstalliert war, ist es sehr gut möglich, dass er nicht mit einem BIOS, sondern dem Nachfolger, dem so genannten UEFI *(Unified Extensible Firmware Interface)* ausgestattet ist. UEFI macht grundsätzlich genau das Gleiche wie das BIOS, bringt aber deutlich mehr Funktionen mit, unterstützt die neueste Hardware wie größere Festplatten und sieht obendrein bei den meisten Herstellern viel moderner aus. Haben Sie einen PC mit Windows 8, so ist dies sogar mit Sicherheit der Fall, da Microsoft ab 2011 die PC-Hersteller verpflichtet hat, UEFI einzusetzen, wenn Windows als Betriebssystem vorinstalliert werden soll.

Um herauszufinden, ob Windows im UEFI-Modus läuft, gehen Sie folgendermaßen vor: Drücken Sie unter Windows die Tastenkombination [Windows] + [R] und geben Sie im nun erscheinenden Dialogfeld diskmgmt.msc ein.

Öffnen Sie den Reiter VOLUMES und klicken Sie mit der rechten Maustaste auf den Eintrag DATENTRÄGER 0. Unter dem Menüpunkt EIGENSCHAFTEN finden Sie den Eintrag PARTITIONSSTIL.

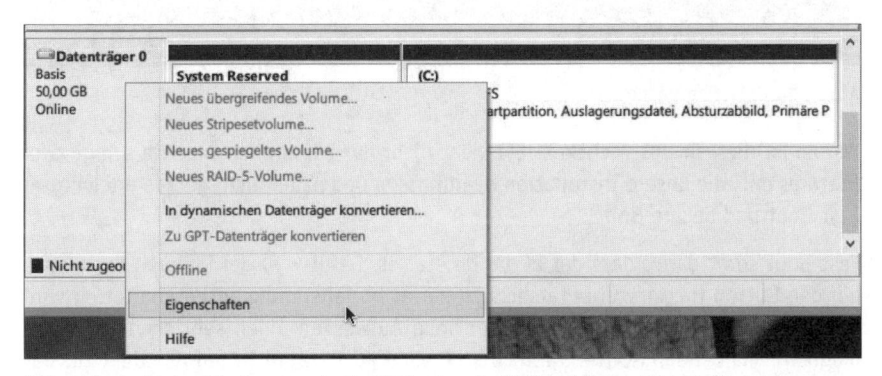

Abb. 5.3: So finden Sie heraus, ob ein BIOS oder ein UEFI auf Ihrem PC installiert ist.

Der Eintrag MASTER BOOT RECORD bedeutet, dass der PC ein herkömmliches BIOS an Bord hat, GUID-PARTITIONSTABELLE gibt an, dass Ihr System mit UEFI läuft.

5 Vorbereitung und Installation

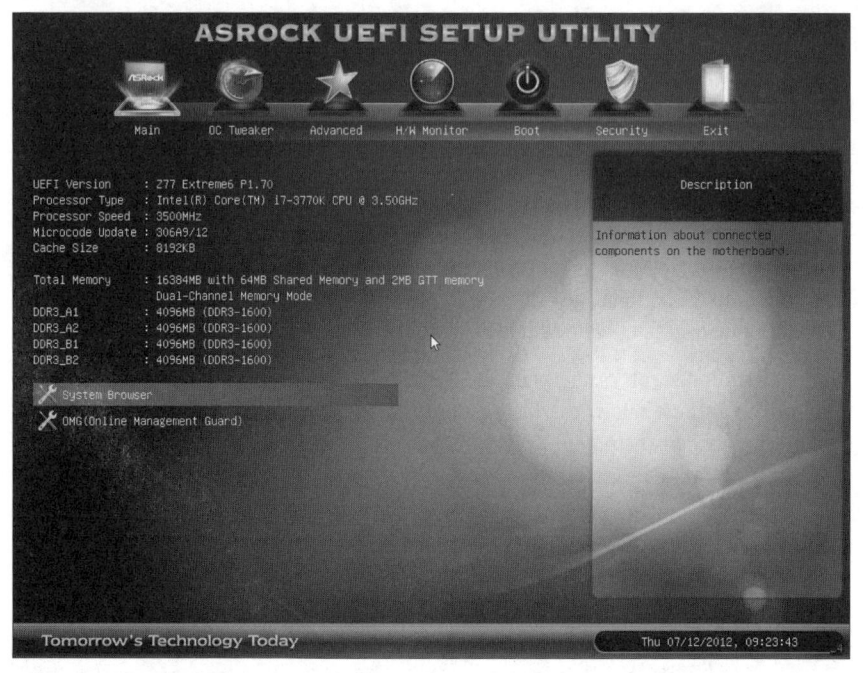

Abb. 5.4: UEFI-Oberfläche

Warum ist dies für uns wichtig? UEFI sieht nicht nur besser aus, sondern bringt zwei Features mit, die unsere Installation beeinflussen und dabei nicht gerade erleichtern: Fast Boot und Secure Boot.

Fast Boot sorgt dafür, dass der PC im Nu startet. Dafür wird der PC auch beim Klick auf den Button HERUNTERFAHREN tatsächlich gar nicht vollständig ausgeschaltet. Er wird nur in eine Art Tiefschlaf versetzt, der beim Aufwecken einen sehr schnellen Start möglich macht. Beim Starten greift der PC dann auch gar nicht auf das UEFI zu. Daher ist es auch gar nicht möglich, die richtige Taste zu drücken, um UEFI zu starten.

Aber selbst wenn Sie einen kompletten Neustart vornehmen, ist es schwierig bis kaum möglich, in der kurzen Zeit die richtige Taste zu drücken.

Wenn Sie den Computer sicher völlig herunterfahren wollen, müssen Sie kurz die Stromversorgung abschalten. Bei einem Laptop müssen Sie dafür die Aus-Taste für mindesten 5 Sekunden drücken oder den Akku kurz herausnehmen, beim PC genügt es, das Kabel kurz auszustecken.

BIOS vorbereiten 5.1

Secure Boot zu beschreiben ist etwas komplizierter: Es soll, wie der Name sagt, die Sicherheit des Bootvorgangs erhöhen. Unter anderem soll Secure Boot Schadsoftware daran hindern, den Bootvorgang des Rechners zu manipulieren. Dazu werden digitale Schlüssel eingesetzt. Nur ein Betriebssystem, das sich über einen entsprechenden Schlüssel identifizieren kann, wird vom UEFI beim Computerstart geladen. Darunter fällt unter anderem der Bootloader von Microsoft. Das Starten mit Hilfe eines USB-Sticks wird durch Secure Boot verhindert, wenn auf diesem kein signierter Schlüssel vorhanden ist.

Nur leider sind UEFI-Vorgaben von den PC-Herstellern verschieden gründlich umgesetzt. Was auf dem einen PC funktioniert, muss auf dem anderen längst noch nicht klappen. Secure Boot führt in der Linux-Welt unter Umständen zu Problemen, da einige Distributionen Secure-Boot-fähig sind (z.b. Ubuntu und Derivate ab Version 12.04, Fedora, openSUSE) und andere, nicht (z.b. Linux Mint).

Sie können unter Windows 10 UEFI starten, indem Sie bei Erscheinen des Login-Bildschirms nicht das Passwort eingeben, sondern auf den EIN/AUS-Button klicken. Als nächstes klicken Sie bei gedrückter Shift-Taste auf die Option NEU STARTEN. Nun öffnet UEFI.

Unter Windows 8 ist der Weg wesentlich komplizierter: Rufen Sie die *Charms-Leiste* auf, indem Sie mit der Maus in die rechte obere Ecke des Bildschirms fahren. Wählen Sie nun: EINSTELLUNGEN | PC-EINSTELLUNGEN | PC EINSTELLUNGEN ÄNDERN. Scrollen Sie ganz nach unten zum ERWEITERTEN START und klicken auf JETZT NEU STARTEN. Beim Neustart klicken Sie auf OPTIONEN AUSWÄHLEN | PROBLEMBEHANDLUNG | ERWEITERTE OPTIONEN | UEFI-FIRMWARE-EINSTELLUNGEN. Nach dem Neustart sehen Sie den UEFI-Bildschirm.

> **Tipp**
>
> Wenn Ihnen dies zu kompliziert ist, hilft uns auch ein kleines Programm namens *EasyUEFI*, das Sie für den Privatgebrauch kostenlos von der Internetseite *http://www.easyuefi.com* herunterladen können.

5 Vorbereitung und Installation

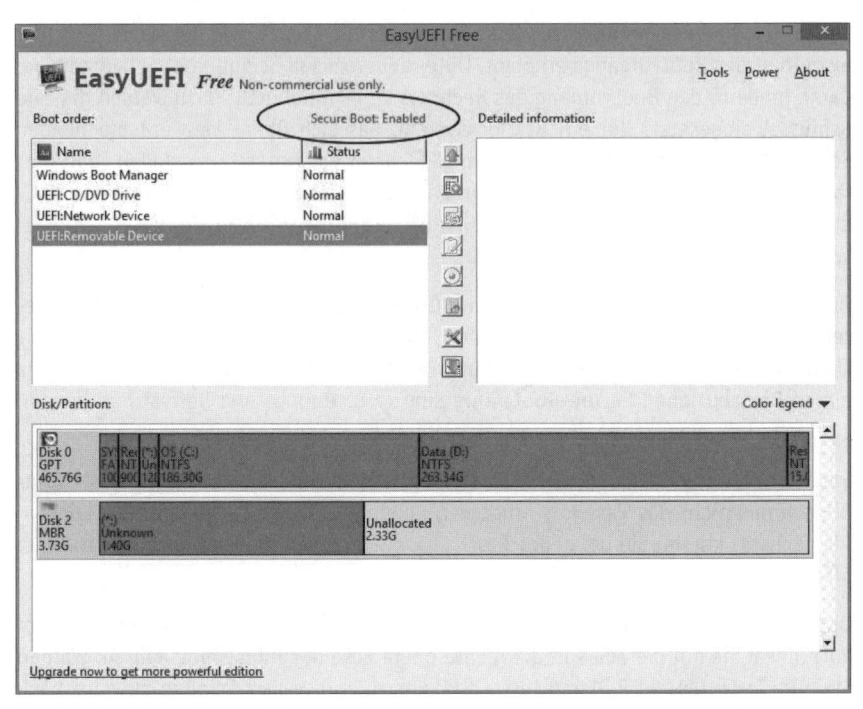

Abb. 5.5: Oberfläche von EasyUEFI

Wie Sie an diesem Beispiel erkennen können, ist Secure Boot noch aktiv. Dies wollen wir nun ändern, damit wir Linux vom USB-Stick starten können. Dazu klicken wir auf den Menüpunkt Power Reboot into UEFI-firmware. Nun startet Ihr Computer neu und öffnet die UEFI-Einstellungen. Die können abhängig von Ihrer Hardware völlig verschieden aussehen. Einige Oberflächen sind mit der Maus zu bedienen, auf anderen bewegen Sie sich mit den Pfeiltasten Ihrer Tastatur.

Suchen Sie den Menüpunkt Security und hier den Eintrag Secure Boot Control. Schalten Sie hier die Option Secure Boot ab. Auch dies tun Sie entweder mit den Pfeiltasten oder mit einem Mausklick, abhängig von der installierten UEFI. Windows wird nach dem Schließen neu starten. Wenn Sie jetzt EasyUEFI aufrufen, sollte der Eintrag Secure Boot: Disabled lauten.

BIOS vorbereiten 5.1

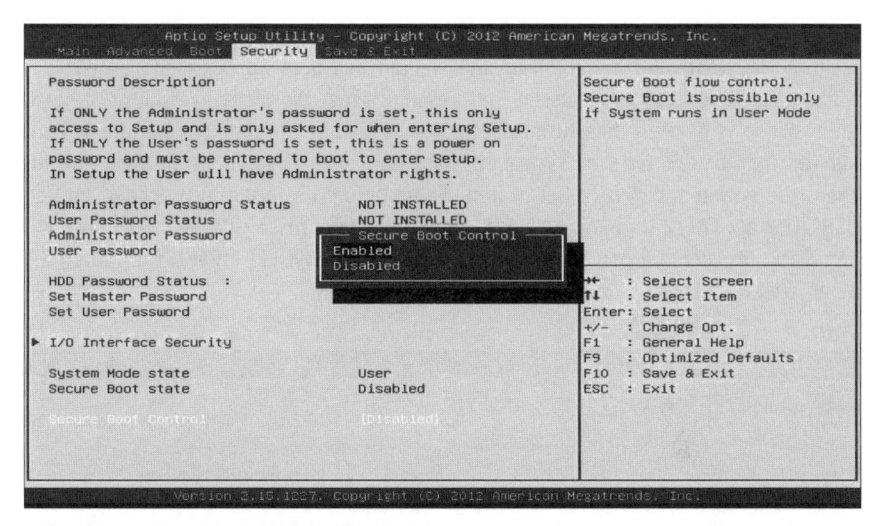

```
                Aptio Setup Utility - Copyright (C) 2012 American Megatrends, Inc.
      Main  Advanced  Boot  Security  Save & Exit

 Password Description                                          Secure Boot flow control.
                                                               Secure Boot is possible only
 If ONLY the Administrator's password is set, this only        if System runs in User Mode
 access to Setup and is only asked for when entering Setup.
 If ONLY the User's password is set, this is a power on
 password and must be entered to boot to enter Setup.
 In Setup the User will have Administrator rights.

 Administrator Password Status        NOT INSTALLED
 User Password Status                 NOT INSTALLED
 Administrator Password              ┌─ Secure Boot Control ─┐
 User Password                       │  Enabled              │
                                     │  Disabled             │
 HDD Password Status :               │                       │       ←→   : Select Screen
 Set Master Password                 │                       │       ↑↓   : Select Item
 Set User Password                   └───────────────────────┘       Enter: Select
                                                                     +/-  : Change Opt.
 ► I/O Interface Security                                            F1   : General Help
                                                                     F9   : Optimized Defaults
   System Mode state                   User                          F10  : Save & Exit
   Secure Boot state                   Disabled                      ESC  : Exit

   Secure Boot Control                 [Disabled]


                Version 2.15.1227. Copyright (C) 2012 American Megatrends, Inc.
```

Abb. 5.6: So wird Secure Boot abgeschaltet.

Aber kann man Secure Boot denn einfach so abschalten? Nun, Angriffe, wie diese Funktion sie verhindern soll, hat es in den letzten Jahren so gut wie nie gegeben, weder unter Windows und schon gar nicht unter Linux. Somit soll Secure Boot vor einer Gefahr schützen, die es so gar nicht gibt. Die wirklich bedeutenden Sicherheitsprobleme, die Windows und gelegentlich auch Linux betreffen, sind fast immer Fehler in einzelnen Programmen – berüchtigt hierfür ist der Internet Explorer. Diese Probleme wird es allerdings wohl immer geben. Secure Boot ändert daran nichts.

Einen bootfähigen USB-Stick zur Verwendung bei UEFI erstellen

Wie oben schon angedeutet, *kann* der Start von Linux über einen USB-Stick funktionieren wie unter einem BIOS, muss aber nicht.

Sollte es zu Startproblemen kommen, d.h. Ihr Installationsmedium will von vornherein nicht starten, probieren Sie nicht lange herum. Sie müssen dann einen bootfähigen USB-Stick für UEFI erstellen und dies funktioniert ein klein wenig anders als im vorigen Kapitel beschrieben.

> **Wichtig**
>
> Sie benötigen zwingend Linux in einer 64-Bit-Version, mit einer 32-Bit-Version können Sie hier nichts anfangen.

5 Vorbereitung und Installation

Entpacken Sie die .iso-Datei in ein beliebiges Verzeichnis. Dazu klicken Sie mit der rechten Maustaste auf den Eintrag und wählen aus dem Kontextmenü entpacken. Nutzen Sie bereits Linux, müssen Sie diesen Prozess als Systemverwalter starten, unter Windows passiert dies automatisch. Nun stellen Sie für den Explorer die Ansicht auf VERSTECKTE DATEIEN ANZEIGEN. Sie sehen, dass nun noch zusätzliche Dateien auftauchen, die vorher nicht zu sehen waren. Formatieren Sie einen ausreichend großen USB-Stick als FAT32 und kopieren Sie nun *alle* Verzeichnisse und Dateien direkt auf den Stick. Stecken Sie den Stick ein und starten Sie EasyUEFI erneut. Nun sehen Sie einen neuen Eintrag:

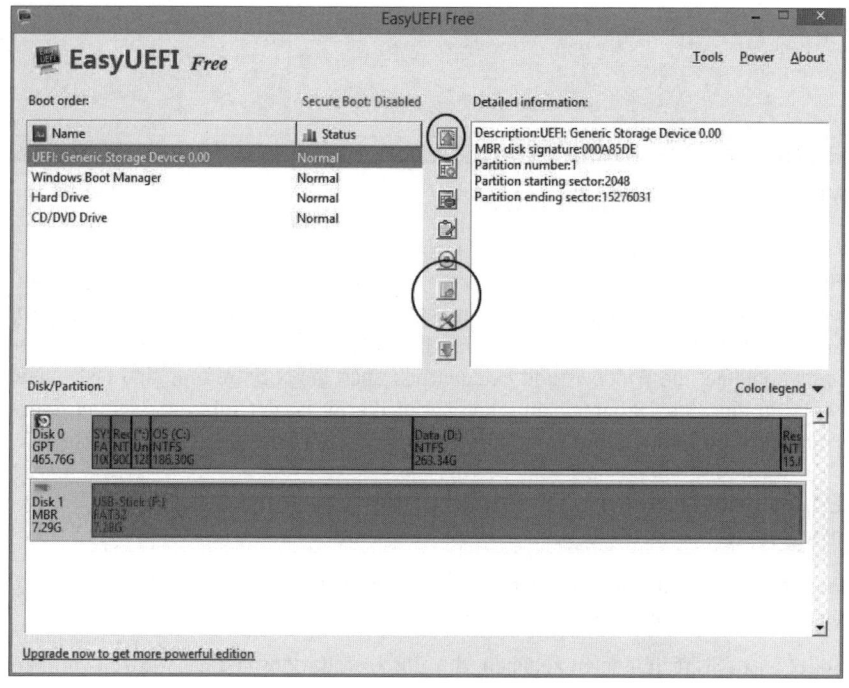

Abb. 5.7: Der USB-Stick (Disk 1) wird als Startlaufwerk erkannt.

In der linken Spalte sehen Sie die derzeit gültige Boot-Reihenfolge. Markieren Sie den USB-Stick und platzieren Sie ihn mit dem PFEIL-NACH-OBEN-BUTTON an die erste Stelle. Dann klicken Sie auf den dritten Button von unter (SET | UNSET ONE-TIME-BOOT). Damit ist Ihr Stick genau einmal als Boot-Laufwerk ausgewiesen. Wenn Sie jetzt innerhalb des Programms auf POWER und REBOOT klicken, startet der PC neu und sollte über den USB-Stick Linux starten.

5.2 Die Linux-Live-Installation

Wenn Sie Ihr Linux erst einmal nur ausprobieren wollen, bietet sich eine Live-Installation an. Streng genommen handelt es sich hier gar nicht um eine Installation, da nach dem Schließen von Linux keine Veränderungen am System übrigbleiben.

Hinweis

Nicht alle Distributionen ermöglichen einen Live-Betrieb.

Starten Sie Ihren Computer mit den veränderten BIOS oder UEFI-Einstellungen neu. Wenn Ihre Bemühungen erfolgreich waren, sehen Sie den USB-Stick blinken und der Startvorgang läuft erheblich langsamer, als Sie dies gewohnt sind. Bei der Installation von Ubuntu beispielsweise erscheint dieses Bild:

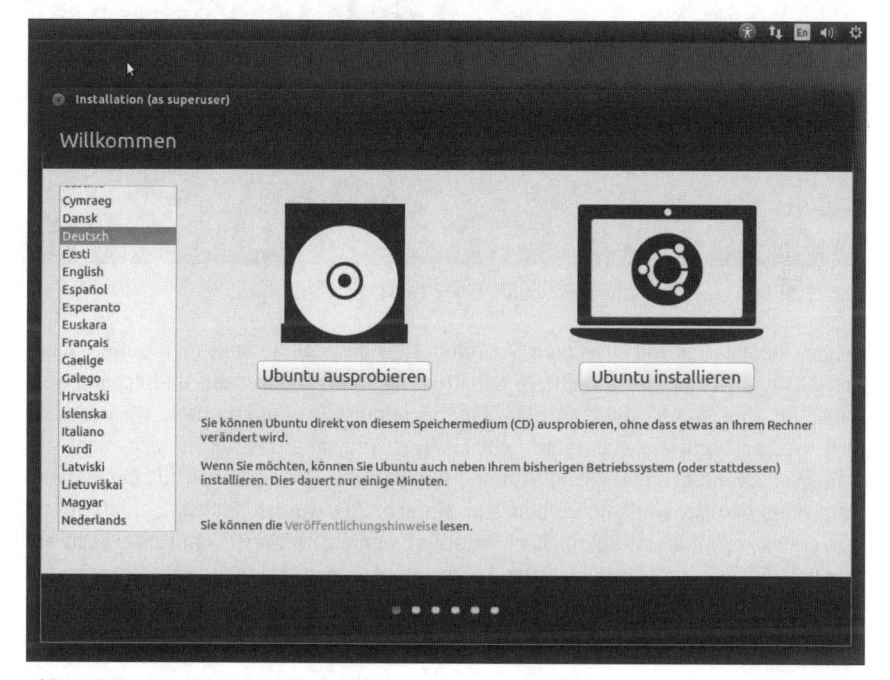

Abb. 5.8: Das ist der Moment, in dem Sie sich entscheiden können, ob Sie Linux erst einmal ausprobieren oder gleich installieren wollen.

5 Vorbereitung und Installation

Klicken Sie auf die Option UBUNTU AUSPROBIEREN. Die Benutzeroberfläche Ihrer Distribution, hier in der Version *Linux Ubuntu*, erscheint.

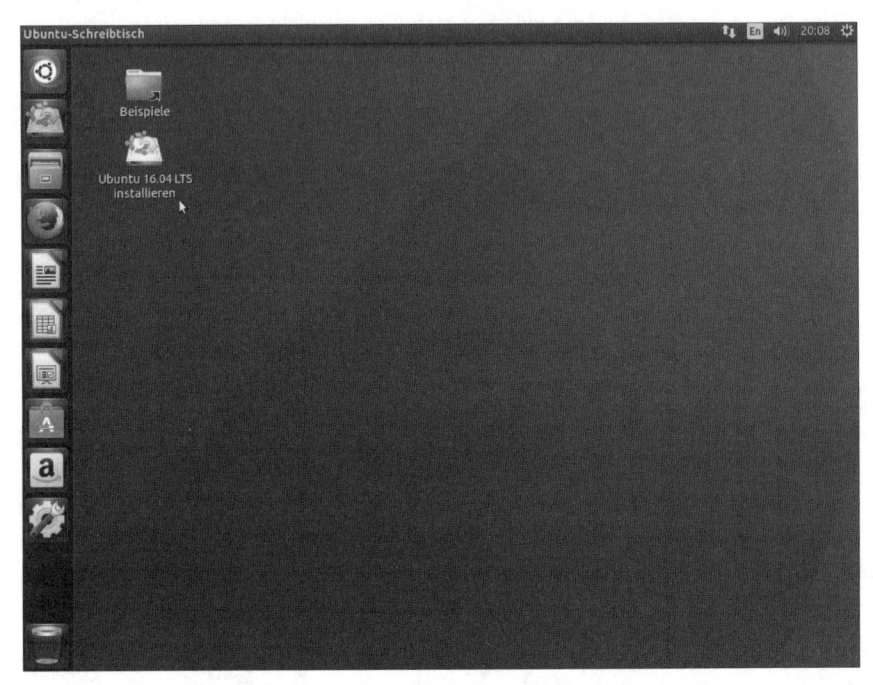

Abb. 5.9: Desktop-Oberfläche von Ubuntu Linux 16.04

Sehen Sie sich um und probieren Sie ruhig alles aus, Sie können hier keinen Schaden an Ihrem Computer anrichten: Schalten Sie Ihren Drucker ein und schauen Sie nach, ob Ihre WLAN- oder LAN-Verbindung reibungslos funktioniert. Notieren Sie sich, welche Hardware eventuell nicht erkannt wird, aber lassen Sie sich nicht abschrecken, wenn etwas nicht auf Anhieb funktioniert. Die Lösungen für die meisten Hardwareprobleme sind oft verblüffend einfach. Oft wurden längst Treiber für Linux entwickelt, die erst später nachinstalliert werden, teilweise kann man auch auf Windows-Treiber zurückgreifen. Die Foren auf den empfohlenen Webseiten helfen hier weiter.

Auch die Spracheinstellungen sind in aller Regel noch unvollständig. Trotzdem können Sie Linux nahezu uneingeschränkt nutzen. Wenn Sie eine externe Festplatte an den Computer anschließen, können Sie sogar mit den Büroprogrammen erstellte Dokumente oder Dateien, die Sie im Internet gefunden haben, sichern.

Einige Distributionen sind sogar auf diese Live-Version spezialisiert, ich habe sie in Kapitel 2 beschrieben.

Wenn Sie sich genügend umgesehen und sich notiert haben, welche Hardware nicht sofort erkannt wurde, fahren Sie den Computer herunter. Nutzen Sie dazu das Menü mit dem Punkt HERUNTERFAHREN.

Hinweis

Die Geschwindigkeit der Live-Version wird Ihnen sehr langsam vorkommen, Sie ist nicht zu vergleichen mit der Performance eines fest installierten Systems.

Auf eine defekte Windows-Installation zugreifen

Ihr Windows-PC startet nicht mehr oder stürzt dauernd ab, so dass auch einfachere Tätigkeiten nicht mehr möglich sind. Allerdings befinden sich jede Menge wichtiger Dateien, von der Diplomarbeit über die Musiksammlung bis zu Familienfotos, auf dem Computer. Wenn Sie jetzt ein neues Betriebssystem aufspielen, sind diese Schätze unrettbar verloren. Aber keine Sorge, Sie können mit Hilfe einer Live-Installation auf diese Dateien zugreifen und diese auf ein externes Laufwerk kopieren.

Erstellen Sie für diesen Fall einen bootfähigen USB-Stick und starten Sie Linux, so wie ich dies oben beschrieben habe. Geben Sie im BIOS den USB-Stick als erstes Laufwerk in der Boot-Sequenz an.

Nachdem der PC mit Hilfe des USB-Sticks Linux gestartet hat, starten Sie die Dateiverwaltung. Je nach Distribution hat diese eine unterschiedliche Bezeichnung. Lassen Sie sich alle angeschlossenen Laufwerke anzeigen, denn Ihr Windows wird als eigenes Laufwerk geführt. Leider kann ich Ihnen an dieser Stelle nicht sagen, wo auf diesem Laufwerk Sie Ihre Dateien gespeichert haben, aber Sie können beruhigt durch die Verzeichnisse scrollen. Sollten Sie sich jedoch an die Windows-Vorgaben gehalten haben, wurden alle Ihre Dateien im Verzeichnis \Users\IHRNAME\... gespeichert. Schließen Sie nun eine externe Festplatte an, warten Sie einen Moment, bis Linux die Festplatte eingebunden hat, und kopieren Sie die zu rettenden Dateien per Drag & Drop.

Auch dieser Vorgang dauert viel länger, als wenn Sie ein System fest installiert hätten. Aber wer will sich denn schon beklagen, wenn die vom Verlust bedrohten Dateien gerettet werden können.

5.3 Linux dauerhaft installieren

Parallel zu Windows

Die in Kapitel 2 vorgestellten Linux-Versionen bieten im Rahmen der Installation immer einen Modus an, der es Ihnen erlaubt, Linux parallel zu einem bestehenden Windows zu installieren. Dabei können Sie auch festlegen, wieviel Festplattenspeicher für Linux freigemacht werden soll. Trotzdem ist es nicht unwahrscheinlich, dass Windows den gewünschten Platz freiwillig nicht hergibt, das Phänomen dahinter heißt »Fragmentierung«.

Wenn Windows nämlich eine Datei auf der Festplatte ablegen will, kann es vorkommen, dass diese nicht zusammenhängend, sondern verstreut auf dem Datenträger gespeichert wird. Denn das Dateisystem prüft nicht, ob die Daten innerhalb des nächsten freien zusammenhängenden Speicherplatzes abgelegt werden können, sondern beginnt den Speichervorgang einfach im ersten freien Speicherplatzbereich und legt, falls der Platz nicht ausreicht, den restlichen Teil der Datei wiederum im nächsten freien Speicherbereich ab.

Auf diese Art und Weise zersplittern (»fragmentieren«) Dateien. Dies hat zwei Konsequenzen: zum einen wird der Computer bei den Lesevorgängen immer langsamer, da der Lesekopf die Dateifragmente ja von verschiedenen Stellen der Festplatte lesen muss, zum anderen sind diese Fragmente unter Umständen über die ganze Festplatte verstreut. Falls Sie also Linux parallel zu einem bereits länger bestehenden Windows installieren wollen, schadet es nicht, Windows erst einmal aufzuräumen.

Das Programm zur Defragmentierung finden Sie im Startmenü, indem Sie auf den STARTBUTTON klicken und ALLE PROGRAMME aufrufen. Klicken Sie nun auf den Ordner ZUBEHÖR | SYSTEMPROGRAMME.

Alternativ können Sie sich auch die Laufwerke Ihres Computers anzeigen lassen. Klicken Sie nun mit der rechten Maustaste auf die Festplatte Ihres PC, meist ist diese als C:\ bezeichnet. Wählen Sie aus dem Kontextmenü den Punkt EIGENSCHAFTEN und hier den Reiter TOOLS. Jetzt haben Sie Zugang zu den Wartungsprogrammen von Windows.

Der Klick auf JETZT DEFRAGMENTIEREN startet den Vorgang. Beenden Sie Windows und fahren Sie den PC völlig herunter. Stecken Sie den USB-Stick ein und starten Sie den PC neu. Nun startet die Installation.

Wenn Sie sich für LINUX INSTALLIEREN entscheiden (siehe Abbildung 5.8), erscheint folgendes Fenster:

Linux dauerhaft installieren   5.3

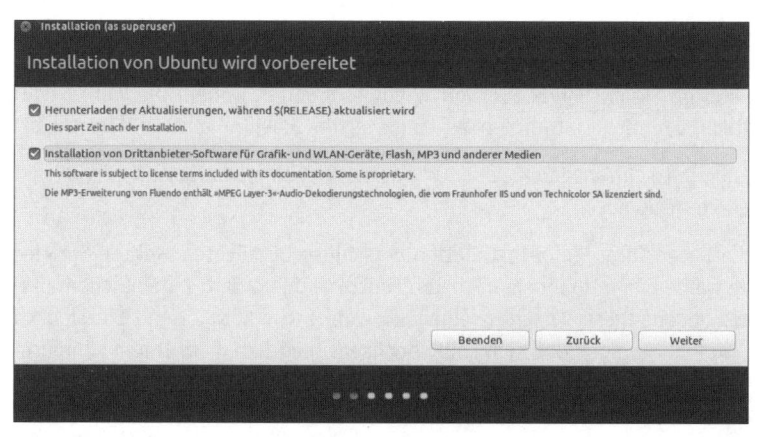

Abb. 5.10: Einige Distributionen bieten die Installation von nichtfreien Software-Elementen gleich während der Installation an.

Wahrscheinlich werden Sie gefragt, ob Sie fremde Software von Drittanbietern installieren wollen. Sie sollten diese Option aktivieren, da beispielsweise die besseren Grafiktreiber der Gerätehersteller nur so zu bekommen sind. Außerdem benötigen Sie die Codecs, falls Sie Musik oder Filme auf dem PC wiedergeben möchten.

Dann wählen Sie aus, ob Sie Linux allein oder neben einem bestehenden Betriebssystem installieren wollen.

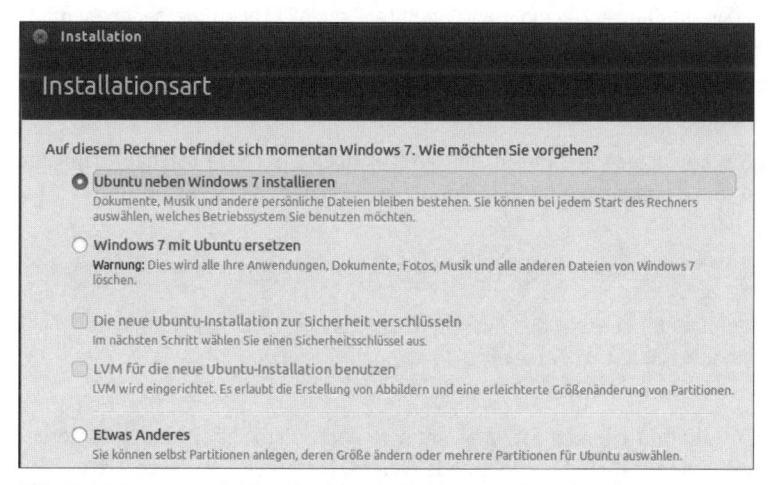

Abb. 5.11: Jetzt entscheiden Sie sich, ob Sie Linux parallel oder allein installieren wollen.

5 Vorbereitung und Installation

Falls Sie sich für eine parallele Installation beider Betriebssysteme entscheiden, installiert Linux automatisch einen so genannten *Bootloader*. Sie haben nun bei jedem Start die Wahl, ob Sie mit Linux oder mit Windows arbeiten wollen. Die Wahl ist für einen Skeptiker, der nicht auf Anhieb auf Linux vertrauen will, die beste Möglichkeit. Auch wenn Sie mit sehr anspruchsvollen Windows-Programmen arbeiten müssen, ist dies die sichere Option.

Wenn Sie die Daten Ihrer Linux-Installation verschlüsseln möchten, sollten Sie dies hier tun. Sie werden dann in einem nächsten Fenster aufgefordert, einen Sicherheitsschlüssel anzulegen. Diese Verschlüsselung ist wohl nicht nötig, wenn Sie sich im häuslichen Umfeld bewegen und sich keine hochsensiblen Daten auf Ihrem Computer befinden. Sie ist auch nicht mit dem Passwort zu verwechseln, das Ihren Bereich später schützt. LVM stellt eine Möglichkeit dar, mehrere Festplatten zu einer Partition zusammenzufassen. Wenn Sie nicht gerade mit Dutzenden Festplatten arbeiten, sollten Sie diese Option nicht nutzen. Außerdem müssen Sie festlegen, wieviel Platz der Festplatte für Linux verwendet werden soll

In den nächsten Fenstern legen Sie die Sprache, Ihre Zeitzone und die gewünschte Tastenbelegung fest. Als letztes müssen Sie sich als Hauptbenutzer des Computers legitimieren. Legen Sie einen Benutzernamen und ein Passwort fest. Dieses Passwort ist ein besonderes, denn nur Sie können dann nach Eingabe Ihres Passworts wichtige Systemeinstellungen verändern. Der Benutzername für die Anmeldung am System darf nur Kleinbuchstaben und keine Umlaute enthalten.

Sollten Sie den alleinigen Zugang zum Computer haben, können Sie gegebenenfalls auf die Abfrage zur Anmeldung verzichten. Dann aktivieren Sie den Button AUTOMATISCH ANMELDEN. Dennoch werden Sie für jede Veränderung im System das Passwort eingeben müssen.

Betätigen Sie erneut den WEITER-Button. Jetzt können Sie Pause machen, denn die Installation und das Kopieren der Dateien auf den Rechner dauert seine Zeit.

> **Hinweis**
>
> Die Reihenfolge der Fenster, das Aussehen, aber auch die zur Verfügung stehenden Optionen variieren von einer Distribution zur anderen.

Wenn die Installation beendet ist, dies kann je nach Distribution und Internetgeschwindigkeit schon mal eine ganze Stunde dauern, entfernen Sie den USB-Stick und starten den PC neu.

Linux dauerhaft installieren 5.3

Sie werden nun von folgendem Bild empfangen:

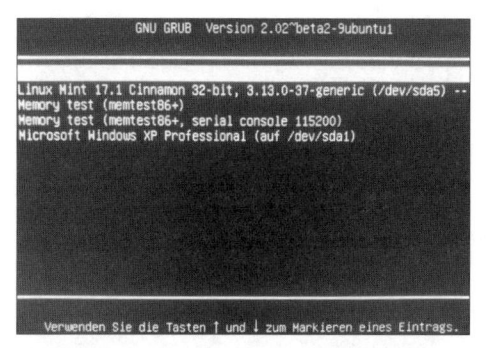

```
GNU GRUB  Version 2.02~beta2-9ubuntu1

Linux Mint 17.1 Cinnamon 32-bit, 3.13.0-37-generic (/dev/sda5) --
Memory test (memtest86+)
Memory test (memtest86+, serial console 115200)
Microsoft Windows XP Professional (auf /dev/sda1)




     Verwenden Sie die Tasten ↑ und ↓ zum Markieren eines Eintrags.
```

Abb. 5.12: Startfenster des Bootloaders Grub

Wählen Sie mit den Pfeiltasten aus, ob Sie mit Ihrem alten Betriebssystem oder mit Linux starten möchten.

Zuletzt sollten Sie noch einmal das BIOS starten, um die Bootsequenz wieder so einzustellen, dass der Bootsektor auf der Festplatte gesucht wird. Damit verhindern Sie, dass eine versehentlich im Laufwerk vergessene Installations-DVD erneut versucht, Linux zu installieren.

> **Achtung**
>
> Sollten Sie einen völlig leeren Computer vor sich haben, auf dem Sie beide Betriebssysteme installieren möchten, ist es zwingend nötig, dass Sie zuerst Windows und erst dann Linux installieren. Ansonsten bekommen Sie keinen Zugriff auf Linux, da Windows einen eigenen Bootloader verwendet, der andere Betriebssysteme ignoriert.

Linux als einziges Betriebssystem installieren

Wenn Sie Linux als einziges Betriebssystem installieren wollen, übernimmt theoretisch Linux die Aufgabe, alle Daten, die sich zu diesem Zeitpunkt auf der Festplatte befinden, zu löschen.

Falls Sie sich allerdings einen gebrauchten Computer mit einer Festplatte angeschafft haben oder sich nicht mehr sicher sind, was eigentlich vorher auf dem PC installiert war, empfehle ich Ihnen die Festplatte vor allen Installationsbemühungen mit einem geeigneten Werkzeug zu untersuchen.

5 Vorbereitung und Installation

> **Tipp**
>
> Im vorherigen Kapitel habe ich Ihnen bereits ein solches Werkzeug vorgestellt, es heißt *Gparted* und Sie bekommen es auf der Webseite des Projektes: *https://gparted.sourceforge.io/livecd.php*.

Erstellen Sie auch hier aus der .iso-Datei einen bootfähigen USB-Stick und starten den PC. Das Partitionierungsprogramm startet automatisch und zeigt Ihnen an, welche Partitionen auf der Festplatte eingerichtet sind.

> **Hinweis**
>
> Partitionen sind Bereiche auf der Festplatte, die wie einzelne Laufwerke funktionieren können. Partitionen können in verschiedene Dateisysteme formatiert werden, bekommen eigene Laufwerksbezeichnungen und können versteckt oder offen sein.

Windows legt bei der Installation mindestens eine weitere Partition an, in der Daten zur Systemwiederherstellung gespeichert werden. Auch Linux legt eine weitere Partition an, diese dient zur Entlastung des Arbeitsspeichers.

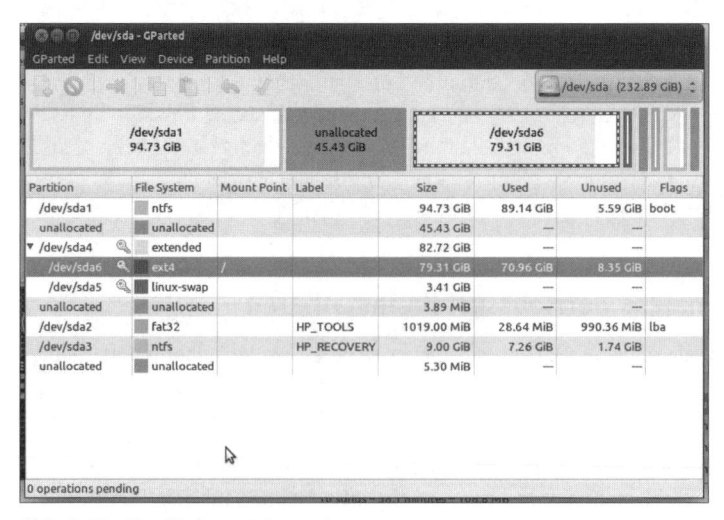

Abb. 5.13: Oberfläche von Gparted

Wählen Sie Ihre Festplatte am Button oben rechts aus und lassen Sie sich alle vorhandenen Partitionen anzeigen. Klicken Sie mit der rechten Maustaste auf die Partitionen und wählen Sie den Eintrag DELETE PARTITION.

Noch passiert gar nichts, erst wenn Sie auf das grüne Häkchen klicken, werden alle Aktionen ausgeführt und alle Partitionen gelöscht.

Am Ende sollten Sie also einen großen Bereich namens *unallocated* vorfinden. Beenden Sie Gparted, fahren Sie den Computer herunter. Nun können Sie auf einer sicher völlig leeren Festplatte Linux installieren.

Netzwerkinstallation

Eine ganze Reihe von Distributoren bietet die Möglichkeit zur *Netzwerkinstallation* an. Die Installationsform hat mehrere Vorteile:

- Sie müssen zunächst nur eine kleine .iso-Datei herunterladen und benötigen auch nur einen recht kleinen (weniger als 1 GB) USB-Stick.
- Sie bekommen die aktuellen Versionen der mitgelieferten Programme, Aktualisierungen nach der Installation sind daher nicht nötig.
- Das Datenvolumen sinkt dadurch erheblich, die Installation geht schneller vonstatten.
- Sie können vor der Installation weit mehr Konfigurationen vornehmen als bei einer fertig konfektionierten Distribution.

> **Hinweis**
>
> Diesen Service bieten allerdings längst nicht alle Distributoren an. Von den in Kapitel 2 vorgestellten Versionen können Sie folgende per Netzwerk installieren:
>
> *Debian, Ubuntu, Lubuntu, CentOS, Fedora, openSUSE, Antergos, Bodhi-Linux, AntiX*

Die .iso-Dateien der Netzwerkinstallation ist nicht immer leicht zu finden, außerdem gibt es keine einheitliche Nomenklatur: die Dateien können *net.iso*, (AntiX), *Netzwerk-CD*, (openSUSE), *Netinstall.iso* (CentOS, Fedora) oder so ähnlich lauten.

Die Netzwerkinstallation ist nicht anspruchsvoller als die oben vorgestellte Installation mit Hilfe eines vollständigen Mediums. Sie haben allerdings ein paar mehr Auswahlmöglichkeiten und Entscheidungen zu treffen.

5 Vorbereitung und Installation

Dass allerdings eine Live-Installation per Netzwerk nicht möglich ist, versteht sich von selbst. Das Betriebssystem ist ja nicht vollständig auf dem Installations-Stick vorhanden, wesentliche Teile werden erst während des Installationsvorgangs aus dem Internet heruntergeladen.

Unbedingte Voraussetzung für eine erfolgreiche Installation ist allerdings ein funktionierender Internetzugang. Hier möchte ich eine Lanze für die kabelgebundene Internetverbindung, auch *Ethernet* genannt, brechen. Die meisten Laptops verfügen zwar über einen WLAN-Adapter, der wird in aller Regel auch von Linux erkannt und unterstützt. Anders sieht dies bei Desktop-PCs aus. WLAN-Verbindungen müssen hier oft mit einem zusätzlichen USB-Dongle hergestellt werden, ob dabei immer Treiber vorhanden sind, ist nicht sicher.

Linux ist allerdings vor allem ein extrem netzwerkaffines Betriebssystem. Schließlich ist es das Produkt weltweit vernetzter Arbeit und, wie in Kapitel 1 beschrieben, basiert das größte Teil des Internet auf Linux. Wenn also ein Betriebssystem unkompliziert eine Verbindung zum Router und damit zum Internet herstellen kann, dann Linux.

Abb. 5.14: Ethernetstecker

Die Verbindung mit Hilfe eines Netzwerkkabels ist schnell, ermöglicht nahezu fehlerfreie Übertragung, ist abhörsicher und vor allem mit dem Einstecken des Kabels in die Buchse des Computers und des Routers wird die Verbindung automatisch hergestellt, ohne Passwort und ohne Einstellarbeiten, die man auf einem unfertigen Netzwerk-Installationssystem sicherlich nicht vornehmen möchte.

Exemplarisch stellvertretend für andere Distributionen stelle ich Ihnen die Netzwerkinstallation von Debian vor:

Nachdem Sie Ihren Computer mit dem Router Ihres Netzwerkes verbunden haben, das BIOS für die Installation vorbereitet wurde und der bootfähige Stick eingesteckt wurde, starten Sie den Computer.

Linux dauerhaft installieren 5.3

Sie werden mit folgendem Bildschirm empfangen:

Abb. 5.15: Bootmenü der Netzwerkinstallation bei Debian

Sie können nun auswählen, ob Sie sich mittels einer grafischen Benutzeroberfläche durch den Installationsvorgang führen lassen wollen, die Installation per textbasierter Befehlseingabe oder sogar per Sprachunterstützung vornehmen wollen.

Wählen Sie am besten die grafische Installation. Nun werden Sie wieder durch einen Fragenkatalog geführt, in dem Sie den Namen des Rechners im Netzwerk bestimmen, ein Konto für sich als Nutzer und eines als Supervisor anlegen, das Tastaturlayout und die Zeitzone werden festgelegt.

Wählen Sie die ADVANCED OPTIONS, werden Sie nicht durch den Installationsprozess geleitet, sondern wählen die Einstelloptionen aus, die Ihnen jetzt wichtig erscheinen. Wie Sie anhand des Bildes erkennen können, sollten Sie sich schon ganz gut mit Linux auskennen, um diese Optionen zu nutzen. Diese können allerdings nützlich sein, falls Sie auf Braille-Schrift angewiesen sind oder den Sprachsynthesizer einrichten müssen.

5 Vorbereitung und Installation

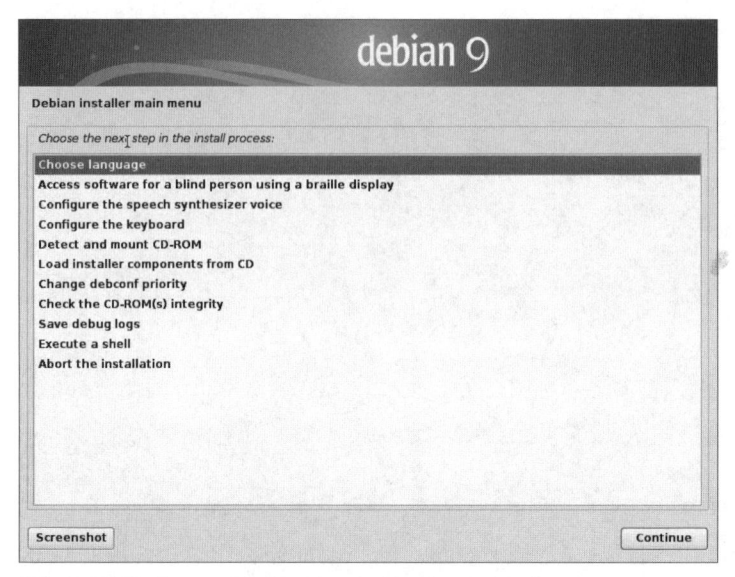

Abb. 5.16: Für Fortgeschrittene Nutzer: die Advanced Options

Am Ende der Installation können Sie Ihre benötigte Software auswählen:

Welche Desktopumgebung hätten Sie den gerne: die Debian-eigene Oberfläche, die einfache xfce-Oberfläche oder das luxuriösen KDE?

Soll der PC als Web-, Drucker- oder SSH-Server dienen, also wollen Sie den Computer gar nicht als Arbeitsgerät für die tägliche Arbeit nutzen?

Wenn Sie darauf verzichten wollen, die Standard-Systemwerkzeuge zu verwenden, sollten Sie gut wissen, was Sie tun, denn selbstverständlich können Sie beispielsweise einen alternativen Fenstermanager nutzen, den müssen Sie dann nur selbst finden und installieren (siehe Abbildung 5.17).

Nach dem Klick auf den Button WEITER werden Sie noch gefragt, ob Sie den Bootloader Grub installieren möchten. Beantworten Sie die Frage mit JA, dann beginnt der Installationsprozess, an dessen Ende Sie ein vollständiges, aktuelles Linux auf Ihrem Computer haben. Aktualisierungen sind, wenn überhaupt nötig, sehr überschaubar.

Die Luxusvariante der Netzwerkinstallation bietet meines Erachtens openSUSE mit dem Werkzeug *YAST*. Man kann fast nichts falsch machen, alle Schritte sind grafisch sehr gut aufbereitet und während der eigentlichen Installation werden Sie stets auf dem Laufenden gehalten, wie weit der Vorgang schon fortgeschritten ist und wie lange Sie noch Zeit haben (siehe Abbildung 5.18).

Linux dauerhaft installieren 5.3

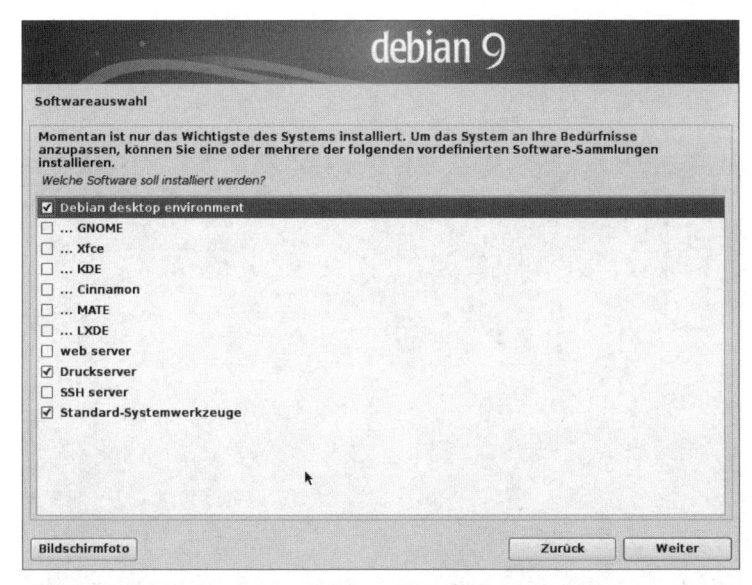

Abb. 5.17: Wählen Sie, welche Tools installiert werden sollen.

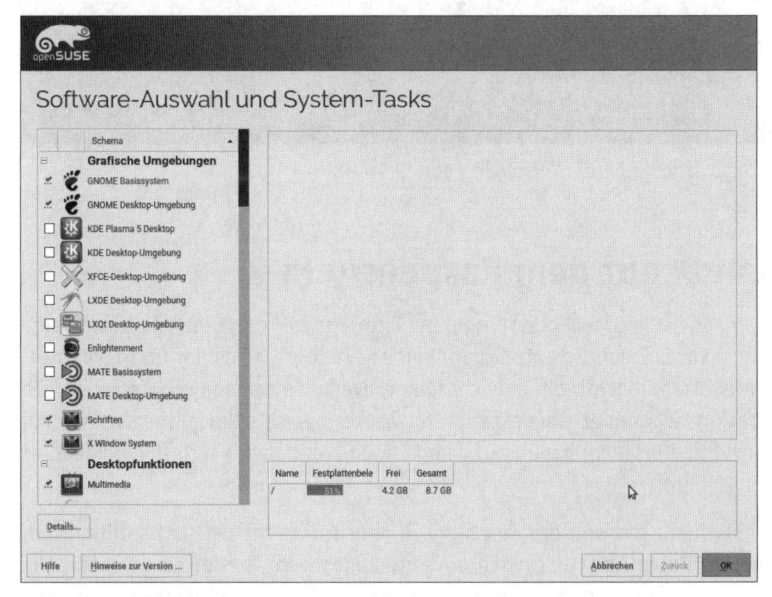

Abb. 5.18: Ein Augenschmaus: Die Software-Auswahl bei openSUSE

5 Vorbereitung und Installation

Ein Beispiel für eine kniffelige Netzwerkinstallation ist AntiX: Das Ganze ist wenig benutzerfreundlich aufgearbeitet. Wenn es möglich ist, sollten Sie sich vorher die Anleitung auf der Webseite ansehen.

Abb. 5.19: Setzt schon größeres Verständnis voraus: AntiX

5.4 Linux auf dem Raspberry Pi 3

Der Raspberry Pi ist ein scheckkartengroßer Einplatinen-Computer mit bemerkenswerter Performance. Eigentlich als Experimentier-Platine für Schüler und Computeranfänger entworfen, entwickelt er sich zum universal einsetzbaren Werkzeug. Ob Hausautomation, Webserver, Spielestation für Zocker oder als Navigationssystem auf Yachten, unzählige Projekte bauen auf dem kleinen Wunderwerk auf. Dabei kostet er weniger als 40 Euro.

Das Betriebssystem, das von der *Raspberry Pi Foundation* offiziell unterstützt wird, heißt *Raspbian*. Dabei handelt es sich um eine angepasste Version von Debian. Um Raspbian zu installieren, müssen Sie einen anderen, durchaus einfacheren Weg gehen. Sie benötigen dazu eine MicroSD-Karte.

Linux auf dem Raspberry Pi 3   5.4

Laden Sie zuerst Raspbian von der Seite *https://www.raspberrypi.org/downloads/* herunter und entpacken Sie die .zip-Datei. Sie erhalten eine Datei, die beispielsweise 2017-11-29-raspbian-stretch.img heißt. Als Windows-Benutzer kommt nun wieder das Programm *Win32 Disk Imager* zum Einsatz, ich habe es bereits in Kapitel 4 vorgestellt.

Starten Sie das Programm und schieben Sie eine MicroSD-Karte in ein geeignetes Lesegerät. Diese Karte sollte nun mit eigenem Laufwerksbuchstaben im Explorer erscheinen. Wählen Sie diesen Laufwerksbuchstaben im Drop-Down-Menü DATENTRÄGER aus.

> **Vorsicht**
>
> Stellen Sie bitte sicher, dass es sich beim Laufwerk wirklich um die MicroSD-Karte handelt. Wenn Sie das falsche Laufwerk angeben, löschen Sie unter Umständen Ihr eigenes Betriebssystem oder andere wichtige Daten.

Wählen Sie nun die Image-Datei aus und klicken Sie auf den Button SCHREIBEN. Wenn der Kopiervorgang beendet ist, beenden Sie das Programm und entnehmen Sie die Karte.

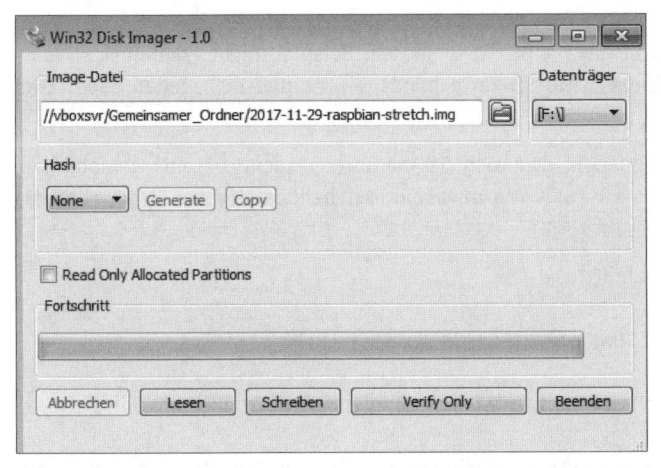

Abb. 5.20: Stellen Sie sicher, dass der gewählte Datenträger wirklich die MicroSD-Karte ist.

Nutzen Sie bereits einen Linux-PC, müssen Sie im Terminal den Befehl dd nutzen.

5 Vorbereitung und Installation

Sie müssen auch hier zuerst sicherstellen, dass Sie die MicroSD-Karte identifizieren können. Das geht am einfachsten, indem Sie in Ihrer Dateiverwaltung die Maus kurz auf das Symbol der Karte halten und die Laufwerksbezeichnung ablesen.

Sie können auch im Terminal den Befehl lsblk eingeben, um sich alle angeschlossenen Laufwerke anzeigen zu lassen. Die Ausgabe sieht in etwa so aus:

```
NAME    MAJ:MIN RM  SIZE    RO TYPE MOUNTPOINT
sda     8:0     0   1,8T    0  disk
├─sda1  8:1     0   1,2T    0  part /media/christoph/7053-07AB
└─sda2  8:2     0   607,4G  0  part
sdb     8:16    0   149,1G  0  disk
├─sdb1  8:17    0   145,1G  0  part /
├─sdb2  8:18    0   1K      0  part
└─sdb5  8:21    0   4G      0  part [SWAP]
sdc     8:32    1   980M    0  disk
├─sdc1  8:33    1   376M    0  part /media/christoph/Debian 9.2.1 i386 n
└─sdc2  8:34    1   304K    0  part
sr0     11:0    1   1024M   0  rom
```

Anhand der Größe von etwa 1 GB ist in diesem Beispiel leicht erkennbar, dass es sich bei sdc um die gesuchte SD-Karte handelt. (sd1 und sd2 stellen dabei zwei Partitionen dar.)

Gehen Sie in den Ordner, in dem sich das heruntergeladene Datenträgerabbild, in diesem Falle 2017-11-29-raspbian-stretch.img, befindet, in der Regel wird das der Download-Ordner sein.

Nun geben Sie den Befehl

```
dd if=IMAGE-DATEI.img of= /dev/sdX bs=1M
```

ein, wobei Sie X durch den Laufwerksbuchstaben ersetzen. In unserem Beispiel:

```
dd if=2017-11-29-raspbian-stretch.img of=/dev/sdc bs=1M
```

Linux auf dem Raspberry Pi 3   5.4

Leider gibt es keine Fortschrittsanzeige, d.h. Sie müssen warten, bis irgendwann, und das kann schon einmal einige Minuten dauern, die Meldung erscheint, dass der Schreibvorgang beendet ist.

Stecken Sie nun die Karte in den vorgesehenen Schacht des Raspberry Pi, schließen Sie eine Maus und eine Tastatur an die USB-Buchsen an und stecken Sie den Monitor per HDMI an. Verbinden Sie den Raspberry Pi per Ethernetkabel mit dem Router. Dann erst schießen Sie den Strom an.

Der kleine Computer startet und Sie sehen nach einem verblüffend kurzen Bootvorgang den Raspbian Desktop.

Abb. 5.21: Der Desktop von Raspbian

Zum Schluss müssen Sie noch einige Anpassungen vornehmen. Rufen Sie PREFERENCES | RASPBERRY PI CONFIGURATION auf.

Hier können Sie die wichtigsten Parameter schnell konfigurieren. Bei einigen Änderungen werden Sie gefragt, ob Sie das System neu starten wollen. Grundsätzlich können Sie aber erst einmal alle Änderungen vornehmen und anschließend neu starten.

Passen Sie hier

- die Sprache,
- die Tastaturbelegung,
- die Zeitzone,

5 Vorbereitung und Installation

- den WLAN-Ländercode und
- das Standardpasswort

an. Starten Sie dann den Raspberry Pi neu.

Als Abschluss der Installation aktualisieren Sie das System. Starten Sie dazu das Terminal-Programm und geben dort ein:

```
sudo apt-get update
```

und nach der Eingabe Ihres Passwortes

```
sudo apt-get upgrade
```

Nun werden die installierten Programme auf den neuesten Stand gebracht und Sie können Raspbian normal benutzen.

> **Tipp**
>
> Der Standardnutzer bei Raspbian heißt pi und sein Passwort raspberry.

5.5 Entscheidungshilfen

Die meisten Distributoren stellen Sie nicht vor unlösbare Aufgaben, trotzdem kann es durchaus passieren, dass Sie während des Installationsvorganges Entscheidungen über spezielle Optionen treffen müssen. Hier die wichtigsten:

Gebietsschema

Das Gebietsschema beschreibt den in einer Sprache gebräuchlichen Zeichensatz, im Deutschen also auch die Umlaute und das *ß*. Darüber hinaus wird unter anderem das Uhrzeit- und Datumsformat definiert, im Deutschen lautet dies ja in aller Regel *16.3.1995* um *17.30 Uhr.*

Sollten Sie vor die Wahl gestellt werden, so genannte *locals* auswählen zu müssen, wählen Sie *_DE ISO-8859-1*, *de_DE.UTF-8 UTF-8* und *de_DE@euro ISO-8859-15*

Entscheidungshilfen 5.5

Sprache

Hier wählen Sie die Sprache der Menüs. Je nach Distributor ist die Übersetzung aus dem Englischen nicht durchgängig, das heißt, bei dem einen oder anderen Programm finden Sie immer noch die englischen Menüs. Die Sprachpakete müssen in aller Regel zusätzlich installiert werden.

Tastaturlayout

Die meisten Distributionen stammen aus den USA und haben somit das amerikanische Layout vorinstalliert. Sie können jedes Layout wählen, das Sie möchten, unabhängig von der installierten Sprache, je nachdem, welche physische Tastatur Sie besitzen und in welcher Sprache Sie am liebsten schreiben.

Rechnername

Alleine in einem normalen Familiennetzwerk kann leicht mehr als ein Dutzend verschiedener Geräte angemeldet sein. Damit Sie den Linux-Rechner auf der Arbeitsoberfläche Ihres Routers leicht identifizieren können, geben Sie ihm einen eindeutigen Namen.

Rootpasswort

Das Rootpasswort ist das Passwort des Administrators, des Herrschers über das System. Der *root* kann alles: Veränderungen am System vornehmen, Programme installieren und aktualisieren, Rechte verteilen und das System kaputtmachen.

Er kann aber nicht in die /home-Verzeichnisse der Benutzer gucken. Einige Distributionen wie z.B. Ubuntu statten den ersten registrierten Benutzer mit root-Rechten aus, sein Nutzerpasswort wird zum Administratorenpasswort.

Nutzerpasswort

Der Nutzer ist der Eigentümer seiner Daten. Nur er kann in seinen /home-Ordner hineinschauen, jeder Nutzer hat einen eigenen Bereich, er kann aber mit seinem Passwort keine Veränderungen am System vornehmen.

LVM

Wenn Sie an Ihrem PC mehrere Festplatten angeschlossen haben, könnten Sie diese zu einer logischen Partition zusammenfassen. Der Nachteil dieses Verfahrens ist, dass das ganze System nicht mehr funktioniert, wenn eine Festplatte ausfällt.

5 Vorbereitung und Installation

Festplatte verschlüsseln

Wenn Sie wichtige und vertrauliche Daten auf dem Computer gespeichert haben, sollten Sie die Festplatte verschlüsseln. Dann kann auch niemand mehr mit einem Datenrettungssystem auf die Daten zugreifen. Der Computer wird allerdings spürbar langsamer und wenn Sie Ihr Passwort vergessen, sind die Daten endgültig verloren.

Partitionierung

Während der Installation legt Linux zwei Partitionen, das sind zwei logisch voneinander getrennte Bereiche, auf der Festplatte an. In einer Partition wird das System installiert; die zweite, die so genannte *swap*, dient als Erweiterung des Arbeitsspeichers. Die Installationsroutinen machen hierzu Vorschläge, wo diese Partitionen anzulegen sind. Wenn Ihr Computer mehrere Festplatten eingebaut hat, können Sie hier Ihre bevorzugte Platte auswählen.

Spiegelserver

Es gehört zum Sicherheitskonzept von Linux, dass der Nutzer seine Programme nicht aus unbekannten Quellen installieren muss, sondern Distributoren diese Programme über eigene Server anbieten. Nun könnte ein Server alleine den Datenverkehr gar nicht alleine bewältigen, daher gibt es weltweit Spiegelserver mit exakt dem gleichen Inhalt wie der des Distributoren. Wählen Sie den Spielserver, der Ihnen geografisch am nächsten ist. Distributionen wie Linux Mint stellen ein Tool zur Verfügung, mit dem Sie den schnellsten Spiegelserver ermitteln können, openSUSE hingegen erledigt dies automatisch im Hintergrund.

Webserver

Webserver stellen Inhalte wie Dateien oder Internetseiten in einem Netzwerk zur Verfügung. Das können Ihre Internetseite sein oder Dateien in einem lokalen Netzwerk. Wichtig ist, dass der Computer dann immer laufen muss und Ihnen als Arbeitsgerät nicht mehr zur Verfügung steht.

Druckserver

Dient dazu, einen an den Linux-PC angeschlossenen Drucker mit anderen Mitgliedern im Netzwerk zu teilen. Solange der Computer läuft und im Netzwerk angemeldet ist, können andere Nutzer den Drucker als Netzwerkdrucker identifizieren und benutzen.

SSH-Server

SSH steht für *secure shell* und ermöglicht eine sichere und verschlüsselte Verbindung zwischen zwei Rechnern. Wenn Sie Ihren Computer über einen anderen Rechner steuern möchten, beispielsweise weil Sie keinen Monitor anschließen, müssen Sie auf dem zu steuernden Computer einen SSH-Server installieren.

Den Bootloader Grub reparieren

Ein Bootloader ist so etwas wie der Zündschlüssel eines Betriebssystems, der weitere Teile des Kernels lädt und startet. Haben Sie Linux als einziges Betriebssystem installiert, werden Sie den Bootloader in aller Regel nicht bemerken.

Wenn Sie jedoch Linux parallel zu Windows installiert haben, wählen Sie hier aus, welches System Sie starten wollen (siehe auch Abbildung 5.12).

Ein Bootloader muss zwingend installiert werden, da Linux sonst nicht starten würde. *Grub2* (*Gr*and *U*nified *B*ootloader) ist der Bootloader des GNU-Projektes und wird bei den meisten Linux-Installationen eingesetzt. Wenn Sie eine der bisher genannten Distributionen installieren möchten, wird GRUB2 in der korrekten Version gleich automatisch mitinstalliert, bei einer Debian-Installation müssen Sie dem allerdings konkret zustimmen.

Obwohl es technisch enorme Unterschiede gibt, ob Sie ein BIOS oder ein UEFI-System haben, möchte ich hierauf gar nicht näher eingehen, denn dies würde den Rahmen und den Anspruch dieses Buches sprengen. Wenn Sie die Anweisungen des Installationsprozesses befolgen, werden Sie auch gar keine Probleme haben.

Was Ihnen allerdings passieren kann: Stellen Sie sich vor, Sie haben ein älteres Windows auf Ihrem PC parallel zu Linux installiert und geben irgendwann einmal der Werbung auf ein Upgrade nach. Oder ein guter Freund, der »sich mit Computern auskennt«, bietet Ihnen an, ein Windows-Upgrade aufzuspielen. Nach dem Upgrade wird Linux nicht mehr starten, denn der Windows-Bootloader hat ein einnehmendes Wesen und hat GRUB schlicht überschrieben.

Linux ist nicht mehr zu erreichen, der Kumpel auch nicht und Sie stehen vor der schwer lösbaren Aufgabe, Ihre Linux-Partition wieder startbar zu machen.

Die Lösung ist ein kostenloses Programm namens *SuperGrub2*. Sie erhalten es auf der Webseite des Herstellers *https://www.supergrubdisk.org*. Laden Sie die Datei Super-Grub2Disk.iso herunter und erstellen Sie ein Startmedium, so wie ich es Ihnen am Anfang dieses Kapitels bereits beschrieben habe.

5 Vorbereitung und Installation

Und genau so starten Sie Ihren Computer auch: Als Startmedium im BIOS legen Sie den USB-Stick oder die CD-ROM fest. Es erscheint ein spartanisch anmutender Startbildschirm.

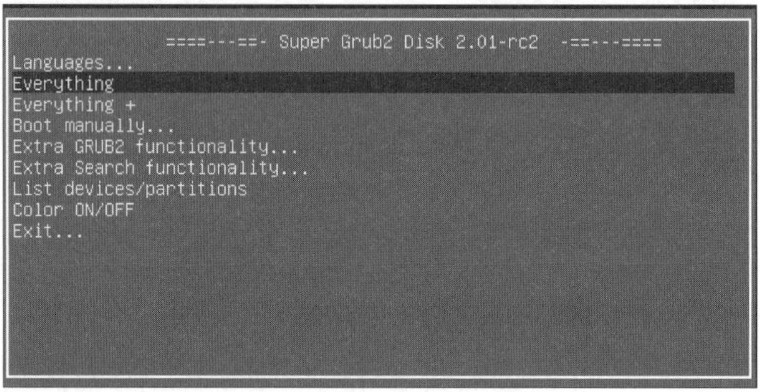

```
====---==- Super Grub2 Disk 2.01-rc2 -==---====
Languages...
Everything
Everything +
Boot manually...
Extra GRUB2 functionality...
Extra Search functionality...
List devices/partitions
Color ON/OFF
Exit...
```

Abb. 5.22: Startbildschirm von Grub2 Disk

Sie können zuerst mit den Pfeiltasten eine Sprachauswahl treffen, danach wählen Sie den Eintrag EVERYTHING. Anschließend überprüft das Tool die Festplatten nach installierten Kernels und zeigt Ihnen diese an. Unterhalb des Eintrags ENTRIES FROM... finden Sie aber auch einen Eintrag mit dem Namen der installierten Linux-Distributionen.

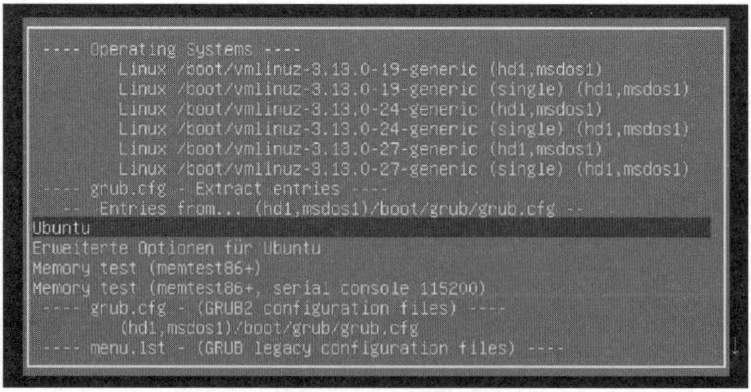

```
---- Operating Systems ----
       Linux /boot/vmlinuz-3.13.0-19-generic (hd1,msdos1)
       Linux /boot/vmlinuz-3.13.0-19-generic (single) (hd1,msdos1)
       Linux /boot/vmlinuz-3.13.0-24-generic (hd1,msdos1)
       Linux /boot/vmlinuz-3.13.0-24-generic (single) (hd1,msdos1)
       Linux /boot/vmlinuz-3.13.0-27-generic (hd1,msdos1)
       Linux /boot/vmlinuz-3.13.0-27-generic (single) (hd1,msdos1)
   ---- grub.cfg - Extract entries ----
   -- Entries from... (hd1,msdos1)/boot/grub/grub.cfg --
Ubuntu
Erweiterte Optionen für Ubuntu
Memory test (memtest86+)
Memory test (memtest86+, serial console 115200)
   ---- grub.cfg - (GRUB2 configuration files) ----
       (hd1,msdos1)/boot/grub/grub.cfg
   ---- menu.lst - (GRUB legacy configuration files) ----
```

Abb. 5.23: Jetzt könnten Sie Ubuntu wieder starten.

Starten Sie das System über diesen Eintrag. Natürlich müssen Sie Ihr Passwort eingeben, sonst könnte ja jeder mit diesem Programm auf Ihre Daten zugreifen. Um

Entscheidungshilfen 5.5

GRUB2 neu zu installieren, müssen Sie zunächst herausfinden, welches Laufwerk als bootfähig markiert ist. Öffnen Sie ein Terminal-Fenster, geben Sie den Befehl

```
sudo fdisk -lu
```

ein und lesen Sie die Ausgabe. Diese kann zum Beispiel so aussehen:

Gerät	Boot	Start	Ende	Sektoren	Größe	Id	Typ
/dev/sdb1	*	2048	304193535	304191488	145,1G	83	Linux
/dev/sdb2		304195582	312578047	8382466	4G	5	Erweiterte

Merken Sie sich die Laufwerksbezeichnung, die mit dem * als *Boot* gekennzeichnet ist, in diesem Falle sdb.

Nun wird es Zeit, Grub2 wiederherzustellen. Geben Sie dazu den Befehl

```
sudo grub-install /dev/sdX
```

ein, wobei Sie X durch den eben festgestellten Laufwerksbuchstaben ersetzen.

Sie benötigen nun wieder das Administratorenpasswort.

Wenn Sie nach ein paar Momenten die Meldung

```
Installation finished. No error reported.
```

bekommen, hat alles geklappt und Sie können Ihren Computer neu starten.

Tipp

Kein Betriebssystem ist perfekt und auch bei Installation und Upgrade von Linux kann immer irgendetwas schiefgehen. Erstellen Sie sich daher unbedingt eine GRUB2-Disk, um Linux immer starten zu können, wenn es beim Bootloader hakt.

Kapitel 6

Die Installation abschließen und Linux einrichten

6.1	Administratorrechte	100
6.2	Die Netzwerkverbindungen einrichten	101
6.3	Spracheinstellungen anpassen	113
6.4	Tastaturlayout einstellen	113
6.5	Grafikkarte einrichten	114
6.6	Spiegelserver einrichten	116
6.7	Programme und System aktualisieren	119
6.8	Scanner einrichten	119
6.9	Drucker einrichten	120
6.10	LibreOffice einrichten	121
6.11	Zusammenfassung	122

6 Die Installation abschließen und Linux einrichten

Auch wenn es die Distributoren gerne glauben lassen: Kein Computersystem ist direkt nach der Auslieferung betriebsfertig. Sie als Nutzer werden immer noch den einen oder anderen Parameter einstellen oder nachjustieren müssen, um optimal arbeiten zu können. Ich meine nicht die kleinen Gimmicks wie das Bild des Desktop-Hintergrundes, sondern durchaus grundlegende Einstellungen.

Sie merken dies daran, dass der Computer möglicherweise nicht stabil läuft und sich bei bestimmten, vor allem grafiklastigen Anwendungen aufhängt, die Maus unberechenbar ist, Farben falsch oder unvollständig dargestellt werden und anderes mehr.

Das ist allerdings keine Linux-Eigentümlichkeit. Auch wenn Sie Windows installieren, müssen Sie eine Unmenge von Treibern installieren, das fängt bei Netzwerktreibern an und endet noch lange nicht beim Grafiktreiber. *Plug-and-Play* ist eine Wunschvorstellung, *Plug-and-Pray* Realität, denn Betriebssysteme sind enorm komplex und das Angebot an Hardware vielseitig.

Der Aufwand ist allerdings überschaubar und am Ende dieses Kapitels haben Sie ein gut funktionierendes, stabiles Betriebssystem.

Wenn Sie die Möglichkeit zu einer Netzwerkinstallation haben, ist dieser Abschnitt nicht ganz so wichtig, haben Sie jedoch eine Installations-DVD verwendet, wie sie zum Beispiel in Zeitschriften beiliegt, müssen Sie bis zum endgültig fertigen Ergebnis ganz sicher noch einige Anpassungen vornehmen. Seit der Herstellung der DVD ist in der Regel ja einige Zeit vergangen und so haben die installierten Programme und der Linux-Kernel selbst schon einige Aktualisierungen erfahren.

> **Hinweis**
>
> Sie können die Installation von Linux vollständig mit Hilfe der Kommandozeile oder dem Bearbeiten einiger Konfigurationsdateien erledigen. Können Sie, müssen Sie aber nicht.
>
> Denn die Distributoren haben sich meist viel Mühe gegeben, die grafischen Benutzeroberflächen für die Systemeinstellungen übersichtlich zu gestalten, der Umfang der Einstellmöglichkeiten variiert allerdings gewaltig.

Während beispielsweise YaST (*Yet another Setup Tool*), das Administrationsprogramm von openSUSE oder auch die Systemeinstellungen von Debian dafür bekannt sind, dem Nutzer einen direkten Zugang zu einer Vielzahl von Einstellungsmöglichkeiten

Die Installation abschließen und Linux einrichten 6

zu geben, gehen die Distributoren von Ubuntu genau den anderen Weg: Hier wird dem Nutzer nur einige verhältnismäßig kleine Auswahl von Parametern angeboten; er soll nicht mit Einstelloptionen überfordert werden, die er vielleicht ohnehin nicht versteht. Für die Grundeinstellungen, die Sie hier nun vornehmen, sind die Bordwerkzeuge allerdings die erste Wahl und bei weitem ausreichend.

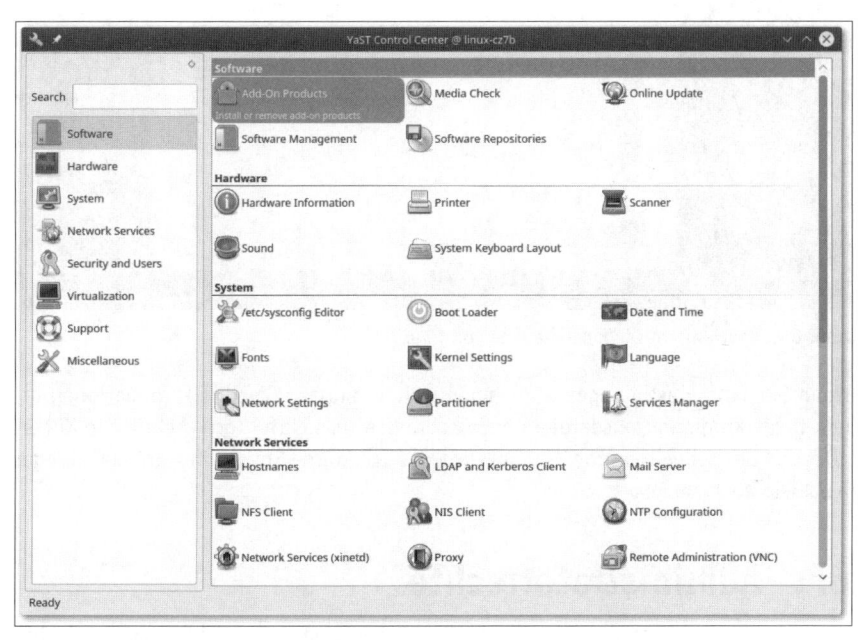

Abb. 6.1: Vielfältig: Das Yast Control Center

Nicht dass Sie es falsch verstehen: Trotz sehr überschaubarer Systemeinstellungen ist Ubuntu dabei genauso leistungsfähig und lässt sich in allen Funktionen genauso konfigurieren wie alle anderen Linux-Distributionen auch, nur stellt Ihnen der Herausgeber keine grafische Nutzeroberfläche bereit.

99

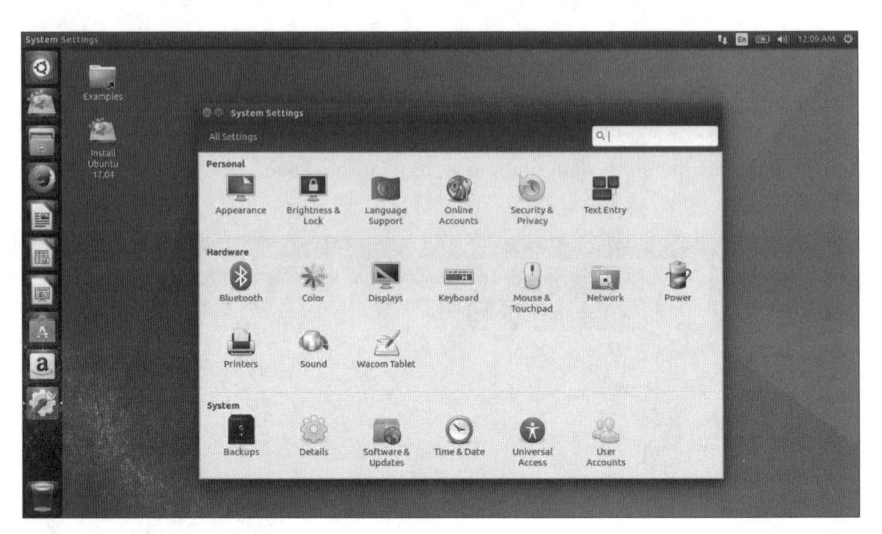

6 Die Installation abschließen und Linux einrichten

Abb. 6.2: Spartanisch: Die Einstellebene von Ubuntu

Wenn Sie dann Einstellungen vornehmen wollen, müssen Sie Ihre Informationen direkt in die Konfigurationsdateien hineinschreiben. Das ist für fortgeschrittene Nutzer oft auch der schnellere und elegantere Weg. Ich werde Ihnen dies anhand einiger Beispiele auch zeigen.

6.1 Administratorrechte

Um irgendwelche Veränderungen im System vorzunehmen, benötigen Sie die Rechte eines Systemadministrators. OK, und wo sitzt der? Vielleicht haben Sie als Windows-Benutzer öfters einmal bei hartnäckigen Fehlern die Aufforderung erhalten, den Systemadministrator zu informieren. Und im Betrieb müssen Sie jetzt einen Menschen kontaktieren, der sich dann auf Ihren Computer aufschaltet und allerlei mysteriöse Dinge tut.

Bei Linux sitzt der Administrator allerdings gerade vor dem PC. Wenn Sie nämlich das System installiert haben, sind Sie der Administrator.

Nun kennt Linux verschiedene Möglichkeiten, diese höchst wichtige Figur ins Spiel zu bringen, ich gehe hierauf im übernächsten Kapitel »Linux in der Gruppe« noch genauer ein. Sie können nämlich dauerhaft als Administrator angemeldet sein, was nicht zu empfehlen ist, oder diese Rolle als normaler Nutzer nur kurz übernehmen.

In diesem Kapitel nutzen Sie das Kommando sudo, dies ermöglicht Ihnen als ganz normaler Nutzer für einen definierten Zeitraum kurz in die Rolle des Administrators zu schlüpfen und ansonsten als normaler Nutzer zu arbeiten.

6.2 Die Netzwerkverbindungen einrichten

Linux ohne Zugang zum Internet macht wenig Spaß und ist auch wenig sinnvoll. Die Einstellungen, die in diesem Kapitel vorgenommen werden, setzen allerdings einen Zugang zum Internet voraus, denn Sie müssen ab und zu zusätzliche Programmpakete herunterladen und installieren.

Linux ist ein Produkt des Internets und bereits seine Wurzel UNIX war ein netzwerkfähiges Betriebssystem. Die Einrichtung des Netzwerkes ist somit in der Regel problemlos. Im einfachsten Fall sind Sie mit Hilfe eines Netzwerkkabels sofort mit dem Router verbunden, wenn Sie jedoch kabellos online gehen möchten, kann es sein, dass etwas nachgeholfen werden muss.

Per kabelgebundenem LAN

Im vorherigen Kapitel habe ich es bereits angesprochen: Ich mag und bevorzuge diese Art der Verbindung. Sie ist oldschool, aber die Verbindung per Kabel hat eine ganze Menge nicht zu unterschätzender Vorteile: Diese Verbindung zwischen Computer und Router ist abhörsicher, es muss also kein Passwort generiert werden. Außerdem ist sie schneller und weniger störanfällig als kabellose Verbindungen und als Allerwichtigstes: Sie ist ohne Installationsaufwand herzustellen. Sie brauchen lediglich den Router und den Computer mit Hilfe des Kabels zu verbinden. Der Router selber baut die Verbindung auf und stellt diese dann im lokalen Netzwerk zur Verfügung.

Per WLAN

Alle modernen Router besitzen inzwischen die Möglichkeit, Rechner kabellos per WLAN zu verbinden. Das ist natürlich besonders im Umgang mit Laptops sehr bequem, schließlich möchte man auch nicht dauernd ein Kabel hinter sich herziehen, wenn man auf der Couch im Internet surft.

Um per WLAN ins Internet zu gelangen, müssen Sie zwei Dinge tun:

- gegebenenfalls dem Computer mitteilen, dass ein WLAN-Adapter angeschlossen ist,
- sich im richtigen Netzwerk anmelden und per Passwort identifizieren.

6 Die Installation abschließen und Linux einrichten

Die allermeisten gängigen WLAN-Module werden auch anstandslos erkannt, die Information darüber haben Sie gegebenenfalls schon während der Live-Installation bekommen. Damit ist auch der erste Punkt erledigt.

Nun kann es aber auch passieren, dass Ihr Computer kein WLAN-Netzwerk finden kann. In aller Regel liegt dies daran, dass der Computer das WLAN-Modul nicht erkennt, weil kein passender Treiber an Bord ist. Um das zu überprüfen, starten Sie das Terminal und geben den Befehl

```
iwconfig
```

ein. Antwortet das System

```
No wireless extensions
```

haben Sie einen WLAN-Adapter, den Linux nicht auf Anhieb erkannt. Das ist allerdings nicht so schlimm, denn der benötigte Treiber lässt sich nachinstallieren.

Ich werde Ihnen die Installation eines WLAN-Treibers am Beispiel des weit verbreiteten Fritz!WLAN USB-Sticks erklären.

> **Hinweis**
>
> Diese Beschreibung gilt für alle Windows-basierten WLAN-Treiber, nicht nur für die der Firma AVM.

Einen Fritz!USB-Stick anschließen

Der benötigte Treiber befindet sich auf der CD, die mit dem USB-Stick ausgeliefert wird. Diese Treiber sind aus lizenzrechtlichen Gründen nicht Teil des Linux-Kernels, da es sich um proprietäre Programme handelt.

Bei einigen WLAN-Sticks ist es nötig, nach dem Einstecken erst eine Minute zu warten, da das System ihn nicht gleich als USB-Stick erkennt, sondern zuerst als Datenträger identifiziert.

Die Netzwerkverbindungen einrichten 6.2

Abb. 6.3: Fritz!Wlan-Stick

Um die Treiber zu installieren, benötigen Sie ein Programm namens *ndiswrapper*. Einige Distributionen, wie Linux Mint, haben dieses Programm an Bord. Das es allerdings zunächst ein reines Terminal-basiertes Programm ist, hat es keine Bedieneroberfläche. Sie können ganz einfach herausfinden, ob Ihr Distributor Ihnen das Programm bereits mitgeliefert hat: Starten Sie das Terminal und geben Sie den Befehl

```
sudo ndiswrapper
```

und Ihr Passwort ein. Wenn Sie eine Ausgabe bekommen wie:

```
$ sudo ndiswrapper
[sudo] Passwort für christoph:
install/manage Windows drivers for ndiswrapper

usage: ndiswrapper OPTION
-i inffile      install driver described by 'inffile'
-a devid driver use installed 'driver' for 'devid' (dangerous)
-r driver       remove 'driver'
-l              list installed drivers
-m              write configuration for modprobe
-ma             write module alias configuration for all devices
-mi             write module install configuration for all devices
-v              report version information

where 'devid' is either PCIID or USBID of the form XXXX:XXXX,
as reported by 'lspci -n' or 'lsusb' for the card
```

6 Die Installation abschließen und Linux einrichten

ist das Programm an Bord. Ansonsten gibt es eine Fehlermeldung, die Ihnen mitteilt, dass das Programm unbekannt ist.

Es gibt zwar die Möglichkeit, eine Bedienoberfläche nachzuinstallieren, dazu müssten Sie jedoch zuerst einmal eine Internetverbindung haben. Da aber beißt sich die Katze in den Schwanz. Also müssen Sie das Programm mit Hilfe des Terminals starten. Um sich das Leben leichter zu machen, sollten Sie den Ordner mit dem benötigten Treiber auf Ihre Festplatte kopieren. Öffnen Sie dazu den Dateimanager und kopieren Sie den Ordner, der unter anderem die Datei fwlan.inf oder fwlan64.inf enthält, in den Ordner DOWNLOADS.

> **Hinweis**
>
> Sie benötigen die Datei fwlan.inf, wenn Sie ein 32-Bit-System nutzen. Haben Sie Linux in einer 64-Bit-Version installiert, benötigen Sie die Datei namens fwlan64.inf oder fwlan4.inf.

Jetzt geht es an die Installation: Starten Sie das Programm *Terminal* und tippen Sie den Befehl

    sudo ndiswrapper -i /home/IHRNAME/Downloads/fwlan.usb/fwlanXX.inf

ein und bestätigen mit Enter. IHRNAME steht natürlich für den Namen, mit dem Sie sich angemeldet haben und XX für die Version des Treibers. Danach werden Sie Ihr Passwort eingeben müssen und der Installationsprozess läuft.

Ndiswrapper installieren

Falls Ihre Distribution den *ndiswrapper* nicht an Bord hat, bleibt Ihnen nichts anderes übrig: Sie müssen, wenigstens vorübergehend, eine andere Internetverbindung herstellen, um diese Programmteile herunterzuladen. Das eben beschriebene LAN-Kabel ist die beste Möglichkeit, ich beschreibe weiter hinten noch andere. Dies wäre dann allerdings auch eine gute Möglichkeit, die grafische Benutzeroberfläche mitzuinstallieren.

Starten Sie, wenn Sie eine Internetverbindung nach aufgeführtem Muster eingerichtet haben, Ihre Programm- oder Softwareverwaltung. Diese ist zwar noch nicht optimal eingerichtet, für das kleine Programm reicht es aber allemal.

Wenn Sie openSUSE nutzen, installieren Sie das Programm mit Hilfe des YaST-Moduls *Software installieren*, bei den anderen rpm-basierten Distributionen haben Sie die

Die Netzwerkverbindungen einrichten 6.2

Möglichkeit mithilfe der Programme *Software* oder *PackageKit* andere Programme zu installieren

Falls Sie mit einer Distribution aus der Debian-Familie arbeiten, ist eigentlich immer das Programm *Synaptic* an Bord. Dies ist ein durchaus fortschrittliches Installationsprogramm, das ich an anderer Stelle noch weiter erläutern werde. Nach dem Start des Programms müssen Sie sich mit Ihrem Passwort, das Sie bei der Installation erstellt haben, als Administrator ausweisen.

Geben Sie in das Suchfenster ndiswrapper ein und Sie erhalten eine Paketauswahl, die zu *ndiswrapper* gehört. Klicken Sie auf die Kästen vor NDISWRAPPER-DKMS, NDISWRAPPER-UTILS-1.9, NDISWRAPPER-COMMON und NDISGTK. Damit markieren Sie die Pakete zum Download, den Sie mit einem Klick auf den Button ANWENDEN anstoßen.

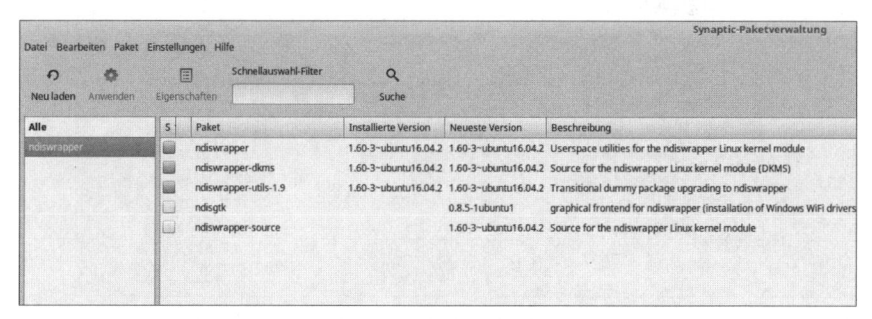

Abb. 6.4: Die Oberfläche von Synaptic

Nun haben Sie bereits Ihr erstes Programm installiert. Sie werden es im Bereich der Systemverwaltung unter *Windows Wireless Drivers* finden. Starten Sie das Programm. Es öffnet sich eine kleine, einfache Bedienungsoberfläche. Klicken Sie nun auf INSTALL NEW DRIVER und suchen Sie unter LOCATION den gewünschten Treiber auf der CD-ROM.

Abb. 6.5: Die Abfrage, wo die .inf-Datei zu finden ist, startet.

105

6 Die Installation abschließen und Linux einrichten

Sie wissen, dass sie sich auf der CD befindet, und wählen den Ort aus:

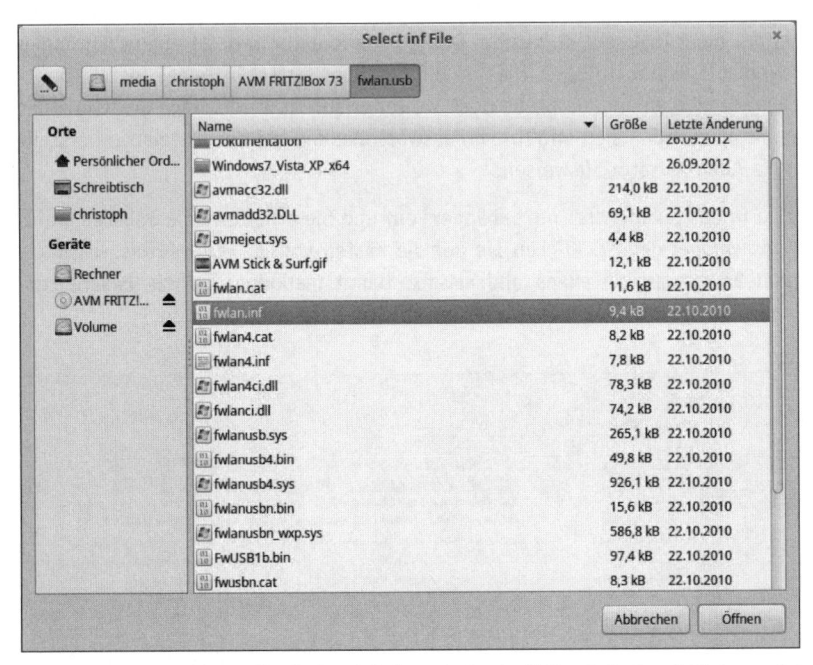

Abb. 6.6: Also markieren Sie die Datei fwlan.inf *oder* fwlan4.inf und klicken auf den Button ÖFFNEN ...

Der Installationsvorgang startet nun automatisch.

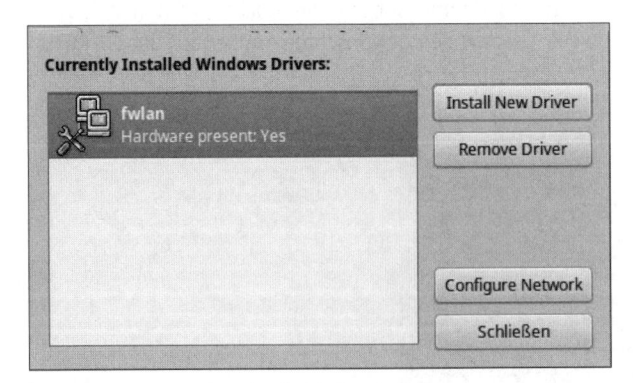

Abb. 6.7: ... und schon ist der Treiber installiert.

Die Netzwerkverbindungen einrichten 6.2

Nun müssen Sie Linux neu starten, aber das sollte es gewesen sein.

Da Sie ja bereits einmal mit dem Terminal gearbeitet haben, können Sie gleich mal die Funktion des Treibers untersuchen. Geben Sie folgenden Befehl in das Terminal ein:

ndiswrapper –l

Und bestätigen mit [Enter].

Erscheint eine Meldung wie fwlan: driver installed, haben Sie alles richtig gemacht und können sich daranmachen, den Rechner im Internet anzumelden.

> **Tipp**
>
> Nahezu alle WLAN-Adapter sind unter Linux installierbar, meistens funktioniert es so wie hier am Beispiel beschrieben. Genauere Hinweise bekommen Sie beim Hersteller des Adapters.

Installation eines heruntergeladenen Treibers

Auch falls Sie die CD mit den Treibern nicht mehr finden, müssen Sie nicht auf die Nutzung des USB-Sticks verzichten. Sie können die Treiber auch aus dem Internet herunterladen. Wenn Sie den Treiber von der Herstellerseite beziehen, ist es sehr wahrscheinlich, dass die Treiberdatei die Endung .exe hat. Es handelt sich in diesem Falle um gepackte Dateien, die entpackt werden müssen. Gehen Sie dabei wie folgt vor:

Speichern Sie die .exe-Datei auf Ihrem Computer, beispielsweise im Download-Ordner. Klicken Sie mit der rechten Taste auf die .exe-Datei und wählen Sie DATEI ENTPACKEN aus. Wählen als Ziel ruhig den selben Ordner aus.

Jetzt haben Sie dieselben Dateien auf dem Computer wie vorher auf der CD-ROM. Suchen Sie die Datei fwlanXX.inf und verfahren Sie bei der Installation wie oben beschrieben. Sie können die heruntergeladenen Dateien nun löschen, wenn Sie möchten, nach der Installation der Treiber werden sie auf dem Computer nicht mehr benötigt.

6 Die Installation abschließen und Linux einrichten

Mit Ihrem WLAN im Netzwerk anmelden

Wenn Sie Ihren WLAN-Adapter erfolgreich installiert haben, können Sie sich im Netzwerk anmelden und identifizieren. Fast alle Netzwerkmanager zeigen Ihnen an, welche kabellosen Netzwerke Sie gerade empfangen können.

Die Sicherheitsparameter wie die Verschlüsselung und das notwendige Passwort sind im Router hinterlegt. Dazu müssen Sie wissen, welche Art von Verschlüsselung Ihr Router anbietet. Im Groben sind dies *WPA-Verschlüsselung, WEP-Verschlüsselung* und *keine Verschlüsselung*. Ich rate dringend davon ab, auf eine Verschlüsselung zu verzichten, lieber verzichten Sie auf das WLAN. Sie können dann nämlich niemandem verbieten, sich mit Ihrem Anschluss ins Internet einzuwählen. Wenn dann jemand mit Ihrem Internetanschluss Unfug treibt, Daten illegal aus dem Internet herunterlädt, Hassmails verbreitet und ähnliches, haften zunächst Sie.

Auch eine WEP-Verschlüsselung ist keine empfehlenswerte Option mehr und sollte nicht mehr genutzt werden. Bei einigermaßen moderner Hardware wird Ihnen eine WPA-Verschlüsselung vorgeschlagen, Sie müssen nur noch das Passwort eingeben und sich verbinden lassen. Zum Thema Passwort gibt es einen Exkurs im Kapitel »Safety first – Sicherheit im System«.

Jetzt sollte sich der Computer mit dem Router verbinden und den Weg ins Internet finden.

Per Smartphone

Das Zeitalter von Smartphone und iPhones bringt eine Flexibilität mit sich, die vor wenigen Jahren noch Utopie war. Sie können nämlich durchaus auch Ihr Smartphone oder Ihr iPhone als Adapter benutzen. Das Zauberwort heißt *Tethering*. Es ist durchaus möglich, sowohl das heimische WLAN als auch, bei entsprechendem Volumentarif, das mobile Internet zu nutzen. Und dies ist ganz einfach.

Wenn Sie Ihr Smartphone zu Hause nutzen, haben Sie es mit Sicherheit schon so eingestellt, dass Sie Zugriff auf das heimische WLAN haben. Schalten Sie das WLAN-Modul ein und verbinden Sie nun das Smartphone über USB-Kabel mit dem Computer. Die Frage, ob Sie den USB-Speicher aktivieren wollen, quittieren Sie mit Druck auf die ZURÜCK-Taste. Rufen Sie die EINSTELLUNGEN | DRAHTLOS UND NETZWERKE auf und scrollen Sie zum Punkt USB-TETHERING.

Die Netzwerkverbindungen einrichten 6.2

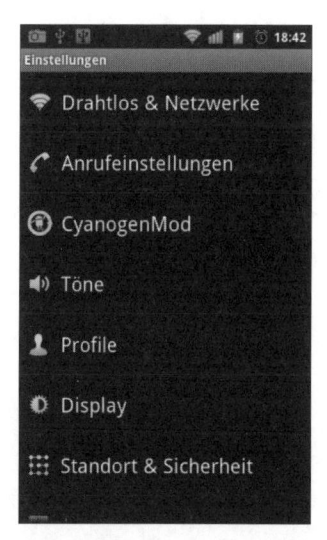

Abb. 6.8: Klicken Sie im Smartphone auf DRAHTLOS UND NETZWERKE

Abb. 6.9: Klicken Sie hier auf TETHERING & MOBILER HOTSPOT, ...

6 Die Installation abschließen und Linux einrichten

Abb. 6.10: ... um das USB-Tethering zu starten.

Da alle Zugangsdaten zum WLAN-Netzwerk im Smartphone gespeichert sind, ist am Computer keine weitere Einstellarbeit nötig. Die Verbindung können Sie einfach kontrollieren, indem Sie mit der rechten Maustaste auf das Verbindungszeichen klicken und sich die so eingestellte Kabelnetzverbindung, denn um eine solche handelt es sich nun, anzeigen lassen.

Abb. 6.11: Bei den Netzwerkeinstellungen werden die Verbindungen angezeigt.

Das Ganze funktioniert unter Linux ganz einfach und ohne zusätzliche Installation von Treibern. Die Geschwindigkeit ist ebenso hoch wie beim WLAN-Modul und auch das Smartphone können Sie wie gewohnt nutzen.

> **Hinweis**
>
> Sollten Sie Linux auf einem Laptop installieren, ist es per USB-Tethering möglich, außerhalb des WLAN-Bereiches auf eine mobile Internet-Verbindung zuzugreifen, sofern Sie einen Vertrag mit Ihrem Anbieter haben. Achten Sie auf eine Flatrate mit hohem Datenvolumen, denn einige hundert MB Volumentransfer sind auch beim normalen Surfen schnell erreicht.

Per mobilem Breitband-Stick

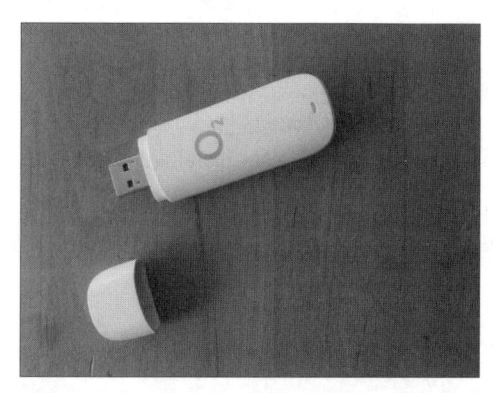

Abb. 6.12: Sieht aus wie ein Speicherstick, ermöglicht Ihnen aber den Zugang zum drahtlosen Breitband-Internet

Gelegentlich kann es nötig sein, sich mit Hilfe eines mobilen Breitband-Sticks mit dem Internet zu verbinden, in der Regel werden Sie hier einen Vertrag über ein bestimmtes Volumen abschließen. Diese Art der Internetverbindung ist recht teuer, aber wenn Sie beispielsweise nach einem Umzug auf einen neuen DSL-Anschluss warten oder auch draußen mit dem Laptop schnelle mobile Internetverbindungen benötigen, ist dies die Methode der Wahl.

Der Anschluss ist sehr einfach: Stecken Sie den Stick in die USB-Buchse des Computers und geben Sie den mitgelieferten PIN-Code ein, dieser wird automatisch abgefragt. Danach startet der Dialog zur Einrichtung der mobilen Breitbandverbindung automatisch.

6 Die Installation abschließen und Linux einrichten

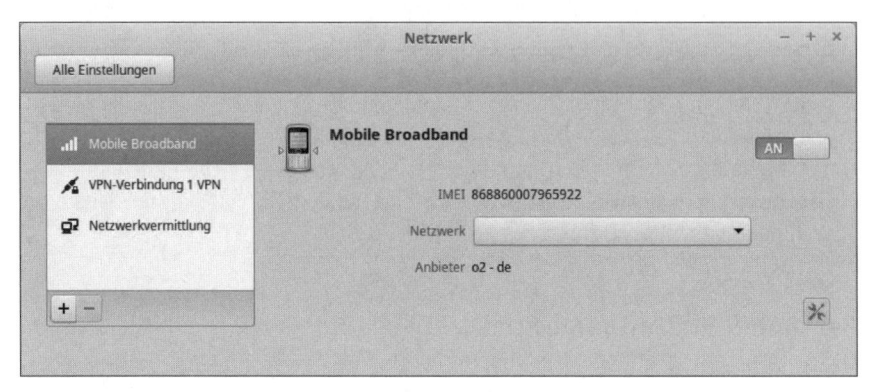

Abb. 6.13: Dialog zur Einrichtung einer mobilen Breitbandverbindung

Sie sollten die Anmeldeunterlagen zur Hand haben, wenn Sie dem Dialog, der je nach Anbieter verschieden umfangreich ist, folgen. Der Stick wird in der Regel vom System automatisch als Breitband-Stick erkannt, Treiber müssen nicht installiert werden.

Sollte Ihr System den Stick zuerst nicht erkennen, warten Sie einfach eine Minute, denn möglicherweise hält Ihr Computer den Stick zuerst fälschlicherweise für ein Laufwerk.

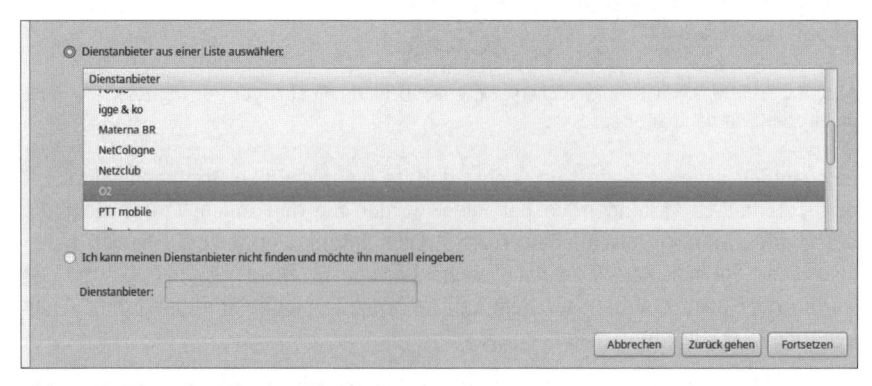

Abb. 6.14: Hier geben Sie dann Ihre Daten ein.

6.3 Spracheinstellungen anpassen

Meistens haben Sie ja schon bei der Installation die von Ihnen gewünschte Sprache festgelegt. Und trotzdem werden Sie wahrscheinlich feststellen, dass die Menüführungen anfangs häufig auf Englisch sind. Und auch Meldungen werden anstatt in der von Ihnen ausgewählten Sprache auf Englisch ausgegeben. Um Linux vollständig in der von Ihnen gewünschten Sprache nutzen zu können, müssen Sie eventuell Sprachpakete nachladen und installieren.

Das erledigen Sie ebenfalls in den Systemeinstellungen. Klicken Sie auf das Icon SPRACHE oder LANGUAGES und schauen Sie, ob Ihre gewünschte Sprache als Systemsprache eingerichtet ist. Falls dem nicht so ist, wählen Sie Ihre Sprache aus und lassen das Linux das nötige Sprachpaket herunterladen und installieren.

Schauen Sie gleichzeitig, ob außer der von Ihnen gewählten Sprache noch eine andere installiert ist, oft ist Englisch als ursprüngliche Systemsprache noch aktiviert. Diese sollte Sie entfernen, das erhöht die Chance, dass Meldungen und Menüs in der von Ihnen gewünschten Sprache erscheinen.

Trotzdem erscheint vor allem bei kleinen Programmen die Menüführung immer wieder in einer Fremdsprache. Dies liegt dann allerdings am Programm selbst: Es hat sich eben noch niemand gefunden, um die Übersetzungsarbeit zu übernehmen.

6.4 Tastaturlayout einstellen

Aus welchen Gründen auch immer wird diese Installation manchmal nicht ganz zu Ende geführt. Sie merken es erst dann, wenn Sie versuchen, sich mit einem Passwort einzuloggen, das die Buchstaben y oder z oder ein Sonderzeichen enthält. Da diese auf der amerikanischen QWERY-Tastatur woanders liegen, kann man bei der Anmeldung schon mal verzweifeln.

Schauen Sie sicherheitshalber besser nach, ob die Tastaturbelegung richtig ist. Sollten andere Tastaturlayouts installiert sein, entfernen Sie diese besser.

In Internetforen werden Sie immer wieder mit Anleitungen konfrontiert, die von Ihnen verlangen, Eintragungen in die Datei /etc/xy vorzunehmen. Das mag am Anfang erschrecken, weil man das Gefühl hat, jetzt wirklich unter der Motorhaube zu arbeiten. Sie können auch wirklich viel kaputt machen, deswegen ist der Zugang auch nur dem Administrator erlaubt.

An diesem Beispiel kann ich Ihnen zeigen, wie Sie mit Hilfe der Konfigurationsdateien arbeiten können. Öffnen Sie als Administrator die Datei /etc/default/keyboard.

6 Die Installation abschließen und Linux einrichten

Sie werden feststellen, dass es sich dabei um eine einfache Textdatei handelt, die mit dem Editor bearbeitet werden kann.

Bei meinem Netbook lautet der Eintrag:

```
# KEYBOARD CONFIGURATION FILE
# Consult the keyboard(5) manual page.
XKBMODEL="pc105"
XKBLAYOUT="de"
XKBVARIANT=""
XKBOPTIONS="grp:alt_shift_toggle,grp_led:scroll,terminate:ctrl_alt_bksp"
BACKSPACE="guess"
```

Alle Zeilen, die mit einer # beginnen, sind reine Erläuterungen. Aus den nächsten Zeilen dieser kleinen Textdatei kann Linux entnehmen, welches Tastaturmodell angeschlossen (pc105) und welches Layout aktiviert ist (de). Möchte ich ein französisches Tastaturlayout aktivieren, würde der Eintrag unter XKBLAYOUT "fr" lauten.

Probieren Sie es aus. Ändern Sie das Tastaturlayout bei den Systemeinstellungen und schauen Sie dann nach, wie sich die Konfigurationsdatei verändert hat.

6.5 Grafikkarte einrichten

In aller Regel erkennt Linux die Grafikkarte oder den Grafikchip und richtet sie bzw. ihn entsprechend ein. Sollte Linux die Grafikkarte nicht erkennen – dies kann bei ganz neuen oder ausgefallenen Grafikkarten der Fall sein –, haben Sie dies bereits im Live-Betrieb sehen können, respektive Sie haben nichts sehen können. Sollte Linux Ihre Grafikkarte gar nicht identifizieren können, wird es schwierig, die Installation von seltenen Grafiktreibern unter Linux ist etwas für Experten. Vielleicht müssen Sie in diesem Falle auf Linux verzichten oder eine andere Grafikkarte einsetzen.

Weit verbreitet sind Grafikkarten oder -chips von Intel, AMD und Nvidia.

Wenn Sie einen Intel-Grafikchip verbaut haben, dies ist bei etlichen Netbooks und Laptops der Fall, brauchen Sie gar nichts zu tun. Der Treiber ist dann mit hoher Wahrscheinlichkeit installiert und korrekt konfiguriert.

Für AMD-Grafikkarten stehen Ihnen zwei Treiber zur Auswahl: Der Open-Source-Treiber *radeon* ist in allen gängigen Distributionen integriert und funktioniert bei den

Grafikkarte einrichten 6.5

meisten Grafikkarten auch ohne Probleme. Falls Ihre Karte doch nicht kompatibel ist, suchen Sie die Internetseite *support.amd.com/de-de/Download* auf, wählen Ihre Grafikkarte aus und laden das Installationsprogramm herunter. Die Installation ist eher unspektakulär; wie dies geht, klären wir im nächsten Kapitel.

Nach einem Neustart sollte der Treiber installiert und aktiv sein.

Bei einer Nvidia-Grafikkarte sieht dies schon ein klein wenig anders aus. Hier liegen zwei verschiedene Treiber vor:

- *nouveau* ist Open-Source und Teil fast aller gängigen Distributionen. Er funktioniert, allerdings ohne die Möglichkeiten der Karte auszureizen.

- *nvidia* ist der proprietäre Treiber. Er unterstützt alle Funktionen der Grafikkarte, ist aber eben kein Open-Source-Treiber und kann deshalb auch nicht mit den Distributionen ausgeliefert werden. Ubuntu und seine Ableitungen wie Linux Mint machen die Installation sehr einfach: Mit Hilfe der Softwareverwaltung können Sie nach zusätzlichen Treibern suchen und diese installieren lassen.

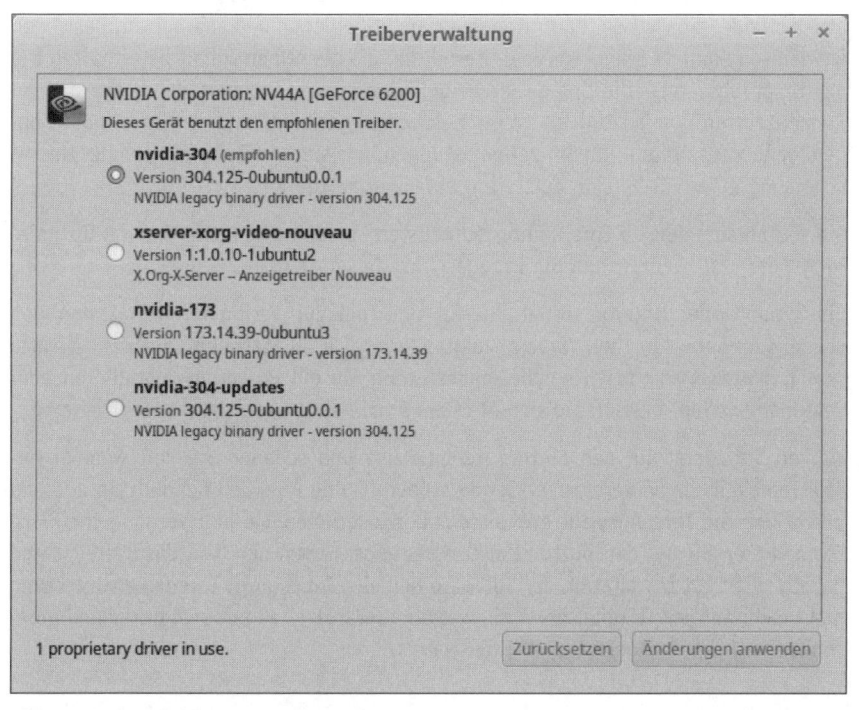

Abb. 6.15: Installation von Nvidia-Treibern

Alle anderen müssen die Seite *http://www.nvidia.de/Downloads/index.aspx?lang=de* aufrufen Hier geben Sie in den Drop-Down-Menüs Ihre Grafikkarte an und suchen den Treiber genau passend zu Ihrer Distribution heraus. Laden Sie die Treiberdatei herunter und installieren Sie sie.

Um den Treiber zu aktivieren, starten Sie das Terminal und führen mit Administratorenrechten den Befehl nvidia-xconfig aus. Starten Sie den Computer neu, jetzt sollte der Treiber installiert und aktiviert sein.

6.6 Spiegelserver einrichten

Die meisten Distributoren, vor allem die verbreiteten mit großer Reichweite, stellen eigene Server für Systemupdates und zum Herunterladen von Programmen zur Verfügung. Hier finden Sie bis zu 50.000 Programme, meist kostenlos und je nach Philosophie des Betreibers ausschließlich Open-Source-Programme, besonders aktuelle Programme oder nur Software, die sich als sehr zuverlässig bewährt hat. Allerdings könnte ein einzelner Server, der beispielsweise im Falle von Ubuntu irgendwo in Südafrika stünde, die weltweiten Anfragen gar nicht bedienen und abarbeiten. Deswegen werden so genannte Spiegelserver unterhalten, die denselben Inhalt bereithalten wie der Ursprungsserver. Die Spiegelserver befinden sich in sicherer Hand, sie sind an Rechenzentren und an Universitäten weltweit angesiedelt und verfügen auch über genügend Kapazitäten, um Spitzenbelastungen, wie sie zum Beispiel nach der Neuerscheinung einer LTS-Version auftreten, abfangen zu können.

Sie sollten sich den für Ihre Region schnellsten Server suchen. Hier ist viel Optimierungspotential, wenn es um die Ladegeschwindigkeiten geht.

Linux Mint oder Ubuntu stellen hierfür ein Tool zur Verfügung, das Ihnen den schnellsten Server in Ihrer Nähe anzeigt. Klicken Sie im Startmenü auf SYSTEMVERWALTUNG | ANWENDUNGSPAKETQUELLEN. Wie immer, wenn Sie ein Programm installieren oder verändern wollen, müssen Sie sich mit dem Administratoren-Passwort legitimieren.

Klicken Sie zuerst auf den Eintrag neben HAUPT und schauen Sie, mit welcher Geschwindigkeit die Server zur Verfügung stehen. Wählen Sie den Schnellsten aus und bestätigen Sie Ihre Auswahl mit ANWENDEN. Wiederholen Sie den Vorgang für BASIS. Dann klicken Sie auf den Button ZWISCHENSPEICHER ERNEUERN, nun liest das System seine Paketquellen zur Installation der Software neu ein. Jetzt greift Ihre Paketverwaltung nicht mehr auf den Originalserver zu, was lange Wartezeiten mit sich bringen könnte, sondern auf den Spiegelserver in Ihrer Nähe.

Spiegelserver einrichten 6.6

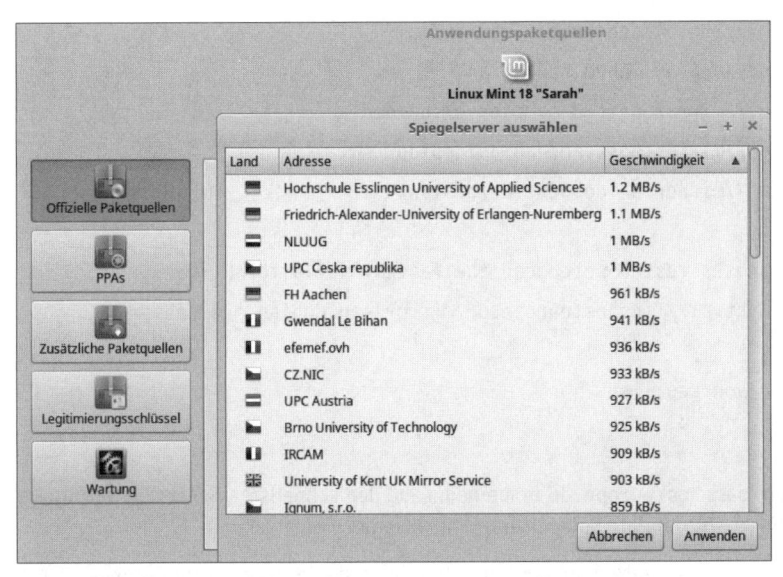

	Land	Adresse	Geschwindigkeit
		Hochschule Esslingen University of Applied Sciences	1.2 MB/s
		Friedrich-Alexander-University of Erlangen-Nuremberg	1.1 MB/s
		NLUUG	1 MB/s
		UPC Ceska republika	1 MB/s
		FH Aachen	961 kB/s
		Gwendal Le Bihan	941 kB/s
		efernef.ovh	936 kB/s
		CZ.NIC	933 kB/s
		UPC Austria	927 kB/s
		Brno University of Technology	925 kB/s
		IRCAM	909 kB/s
		University of Kent UK Mirror Service	903 kB/s
		Ignum, s.r.o.	859 kB/s

Abb. 6.16: Tool zum Auswählen des Spiegelservers

Sie können bei allen Debian-basierten Distributionen, die diese Tools nicht anbieten, trotzdem herausfinden, welche Server für Sie am schnellsten arbeiten. Dazu installieren Sie ein kleines Programm namens *Netselect* im Terminal mit:

```
sudo apt-get install netselect-apt
```

und starten dann

```
sudo netselect-apt
```

Nach kurzer Zeit gibt das Programm das Ergebnis bekannt.

```
The fastest 10 servers seem to be:

    http://ftp.hosteurope.de/mirror/ftp.debian.org/debian/
    http://mirror.eu.oneandone.net/debian/
    http://mirror.plusserver.com/debian/debian/
    http://ftp.cz.debian.org/debian/
    http://mirror.de.leaseweb.net/debian/
```

6 Die Installation abschließen und Linux einrichten

```
http://ftp.pl.debian.org/debian/
http://debian.ignum.cz/debian/
http://mirror.united-gameserver.de/debian/
http://mirror.host.ag/debian/debian/
http://mirror.netcologne.de/debian/
```

Of the hosts tested we choose the fastest valid for HTTP:
```
          http://ftp.hosteurope.de/mirror/ftp.debian.org/debian/
```

```
Writing sources.list.
Done.
```

Sie sehen, dass hosteurope.de in meinem Falle den schnellsten Server zur Verfügung stellt, dieser soll nun als Spiegelserver eingetragen werden.

Nun starten Sie den Dateimanager und öffnen hier die Datei /etc/apt/sources.list mit dem Editor. Fügen Sie nun im Abschnitt Debain stable folgenden Eintrag hinzu:

```
deb http://ftp.hosteurope.de/mirror/ftp.debian.org/debian/
```

Speichern und schließen Sie die Datei.

Nun müssen Sie dem System noch mitteilen, dass sich die Datei geändert hat und dass die Installationsprogramme nun auch auf diesen Server zugreifen sollen.

Dies geschieht mit dem Befehl

```
sudo apt-get update
```

Nutzer der RedHat-Familie, also CentOS, openSUSE, Fedora und Mandriva, brauchen diesen ganzen Aufwand nicht zu betreiben, ein automatisches Tool namens *Mirror-Brain* sorgt dafür, dass Sie immer mit dem schnellsten Server verbunden werden, wenn Sie Programme herunterladen oder aktualisieren wollen.

6.7 Programme und System aktualisieren

Auch wenn Ihr System während der Installation schon eine Verbindung zum Internet hatte und somit eine ganze Reihe von Systemupdates durchführen konnte, jetzt ist die Zeit, erst einmal die Aktualität der installierten Programme zu überprüfen.

Die Programme hierzu sind nicht schwer zu finden: Sie heißen *Aktualisierungsverwaltung* (Linux Mint), *Software und Aktualisierung* (Ubuntu) oder *Softwareupdate* (CentOS). Das Programm überprüft automatisch, ob aktuellere Programmpakete zu finden sind, und installiert diese. Geben Sie, wie bei jeder Installation, Ihr Einverständnis, indem Sie mit dem Passwort das Update bestätigen.

Sie können die Updates aber natürlich auch über das Terminal ausführen

Debianbasierte Distributionen nutzen dazu:

```
sudo apt-get update
sudo apt-get upgrade
```

RedHatbasierte Distributionen:

```
sudo yum update
```

> **Hinweis**
>
> Sollten Sie dieses Buch erst ein paar Monate oder Jahre nach der Erstveröffentlichung Ihrer Linux-Version in den Händen halten, seien Sie darauf gefasst, dass es ein paar hundert Updates sein können, die auch gar nicht auf einmal installiert werden können.

6.8 Scanner einrichten

Einen Scanner einzurichten ist nicht nötig. Geräte, die das so genannte *SANE*-Projekt (*Scanner Access Now Easy*) unterstützen und direkt am Computer angeschlossen sind, also nicht über ein Netzwerk angesprochen werden, bereiten keine Probleme. Schließen Sie den Scanner an und starten Sie das Scan-Programm. Das am meisten verbreitete heißt *Simple Scan*. Wenn der Scanner anspringt und funktioniert – gut. Wenn nicht, haben Sie je nach Hersteller wenig Chancen, ihn zum Laufen zu bringen.

Einige Scanner von Agfa benötigen beispielsweise eine andere Firmware, während für Geräte der Firma Brother eigene Linux-Treiber zur Verfügung stehen. Auf jeden Fall: Sollte Ihr Scanner nicht funktionieren, planen Sie viel Zeit ein oder denken Sie über einen Wechsel nach.

6.9 Drucker einrichten

Nahezu jeder Drucker kann unter Linux zum Laufen gebracht werden, für die meisten handelsüblichen Drucker bringt Linux auch einen Treiber mit. Die sind in der Regel einfacher gestaltet als die Windows-Treiber, Tintenstandanzeiger werden Sie hier seltener sehen und auch die Funktion, bei leerer Tintenpatrone gleich beim Hersteller eine neue bestellen zu können, werden Sie nicht finden.

Drucker werden innerhalb der Systemeinstellungen eingerichtet. Starten Sie die Systemeinstellungen, schließen Sie den Drucker an und schalten Sie ihn ein. Linux wird nun versuchen, den Drucker zu identifizieren. Wählen Sie das Modell aus, das Ihrem Drucker am nächsten kommt.

> **Tipp**
>
> Auf der Internetseite *http://www.openprinting.org/printers* finden Sie eine Datenbank, anhand derer Sie feststellen können, ob Ihr Drucker unterstützt wird oder nicht. Sehr neue und manche All-in-one-Drucker werden nicht immer unterstützt. Werfen Sie auch einen Blick auf die Internetseite des Herstellers. Da Drucker oft auch in Linux-basierten Firmennetzwerken genutzt werden, hat sich die Unterstützung der Hersteller hier gewaltig verbessert.

Die Druckersprache *PostScript* spielt unter Linux eine wichtige Rolle. Sollten Sie einen Drucker haben, der mit PostScript Probleme hat, benötigen Sie einen Übersetzer. Diese Dateien haben die Endung .ppd (*PostScript Printer Description*). Im Zweifelsfall können Sie eine solche Datei unter der oben genannten Internetadresse herunterladen.

Falls Ihr Drucker trotzdem nicht befriedigend arbeitet, müssen Sie sich den Treiber von der Herstellerseite herunterladen und ihn manuell installieren.

Diese Installationsvorgänge sind so vielfältig, wie es Drucker gibt. Sie werden fast immer das Terminal nutzen müssen. Klicken Sie sich auf der Internetseite Ihres Druckerherstellers zu den Treibern durch – meistens sind diese unter *Support* zu finden – und laden Sie die angebotene Datei auf Ihren Rechner herunter.

Hat die Datei die Endung tar.gz, ist es verzwickter. Verfahren Sie wie folgt: Klicken Sie mit der rechten Maustaste auf die Datei und wählen Sie aus dem Kontextmenü HIER ENTPACKEN aus. Es handelt sich nämlich um ein unter Linux sehr gebräuchliches Paketformat. Jetzt erhalten Sie einen Ordner, in dem sich eine Reihe von Unterordnern und einzelnen Dateien befindet. Eine Datei namens install.sh oder run.sh startet dann den Installationsvorgang. Aber dazu benötigen Sie das Terminal. Sie müssen nun den kompletten Pfad dieser Datei eingeben. Haben Sie die Datei im normalen Download-Verzeichnis gespeichert, lautet dieser Pfad /home/IHRNAME/Downloads. Achten Sie auf die Groß- und Kleinschreibung. IHRNAME beschreibt natürlich den Namen, mit dem Sie sich im System angemeldet haben. Der vollständige Befehl, den Sie in das Terminal eintippen, lautet:

```
sudo /home/IHRNAME/Downloads/ORDNERNAME/install.sh
```

Das ist sicher nicht so ganz einfach und Sie werden bestimmt einige Versuche unternehmen müssen, bis der Installationsvorgang im Bildschirm des Terminals zu sehen sein wird.

6.10 LibreOffice einrichten

Die meisten Nutzer werden das mitgelieferte *LibreOffice* als Anwendung zur Textverarbeitung nutzen. Es reicht von Umfang und Ausstattung zwar nicht ganz an den Marktführer von Microsoft heran, da aber 95% der Nutzer gerade einmal 5% der Funktionen nutzen, ist der Umfang bei weitem ausreichend. Obwohl es sich um ein sehr mächtiges und umfangreiches Programm handelt, ist LibreOffice nicht spürbar langsamer, auch auf schwacher Hardware, als die so genannten »Leichtgewichte« wie *Abiword* und ähnliche.

Die Einstellungsebene erreichen Sie im Programm unter EXTRAS | OPTIONEN. Sie ist eigentlich selbsterklärend, nur auf zwei Optionen möchte ich Sie hinweisen.

Zuerst sollten Sie Ihre persönlichen Daten eingeben. Diese Daten werden von Dokumentvorlagen und Assistenten in LibreOffice genutzt, um die dort vorgesehenen Feldbefehle bereits mit Ihren Daten zu belegen. Das heißt, Sie müssen in eine Brief- oder Faxvorlage Ihren Absender oder Ihre Telefonnummer nicht mehr eintragen. Ihr Name und Vorname werden dann auch unter DATEI | EIGENSCHAFTEN der Dateiverwaltung angezeigt, wenn Sie die Option Daten für Dokumenteneigenschaften verwenden aktivieren. Nicht zuletzt werden die Angaben ins Wörterbuch übernommen und nicht automatisch als falsch gekennzeichnet.

6 Die Installation abschließen und Linux einrichten

Unter dem Reiter LINGUISTIK können Sie sich zusätzliche Wörterbücher aus dem Internet herunterladen. Das ist wichtig, wenn Sie Texte mit vielen Fachbegriffen, beispielsweise zu medizinischen Themen, erstellen.

Die installierten Schriften bei LibreOffice sind nicht genau dieselben wie die unter Microsoft Office, daher werden Dokumente oft verfälscht dargestellt. Dem können Sie abhelfen, indem Sie das Programm *ttf-mscorefonts-installer* verwenden, ein kleines Programm, das sich die gewünschten und fehlenden Schriftarten aus dem Internet herunterlädt und sie installiert.

6.11 Zusammenfassung

Konfigurationen am System können auf mehrere Arten vorgenommen werden:

- Über eine grafische Benutzeroberfläche

  Vorteil: Sie wirken intuitiv und sind in der Regel gut zu beherrschen.

  Nachteil: Die Entwickler stellen oft nur einen kleinen Teil der Einstellungsmöglichkeiten zur Verfügung. Umfangreiche Nutzeroberflächen wirken demgegenüber sehr oft unübersichtlich und überladen.

- Über das Terminal

  Vorteil: Schnell. Fast alle Befehle sind distributionsunabhängig gültig, es ist also egal, ob Sie Ubuntu, CentOS oder openSUSE konfigurieren.

  Nachteil: Befehle wollen gelernt sein, mit Optionen und Parametern ergeben sie eine schwierige Nomenklatur.

- Per Eintrag in die Konfigurationsdatei

  Vorteil: wie beim Terminal

  Nachteil: Auch hier ist die Nomenklatur schwierig. Wenn etwas falsch eingegeben wird, passiert im Idealfall gar nichts, im GAU ist das System unbrauchbar.

Nun sollte Ihr Linux fertig eingerichtet sein und Sie können sich daranmachen, eigene Programme zu installieren.

Kapitel 7

Anwendungen nachinstallieren

7.1	Repositorien	124
7.2	Debian Paketverwaltung (dpkg)	126
7.3	Synaptic	129
7.4	Programme mit Hilfe des Terminals installieren	130
7.5	Programme aus einer anderen Quelle installieren	132
7.6	Weitere Quellen in Ubuntu-Software einbinden	134
7.7	Aktualisierungen	142
7.8	AppImage, Flatpak und Snappy	144

7 Anwendungen nachinstallieren

Ich habe es schon mehrfach angedeutet: So unterschiedlich die Distributionen auch auftreten, so verschieden die Konzepte und Philosophien der Herausgeber erscheinen, es sind doch immer dieselben Befehle, mit denen Linux gesteuert wird. So sehr sich die Nutzeroberflächen auch unterscheiden, die zu Grunde liegenden Tools bleiben immer gleich und sind auch gleich zu bedienen.

Dies gilt nur nicht bei einer Sache: der so genannte Paketverwaltung.

> **Hinweis**
>
> Pakete sind die Dateien, die eine Anwendung auf Ihrem PC installieren. Paketverwaltungen organisieren dabei diese Installation und auch die Aktualisierung von Programmen und die Wartung des Betriebssystems. Bei Linux konkurrieren mehrere Paketsysteme, die nicht kompatibel miteinander sind:
>
> - Das System um Debian und seine Ableger,
> - das Paketsystem um RedHat und seine Ableger
> - und als kleinstes das Paketsystem um ArchLinux.

Eine Reihe von Distributionen, die zu diesen Familien gehören, habe ich Ihnen im Kapitel 2 bereits vorgestellt.

7.1 Repositorien

Wenn Sie neue Programme suchen und installieren möchten, müssen Sie im Vergleich zu Windows etwas umdenken: Da Microsoft selbst kaum Programme anbietet, haben Sie wahrscheinlich eine CD mit der gewünschten Software im Laden gekauft oder haben Sie die Internetseite eines (hoffentlich) zuverlässigen Anbieters aufgesucht und hier eine Installationsdatei heruntergeladen. Diese Datei führte dann durch einen einfachen Doppelklick ohne weiteres Zutun die Programminstallation durch.

So funktioniert Linux nicht.

Bei Linux ist es Standard, dass Sie Programme nur von sicheren Paketquellen, so genannten Repositorien, aus installieren. Die erste Anlaufstelle hierfür ist der Distributor selbst, denn alle Anbieter stellen Server zur Verfügung, von denen aus Sie eine mehr oder weniger große Auswahl von Programmen herunterladen können. Sie kennen diese Vorgehensweise vielleicht vom Googles Play-Store oder Apples Appstore. Beide Unternehmen nahmen sich dieses Modell eines Ökosystems zum Vorbild, allerdings um wirtschaftlichen Gewinn daraus zu erzielen. Diese Gewinnabsicht gibt

Repositorien 7.1

es allerdings bei Linux nicht. Das System dient ausschließlich dazu, dem Nutzer sicheren und freien Zugang zu Programmpaketen zu verschaffen.

Sie können neben den Servern Ihres Distributors auch auf die Server der großen Distributoren wie RedHat, Ubuntu oder Debian zugreifen, solange Sie innerhalb derselben Familie bleiben. Dabei werden Sicherheitsschlüssel generiert und ausgetauscht, die verhindern, dass korrumpierte Programme auf Ihren Computer geraten können.

Das Herunterladen und Installieren aus einer anderen Quelle als den Repositorien ist zwar möglich, wird aber aus Sicherheitsgründen nicht empfohlen.

Der Zugang zu den Repositorien ist denkbar einfach: Jede gängige Distribution hält eine Softwareverwaltung mit grafischer Nutzeroberfläche vor, die sich um die vollständige Installation eines Programms inklusive der Abhängigkeiten kümmert.

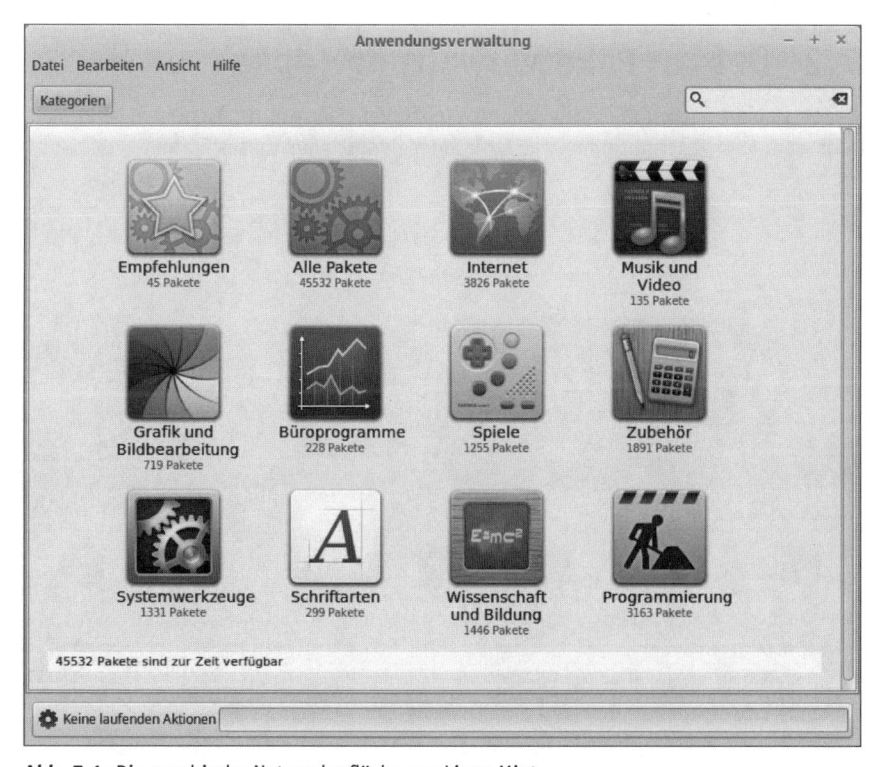

Abb. 7.1: Die graphische Nutzeroberfläche aus Linux Mint

7 Anwendungen nachinstallieren

> **Hinweis**
>
> Damit Programme funktionieren, reicht es nicht, nur ein oder zwei Dateien auf den PC zu kopieren. Es sind auch noch jede Menge vorgefertigte Programmmodule, so genannte Bibliotheken, nötig, die dem Entwickler die Arbeit ungemein erleichtern. Die Paketverwaltung überprüft, ob sich die benötigte Bibliothek bereits auf dem PC befindet, und lädt sie gegebenenfalls mit herunter.

Dabei spricht man von Abhängigkeiten. Es ist durchaus üblich, dass eine Bibliothek gleich von mehreren Programmen genutzt wird. Die Programmverwaltung achtet darauf, dass diese Bibliotheken installiert und auch wieder gelöscht werden, wenn kein anderes Programm sie benötigt.

7.2 Debian Paketverwaltung (dpkg)

Neben Debian nutzen auch alle Ubuntu-Versionen, Linux Mint, Raspbian, aber auch sehr viele Mini-Distributionen wie AntiX oder Bodhi-Linux dieses Format.

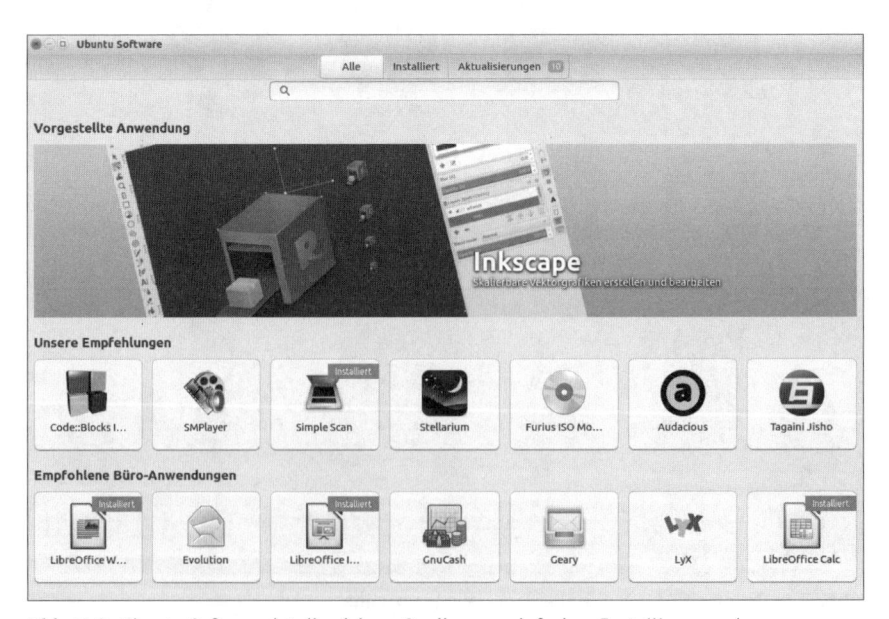

Abb. 7.2: Ubuntu Software ist die sichere Quelle zum einfachen Installieren und Deinstallieren von Programmen.

Debian Paketverwaltung (dpkg) 7.2

Bei Distributionen der Debian-Familie werden Ihre Programmpakete vom *Advanced Package Tool* (*APT*) verwaltet, das Sie per Nutzeroberfläche, aber auch ohne große Probleme per Terminal bedienen können. Ich beschreibe Ihnen die Programmverwaltung am Beispiel *Ubuntu Software*. Dabei geht es zuerst einmal darum, das Bildbearbeitungsprogramm *Pinta* zu installien.

> **Tipp**
>
> Ubuntu Software verwaltet Installation, Updates und Deinstallation von Programmen und greift dabei auf ein von Canonical, dem Herausgeber von Ubuntu, verwaltetes Archiv zu. Außerdem verwaltet dieses Programm den Zugang zu den Repositorien und kümmert sich um die Installation fremder Treiber. Es handelt sich hierbei also um eine All-in-one-Lösung, das heißt, alle Funktionen befinden sich in einem Programm. Das ist durchaus nicht üblich, andere Distributionen halten für jede der genannten Funktionen eigene Programme vor.

Ubuntu Software hilft dabei, sehr komfortabel nach Programmen zu suchen, Bewertungen anderer Benutzer zu lesen und sich vorab über die Software zu informieren.

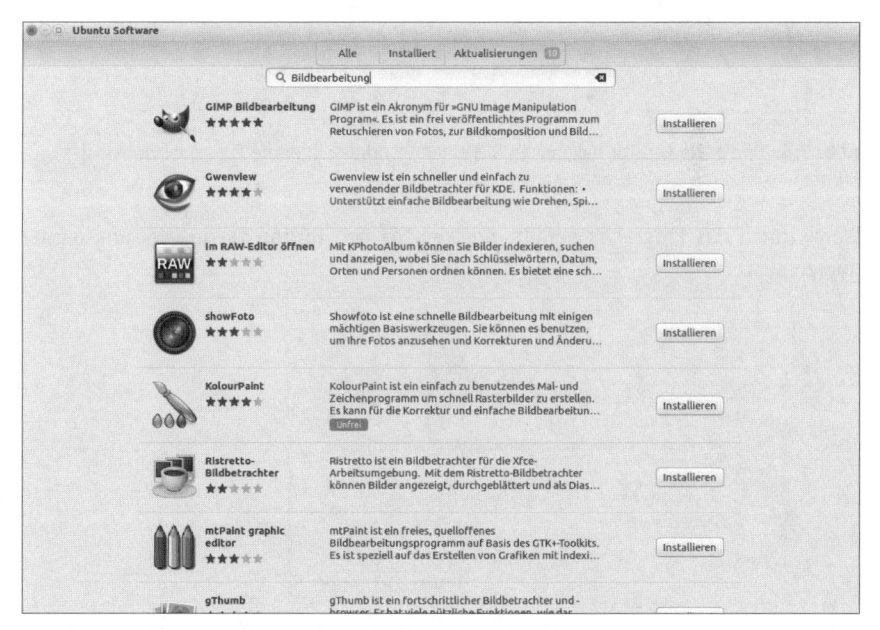

Abb. 7.3: Die Programmauswahl bei der Suche nach einer Bildbearbeitung

7 Anwendungen nachinstallieren

Im obigen Beispiel habe ich den Begriff Bildbearbeitung in die Suchmaske eingegeben, um mir eine Auswahl anzeigen zu lassen. Das Programm *Gimp*, das auch außerhalb der Linux-Welt erhältlich ist, ist mir für meine Zwecke viel zu umfangreich, daher lade ich mir das Programm *Pinta* herunter. Um mir einen ersten Eindruck von dem Programm zu verschaffen, klicke ich den Button WEITERE INFORMATIONEN an und folgendes Bild erscheint:

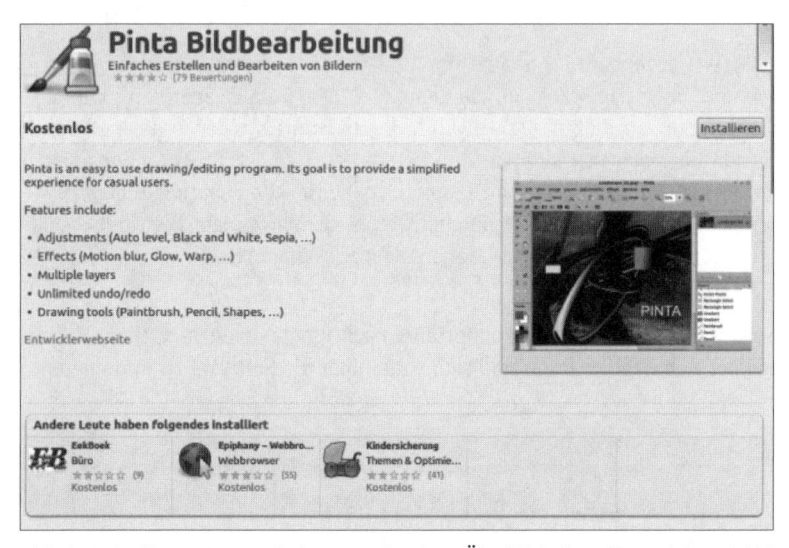

Abb. 7.4: In diesem Fenster bekommen Sie einen Überblick über die Funktionsvielfalt des Programms und die Bewertungen anderer Nutzer.

Wenn Ihnen das Programm gefällt, drücken Sie den Button INSTALLIEREN und legitimieren sich.

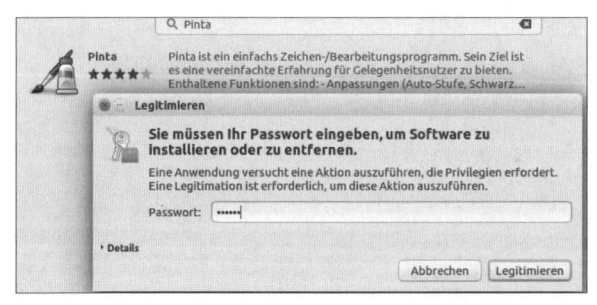

Abb. 7.5: Bei jeder Installation muss das Superuser-Passwort eingegeben werden.

Die Eingabe des Passworts ist eine ganz wichtige Sicherheitsmaßnahme. Es wird auf Ihrem Computer niemals irgendetwas installiert, worüber Sie nicht konkret befragt werden. Solange Sie Ihre Programme über die eingebaute Anwendungsverwaltung beziehen, sind Sie, was Schadsoftware angeht, auf der sicheren Seite.

Nachdem das Programm heruntergeladen ist, installiert es sich automatisch und ohne Ihr Zutun. Die Softwareverwaltung überwacht auch, ob seitens des Repositoriums eine Aktualisierung vorliegt. Sobald eine neue Version des Programms oder auch nur eines Teiles vorliegt, werden Sie informiert und können die Aktualisierung vornehmen.

7.3 Synaptic

Synaptic ist ein recht nüchternes aber sehr populäres Programm zur Softwareverwaltung. Ich stelle es Ihnen vor, da es praktisch in jeder debianbasierten Distribution enthalten ist.

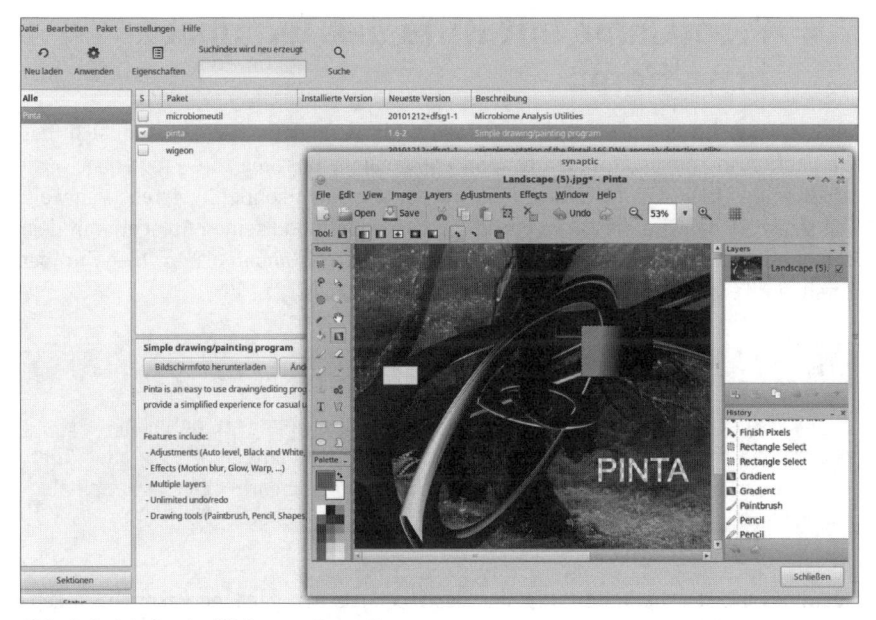

Abb. 7.6: Arbeitsoberfläche von Synaptic

Sie sollten ungefähr wissen, was Sie suchen, die Suchfunktionen sind längst nicht so intuitiv, ausführlich und bedienerfreundlich wie bei Ubuntu Software. Sie werden keine Nutzerbeurteilungen finden, dafür aber genaue Informationen darüber, welche Bibliotheken zusätzlich heruntergeladen werden. Beziehen Sie die Beschreibungen in die reguläre Suche mit ein, werden Sie in der Regel allerdings genauso fündig.

Am rechten Bildrand haben Sie die Möglichkeit, eine Filterung der Anzeige vorzunehmen und die Anwendungen nach Anwendungsgebieten von Amateurfunk bis Xfce-Arbeitsumgebung zu filtern. Für einige populäre Anwendungen gibt es Screenshots zur Ansicht, ansonsten müssen Sie schon genauer wissen, was Sie eigentlich suchen.

Die Aktualisierungen sind auch schnell vorgenommen: Klicken Sie zuerst auf ALLE AKTUALISIERUNGEN VORMERKEN, danach auf ANWENDEN. Sie werden ausführlich informiert, welche Dateien nicht mehr gebraucht werden, welche zusätzlich heruntergeladen werden müssen, und wieviel Speicherplatz Ihrer Festplatte zusätzlich benutzt wird.

Der unschlagbare Vorteil dieser Softwareverwaltung ist allerdings, dass Sie einzelne Bibliotheken herunterladen können, falls eine Anwendung eine diesbezügliche Fehlermeldung ausgibt.

7.4 Programme mit Hilfe des Terminals installieren

Für die einen ist es ein nützliches Werkzeug, für die anderen das Linux an sich: das *Terminal*, auch *Kommandozeile* oder *Konsole* genannt. Dass Sie Ihre Programme auch mit Hilfe des Terminals installieren und wieder entfernen können, versteht sich wohl von selbst. Dabei wird die Paketverwaltung von Ubuntu und seinen Ablegern mit dem Befehl apt-get angesprochen. Debian nutzt einen etwas anderen Weg, hier wird der Befehl aptitude benutzt.

> **Tipp**
>
> *Aptitude* ist ein Zusatzpaket für *apt-get*. Sie können eine Art rudimentäre Benutzeroberfläche aufrufen und einige Zusatzfunktionen nutzen, die vor allem für Entwickler interessant sind. *Aptitude* lässt sich aber auch mit Hilfe des Terminals bedienen.

Allerdings müssen Sie bei der Nutzung des Terminals den genauen Paketnamen kennen, der sich häufig von dem Namen der Anwendung unterscheidet. Die Installation von Paketen bei Ubuntu und all seinen Ablegern funktioniert mit folgendem Befehl im Terminalfenster:

Programme mit Hilfe des Terminals installieren 7.4

```
sudo apt-get install <paketname>
```

Debian hingegen nutzt einen etwas anderen Befehl, der aber genau das gleiche tut:

```
sudo aptitude install <paketname>
```

Mit dem Befehl sudo verlangen Sie kurzzeitig Administratorenrechte. Daher müssen Sie nach der Eingabe des Befehls Ihr Administratoren-Passwort eingeben. Um beispielsweise das Bildverarbeitungsprogramm Pinta aus den oben genannten Beispielen zu installieren, geben Sie den Befehl

```
sudo apt-get install pinta
```

oder bei Debian

```
sudo aptitude install pinta
```

ins Terminal ein. Für die Deinstallation werden die Optionen REMOVE nur für die Hauptbestandteile oder PURGE für die komplette Deinstallation einschließlich Konfigurationsdateien verwendet. Um Pinta mitsamt allen Konfigurationsdateien zu entfernen, geben Sie somit den Befehl

```
sudo apt-get purge pinta
```

oder

```
sudo aptitude purge pinta
```

bei Debian ins Terminal ein.

Alle Befehle im Terminal müssen kleingeschrieben werden.

Sie können jedoch durchaus ein Programm mit einer Methode installieren und mit Hilfe einer anderen wieder entfernen. Denn letztlich greifen alle Installationsmethoden auf das Paketmanagement-System APT zu.

131

7 Anwendungen nachinstallieren

Aktion	Apt-get	Aptitude
Liest die Liste der Paketquellen neu ein.	update	update
Bringt die installierten Programme sicher auf den neuesten Stand, ohne neue Pakete zu installieren.	upgrade	safe-upgrade
Dringt tiefer ein und lädt gegebenenfalls komplette neue Pakete herunter.	dist-upgrade	full-upgrade
Installiert ein Programm.	install Paket	install Paket
Entfernt ein Programm.	remove Paket	remove Paket
Entfernt ein Programm inklusive Konfigurationsdateien.	purge Paket	purge Paket
Entfernt ungenutzte Pakete.	autoremove	-
Pakete, die zur Installation heruntergeladen wurden, werden aus dem Cache gelöscht.	clean	clean
Pakete ohne verfügbare Quellen werden gelöscht.	autoclean	autoclean
Warum ist ein Paket nicht installiert?		why-not Paket
Zeigt Abhängigkeitsfehler an.	check	search ,~b'
Zeigt verfügbare Paketversionen.	policy	versions Paket

Tab. 7.1: Unterkommandos von Apt-get und Aptitude

7.5 Programme aus einer anderen Quelle installieren

Sie können Programme aber natürlich auch von einer Internetseite herunterladen und installieren lassen, müssen sich allerdings darüber im Klaren sein, dass Sie hier möglicherweise unsicheres Gelände betreten. Solange Sie sich ein Programmpaket von seriösen Anbietern herunterladen, kann eigentlich nichts passieren. Trotzdem werden Sie vom System mehr oder weniger eindringlich gewarnt werden, diese Software nicht zu installieren. Wir schauen uns eine solche Installation einmal anhand des Beispiels *Opera* an, eines alternativen, sehr schnellen Browsers.

Programme aus einer anderen Quelle installieren 7.5

Opera ist ein Beispiel für proprietäre, also nicht freie Software. Dieses Prinzip wird eigentlich von Linux nicht unterstützt. Es ist also wahrscheinlich, dass es sich in keinem Repositorium befindet. Da es sich hier aber um ein kommerzielles Angebot handelt, muss sich der Hersteller natürlich vor Kopierern schützen und legt den Quellcode seines Programms nicht offen. Besuchen Sie die Internetseite von Opera und suchen Sie hier den Link zu den Downloads.

Abb. 7.7: Die Datei, mit der Sie Opera installieren

Wählen Sie die Option ÖFFNEN MIT und SOFTWARE-INSTALLATION. Ubuntu wird nun mithilfe von Ubuntu-Software das Programm auf Ihrem Computer installieren. Allerdings werden Sie vorher noch einmal gewarnt, dass dieses Programm von einem Drittanbieter stammt. Nehmen Sie diese Warnung bitte grundsätzlich ernst, Sie können aber bei Opera durchaus sicher sein, dass es sich um einen seriösen Anbieter handelt. Deswegen betätigen Sie den Button INSTALLIEREN und Ubuntu-Software erledigt den Rest, wie Sie es bereits gesehen haben.

Genauso verfahren Sie, wenn Sie die .deb-Datei auf Ihrer Festplatte gespeichert haben oder auf einer CD oder DVD finden. Klicken Sie die Datei mit der rechten Maustaste an und wählen Sie die Option ÖFFNEN MIT... und SOFTWARE-INSTALLATION. Ubuntu-Software wird nun das Programm auf Ihrem Computer installieren.

7 Anwendungen nachinstallieren

> **Tipp**
>
> Achten Sie auf die Endung: .deb. Diese zeigt an, dass es sich bei dem Programm um ein Debian-Programmpaket handelt. Sie können also mit allen Programmen, die die Endung .deb haben, gleich verfahren.

7.6 Weitere Quellen in Ubuntu-Software einbinden

Einige populäre Programme wie Skype oder Flash-Player werden standardmäßig nicht über die offiziellen Paketquellen angeboten, da es sich um nichtfreie Software handelt und die Herausgeber nicht für die Integrität garantieren wollen. Um diese unfreie Software einzubinden, bietet vor allem Canonical, aber auch Debian separate Paketquellen an. Um welche Programme es sich dabei handelt, können Sie alphabetisch sortiert auf der Canonical-Archivseite *http://archive.canonical.com/pool/partner/* begutachten.

Diese Paketquellen lassen sich sehr leicht in Ihre Programmverwaltung einbinden, egal ob Sie Ubuntu oder eine andere Debian-basierte Distribution nutzen, sodass die Programmverwaltung auch bei diesen Anwendungen auf neue Versionen und Updates prüft.

Pakete werden bei Ubuntu in folgende Gruppen eingeteilt:

- *Main*: Diese Pakete sind unverzichtbarer Bestandteil von Ubuntu und werden vom Canonical selbst gewartet. Diese Pakete sind immer aktiviert.
- *Restricted*: Auch diese Pakete sind Bestandteil von Ubuntu, sind allerdings nicht Open-Source. Oft handelt es sich um Grafik-Treiber. Diese Gruppe wird trotzdem von Canonical betreut.
- *Universe*: Hierbei handelt sich ebenfalls um Open-Source-Pakete, die allerdings nicht von Canonical betreut werden. Die Ubuntu-Community kümmert sich um die Wartung.
- *Multiverse*: Hier handelt es sich um Programme, die nicht unter der Open-Source-Lizenz stehen, somit nicht vom Canonical-Team gepflegt werden.
- *Partner*: Hier werden Programme wie Skype oder das oben genannte Opera angeboten, das Canonical-Team kümmert sich eher schlecht als recht um diese Paketquellen.

Weitere Quellen in Ubuntu-Software einbinden 7.6

Sie können nun auswählen, ob Sie ein System ausschließlich auf Open-Source-Basis aufbauen wollen oder ob Sie bereit sind, auch proprietäre Programme wie zum Beispiel Codecs zuzulassen.

Debian kennt drei Gruppen:

- *Main*: Hier sind die Basispakete von Debian einsortiert. Alle Pakete liegen mit Quellcode vor und entsprechen den Regeln von Debian, so wie ich weiter vorne im Buch beschrieben habe.
- *Contrib*: Die Programme an sich sind quelloffen, sie arbeiten aber nur in Kombination mit proprietären Programmteilen. Video- oder Musikwiedergabe zählt hierzu, diese Programme nutzen Codecs, die nicht den Open-Source-Bedingungen entsprechen.
- *Non-free*: Dies sind klassische proprietäre Programmpakete, der Quellcode liegt nicht vor.

Darüber hinaus unterscheidet Debian zwischen folgenden Paketen:

- *Stable-Pakete* sind, egal ob *Main*, *Contrib* oder *Non-Free*, Teil der aktuellen offiziellen Version. Die Programme sind ausgereift, aber nicht immer aktuell.
- *Testing Pakete* sind, wie der Name sagt, in der Testphase. Sie sind bereits seit einigen Tagen zum Probieren auf dem Markt und haben bislang keine größeren Störungen zu verzeichnen.
- *Unstable-Pakete* sind gerade fertig geworden, sie können zum Ausprobieren benutzt werden, es besteht aber ein (Rest-)Risiko, dass Fehler oder mangelhafte Stabilität auftreten.

PPA einbinden

Nun haben Sie zwar mit Opera ein Programm installiert, aber die Aktualisierungsverwaltung »weiß« nichts von dieser Installation. Es werden also auch keine Updates installiert, sofern der Software-Entwickler keine Funktion eingebaut hat, die beim Start des Programms nach Updates sucht. Selbst dann müssen Sie die Updates immer manuell, abseits der automatischen Aktualisierungsverwaltung, installieren.

Sie können der Softwareverwaltung allerdings auch mitteilen, dass Sie ein Programm außerhalb der Ubuntu-Software installiert haben. Dies passiert mittels eines *PPA* (*Personal Package Archive*). Auf den Internetseiten der meisten Anbieter finden Sie mehr oder weniger leicht einen Code, um das PPA einzubinden.

7 Anwendungen nachinstallieren

> **Tipp**
>
> Nicht alle Anbieter haben eine benutzerfreundliche Internetseite, manchmal muss man schon sehr suchen. Auf folgenden Internetseiten finden Sie die PPA leichter:
>
> https://launchpad.net/ubuntu/+ppas
>
> http://www.ubuntuupdates.org/ppas

Der einfachste Weg, das PPA in Ubuntu einzubinden, führt über das Programm *Anwendungen & Aktualisierungen*. Öffnen Sie hier den Reiter ZUSÄTZLICHE PAKETQUELLEN und klicken Sie auf den Button NEUE PAKETQUELLE HINZUFÜGEN ... In das Dialogfeld geben Sie nun die APT-Zeile ein.

Diese APT-Zeile beginnt immer mit deb https://.

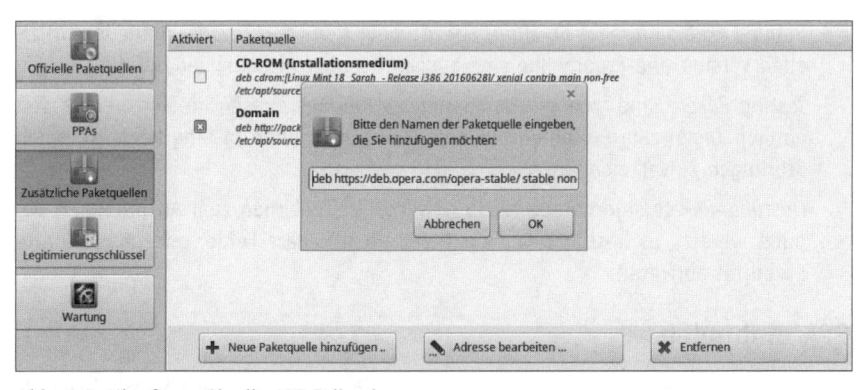

Abb. 7.8: Hier fügen Sie die APT-Zeile ein.

Danach klicken Sie auf PAKETQUELLE HINZUFÜGEN.

Andere Entwickler wählen den Weg über das Terminal. Dies ist nicht schwieriger, nur eben wieder etwas Linux-artiger. Im Falle Opera lautet der Code, den Opera auf seiner Internetseite angibt:

```
sudo add-apt-repository deb https://deb.opera.com/opera-stable/ stable non-free
wget -qO- https://deb.opera.com/archive.key | sudo apt-key add -
```

Weitere Quellen in Ubuntu-Software einbinden 7.6

Sie müssen diesen Code nur noch per Copy & Paste ins Terminal kopieren, mit Ihrem Passwort bestätigen, fertig.

Als Ergebnis erscheint unter dem Reiter ZUSÄTZLICHE PAKETQUELLE ein neuer Eintrag:

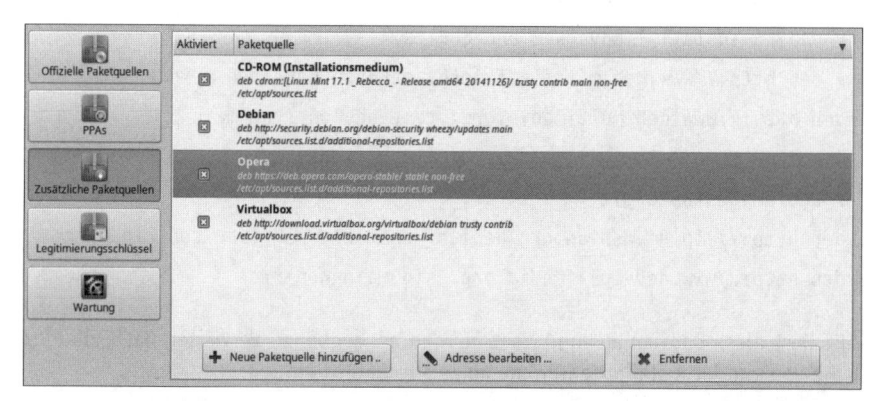

Abb. 7.9: Nun kümmert sich die Aktualisierungsverwaltung auch um diese Programme.

Die dritte Möglichkeit, diese PPA einzubinden, ist gleichzeitig die eleganteste, die sich zugleich auf alle anderen Distributionen anwenden lässt: Sie können den Link auch gleich in die verantwortliche Konfigurationsdatei eintragen.

Dazu öffnen Sie als Administrator die Textdatei */etc/apt/sources.list.d/sources.list*

In dieser Datei, es können aus Gründen der Übersicht auch mehrere Dateien hier vorliegen, könnte folgender Inhalt stehen:

```
# Debian Stable. Default for antiX-17.
deb http://ftp.nl.debian.org/debian/ stretch non-free contrib main
deb http://security.debian.org/ stretch/updates non-free contrib main
# deb-src http://ftp.nl.debian.org/debian/ stretch non-free contrib
main


# Debian Testing.
# Testing enabled for 'rolling' release.
# deb http://ftp.nl.debian.org/debian/ testing non-free contrib main
# deb http://security.debian.org/ testing/updates non-free contrib
main
```

137

7 Anwendungen nachinstallieren

```
# deb-src http://ftp.nl.debian.org/debian/ testing non-free contrib
main


# Multimedia Stable and Testing
# Use to install libdvdcss2 and codecs.
# deb http://www.deb-multimedia.org/ stretch non-free main
deb http://www.deb-multimedia.org/ testing non-free main


# Debian Unstable/Sid
deb http://ftp.nl.debian.org/debian/ unstable non-free contrib main
deb http://www.deb-multimedia.org/ sid main non-free
```

APT liest diese Dateien aus und fragt bei den angegebenen Verweisen nach, ob eine neue Version der installierten Programmpakete bereitliegt.

Zeilen mit # am Anfang dienen ausschließlich als Beschreibung und Kommentar. Die deb-Links dahinter sind nicht aktiv, sie können aber leicht aktiviert werden, indem Sie # löschen.

Fügen Sie nun die deb-Internetadresse, die Sie auf der Internetseite des Programmanbieters gefunden haben, nach dem Muster ein, in diesem Fall:

```
deb https://deb.opera.com/opera-stable/ stable non-free
```

Speichern Sie nun die Datei ab und lassen Sie die Programmpaketquellen neu einlesen. Wie Sie das machen, haben Sie bereits gelernt (sudo apt-get update).

Sie können, so lange Sie kein Administratorenpasswort nutzen, ohne Scheu durch diese Dateien stöbern.

> **Hinweis**
>
> Es ist sehr wichtig, dass Sie die Paketquellen aktualisieren, nachdem Sie die zusätzlichen Quellen eingebunden haben. Sie werden beim Schließen der Aktualisierungsverwaltung auch hierzu aufgefordert.

Weitere Quellen in Ubuntu-Software einbinden 7.6

Troubleshooting

Sollte es während eines Installationsvorgangs zu einer Verbindungsunterbrechung kommen, kann es passieren, dass Ubuntu Software in Zukunft ihren Dienst verweigert. Sie können dem begegnen, indem Sie das Terminal starten und ganz genau Folgendes eingeben:

```
sudo apt-get clean
sudo apt-get update
```

Die Paketdateien werden nun neu organisiert und APT tut wieder das, was es soll.

RPM, der RedHat Package Manager

Die Distributionen um RedHat stellen den Vertreter der zweiten wichtigen Paketfamilie unter Linux: *RPM*, den RedHat Package Manager.

Das Prinzip ist dem der Debian-Pakete sehr ähnlich. Auch hier liegen Programmpakete auf geschützten Servern im Internet, die mit Hilfe eines Paketmanagers, heruntergeladen, installiert, aktualisiert und entfernt werden. Während Debian hier im wesentlichen APT als einzigen Paketmanager kennt, finden sich in der rpm-Familie distributionsabhängig gleich mehrere Kandidaten: CentOS, RedHat und alte Versionen von Fedora nutzen *YUM* (Yellow Dog Updater, Modified), *Fedora DNF* (Dandified Yum) und openSUSE das Programm *Zypper* als Paketmanager.

YUM

YUM wird bevorzugt auf der Kommandoebene bedient, es existieren allerdings auch einige gute grafische Nutzeroberflächen. RedHat und CentOS werden mit dem PackageKit oder dem Yum Extender (Yumex) ausgeliefert.

YUM bietet einige Features, die APT nicht vorweisen kann:

Die Suche nach dem schnellsten verfügbaren Server, wie dies bei Debian empfehlenswert ist, ist hier unnötig. YUM sucht sich die schnellsten Server selbständig.

Es ist unnötig, die Paketquellen stets neu einzulesen, wenn eine Quelle geändert wurde.

7 Anwendungen nachinstallieren

PackageKit

Das *PackageKit* ist ein besonderes Programm, das als Schnittstelle für mehrere Paketverwaltungen dient. Das heißt, PackageKit kann sowohl Debian-Paketquellen als auch rpm-Quellen verwalten.

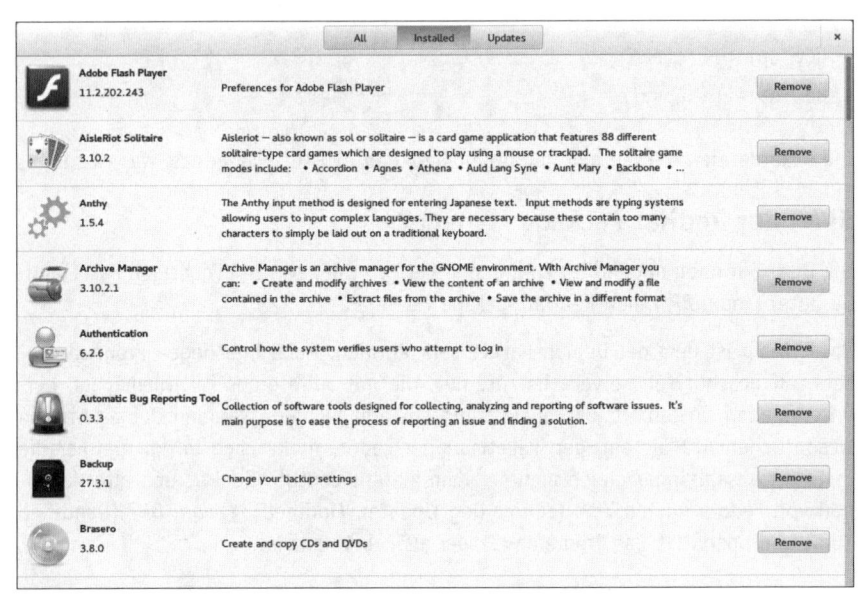

Abb. 7.10: Oberfläche des PackageKit

Wenn Sie YUM im Terminal bedienen wollen, so lauten die wichtigsten Kommandos:

yum install <paket>	Wird dazu verwendet, die neueste Version eines Pakets oder einer Gruppe von Paketen zu installieren.
yum update <paket>	Aktualisiert die angegebenen Pakete auf die neueste, verfügbare Version. Ohne Paketname versucht yum, sämtliche installierte Pakete zu aktualisieren.
yum check-update	Überprüft, ob für die installierten Pakete Updates verfügbar sind.

Weitere Quellen in Ubuntu-Software einbinden 7.6

yum remove <paket>	Entfernt ein Programm mit allen Abhängigkeiten.
yum upgrade	Sorgt für ein Upgrade des ganzes Systems.
yum localinstall <Pfad zur Datei>	Installiert ein heruntergeladenes RPM.
yum clean packages	Löscht die heruntergeladenen Paketdateien.
yum clean cache	Löscht den Cache.
yum clean all	Räumt gründlich auf.
yum history undo <1-5>	Die letzten ein bis fünf Aktualisierungen rückgängig machen

Wie Paketquellen aktualisiert werden, habe ich im vorherigen Abschnitt beschrieben, die Paketquellendatei befindet sich unter /etc/yum.repos.d/

Tipp

RedHat und damit auch CentOS bieten in ihren eigenen Paketquellen nur sehr wenige Programme an. Dies hängt mit der sehr konservativen und auf äußerste Sicherheit bedachten Philosophie des Systems zusammen. Abhilfe schafft hier die Installation der EPEL-Paketquelle. Diese wird einfach installiert mit dem Kommando

```
sudo yum install epel release
```

ZYpp (ZENworks, YaST, Packages and Patches)

ZYpp ist eine Eigenentwicklung von SUSE zur Verwaltung der RPM-Pakete. Die grafische Nutzeroberfläche wird durch das YaST-Modul *Software und Aktualisierung* bereitgestellt. Selbstverständlich lässt sich die Paketverwaltung auch mit Hilfe des Terminals benutzen.

Die Befehle:

zypper install <paket>	Installiert ein Paket.
zypper remove	Entfernt ein Paket.
rm *package_name* --clean-deps	Entfernt ein Paket mit allen Abhängigkeiten.
zypper refresh	Liest die Paketquellen neu ein.
zypper repos	Listet die aktiven Paketquellen auf.
zypper update	Führt das Update aller Pakete aus.
zypper update <paket>	Aktualisiert nur ein Paket.
zypper source-install *package_name*	Installiert die Paketquelle eines Programms.
zypper patch	Kleines, sicheres Update aller Pakete.
zypper addrepo <URI>	Installiert eine Paketquelle.

Die Paketquellen sind unter /etc/zypp/repos.d/ gespeichert. Wie Sie eine Paketquelle einzufügen, indem Sie sie in die Sources.List eintragen, habe ich vorher in diesem Kapitel beschrieben.

Pacman

Distributionen um ArchLinux nutzen den Paketmanager *Pacman*. Nun ist ArchLinux zwar eine spannende Distribution, allerdings ist es keine, die für Einsteiger gut geeignet wäre. Deswegen verzichte ich hier darauf, auf die Eigenheiten dieses Systems einzugehen.

7.7 Aktualisierungen

Vor einiger Zeit wurde ich Zeuge eines PowerPoint-Vortrages. Nicht nur, dass der Vortragende alle paar Minuten vom Virenscanner unterbrochen wurde, mitten im Vortrag fuhr auch noch der PC herunter, denn ein im Hintergrund erfolgtes Update forderte den Neustart des Systems. Die Spannung, die der Vortragende aufgebaut hatte, war dahin; bis der Computer neu gestartet war, verging wertvolle Zeit. Sie kennen sicherlich auch das Update-Phänomen von Windows-Computern: Sie wollen nach Hause gehen und den Computer sicher herunterfahren, dann erscheint die Meldung: »Instal-

Aktualisierungen 7.7

liere Update 200 von 64153. Bitte schalten Sie den Computer nicht aus.« Bis der PC nun sicher heruntergefahren ist, dauert es dann noch gerne eine ganze Zeit.

Oder Sie schalten den PC ein, am Telefon wartet schon ein Kunde, aber es erscheint die Meldung: »Konfiguriere Update 3 von 64. Bitte schalten Sie den Computer nicht aus.« So etwas nervt und kostet Zeit.

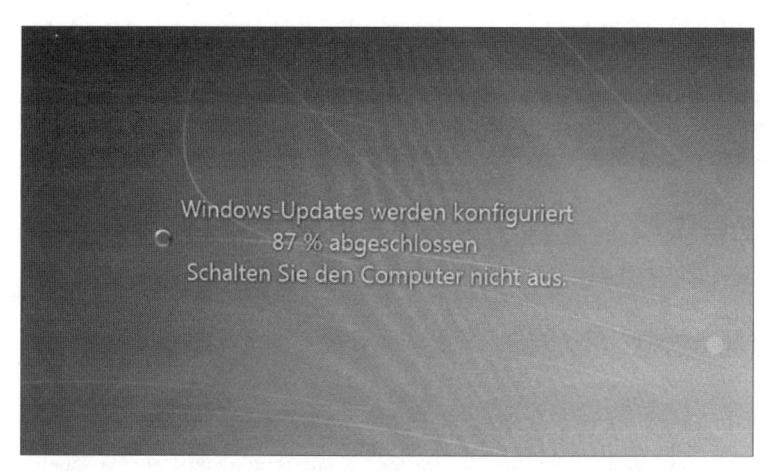

Abb. 7.11: Nervt: Windows Updates zur Unzeit

Dabei interessiert sich Windows nur für das Update seines Grundsystems und bestenfalls für andere Microsoft-Anwendungen, die übrigen installierten Programme müssen jeweils einzeln auf den neusten Stand gebracht werden. Und wenn ein Programm keine Update-Funktion eingebaut hat, sieht es meist schlecht mit Aktualisierungen aus.

Linux arbeitet hier komplett anders. Die Paketmanager behalten die Aktualität der Systemdateien und der installierten Programme im Blick. Je nach eingestellter Frequenz überprüft der Paketmanager, ob auf den eingetragenen Servern eine neue Version des Grundsystems und der installierten Anwendungen vorliegt, und weist Sie gegebenenfalls darauf hin.

Die Aktualisierung aber müssen Sie anstoßen und ich kann Ihnen nur empfehlen, dies auch sehr regelmäßig, spätestens alle 3 Tage, zu tun. Sie müssen die Aktualisierung auch bestätigen, ohne Ihr Einverständnis als Administrator läuft hier nichts.

Vom Update an sich merken Sie kaum etwas, der läuft weitgehend im Hintergrund ab. Bestenfalls wird die Internetverbindung langsamer, wenn größere Mengen von Daten heruntergeladen werden müssen, manchmal leidet auch die Performance vorübergehend ein bisschen.

7 Anwendungen nachinstallieren

Das setzt sicher ein größeres Vertrauen in die Selbstverantwortung und die Mündigkeit des Nutzers voraus. Nicht Linux ist für die Sicherheit und die Aktualität verantwortlich, der Nutzer ist es.

7.8 AppImage, Flatpak und Snappy

Im Laufe der Zeit gab und gibt es immer wieder Versuche, Programmpakete distributionsunabhängig anzubieten. Theoretisch ist es zwar möglich, aus dem Quellcode ein installierbares Programmpaket für die eigene Distribution zu kompilieren, in der Praxis erweist sich dies jedoch bei komplexeren Programmen als sehr zeitaufwändig, weil stör- und fehleranfällig.

Die erste Möglichkeit, die ich Ihnen vorstellen möchte, distributionsübergreifende Programmpakete zu bekommen, heißt *AppImage* (https://appimage.org). AppImages sind gepackte Abbilder eines Programms, ähnlich wie eine .img- oder .iso-Datei und brauchen nicht fest installiert werden. Sie müssen nur eine einzige Datei mit der Endung .app oder .appimage herunterladen und ausführbar machen.

> **Tipp**
>
> Sie machen die Datei ausführbar, indem Sie in der Dateiverwaltung die heruntergeladene .app-Datei mit der rechten Maustaste anklicken und den Reiter Zugriffsrechte auswählen. Hier aktivieren Sie die Option DER DATEI ERLAUBEN SIE ALS PROGRAMM AUSZUFÜHREN.

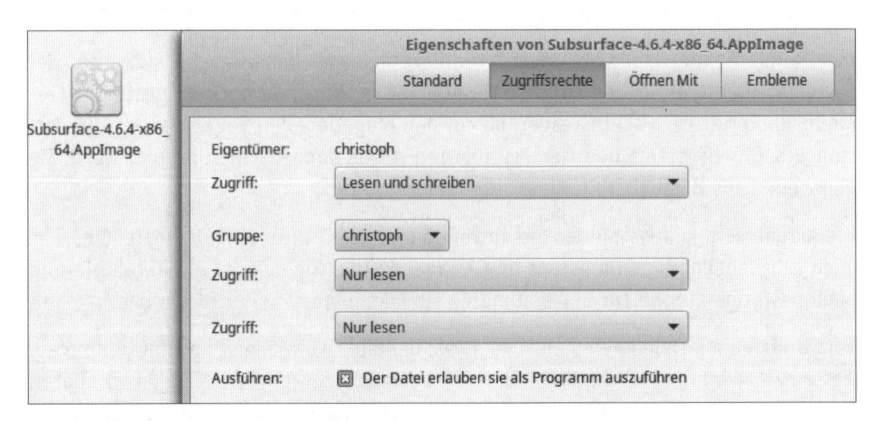

Abb. 7.12: Eine Datei ausführbar machen.

Alternativ können Sie dies auch per Kommandozeile im Terminal erledigen. Gehen Sie dazu in den Ordner, in dem die *AppImage*-Datei gespeichert ist, und führen Sie den Befehl

```
chmod a+x Dateiname.Appimage
```

aus. Nun können Sie, ohne Installation, per Doppelklick auf das Icon das Programm starten. Die AppImage-Datei kann sich sogar auf einem USB-Stick befinden, ganz gleich, welche Distribution Sie nutzen, ein AppImage funktioniert überall. Alle notwendigen Bibliotheken und anderen Programmbestandteile sind bereits im Image enthalten. Ebensowenig brauchen Sie ein eigenes Programm zu installieren, um die Pakete zum Laufen zu bringen.

Allerdings müssen Sie bedenken, dass Ihre Softwareverwaltung nichts davon mitbekommt, dass hier ein neues Programm läuft. Updates werden Sie also nicht bekommen, solange nicht der Ersteller selbst daran gedacht hat, eine Update-Funktion einzubauen. AppImages finden Sie in vertrauenswürdigen Quellen unter *https:// appimage.github.io/apps/* oder *https://bintray.com/probono/AppImages*.

Mit Hilfe des *AppImageKit* können Sie AppImages aber auch selbst herstellen. Sie benötigen dazu Zeit und gute Englischkenntnisse. Wenn Sie allerdings ein Programm gefunden haben, das es nun ausgerechnet für Ihre Distribution nicht gibt, lohne sich der Zeitaufwand womöglich.

Flatpak

https://flatpak.org/

Einen etwas anderen Ansatz vertritt *Flatpak*. Hier müssen Sie zuerst einmal ein Programm namens Flatpak installieren, dies können Sie über die Paketquellen der meisten Distribution. Aktuelle Informationen, die sich sehr schnell ändern, erhalten Sie auf der Projektseite *https://flathub.org/*. Nach der Installation erscheint innerhalb Ihrer Softwareverwaltung eine neue Kategorie: *Flatpak*.

Programme, die als Flatpak installiert werden, legen alle Bibliotheken und sonstigen benötigten Dateien in einem eigenen Verzeichnis unter /var/lib/flatpak/app/ ab. Flatpak selbst sorgt nun dafür, dass beim Programmstart Linux »weiß«, wo diese Dateien gespeichert sind, und dass es auf genau diese eigenen Bibliotheken zugreift. Ein Flatpak-Programm ist somit ohne weitere Anpassung auf den meisten Linux-Distributionen mit installiertem Flatpak lauffähig.

Darüber hinaus verhindert dieses System Bibliothekskonflikte. Ich habe schon einmal erwähnt, dass viele Bibliotheken von mehreren Programmen genutzt werden. Dieses

7 Anwendungen nachinstallieren

System stammt aus Zeiten, da Festplattenplatz sehr teuer und knapp war und so leicht Speicherplatz gespart werden konnte. In der Regel funktioniert das ja auch problemlos, nur kommt es doch immer wieder vor, dass ein Programm eine ganz bestimmte Version einer Bibliothek benötigt. Wenn diese nun im Rahmen eines Updates verändert wird, verweigert das Programm seinen Dienst.

Bringt nun aber eine Anwendung alle nötigen Dateien mit und nutzt sie auch als einzige, sind solche Konflikte ausgeschlossen.

Obwohl sich Flatpak als Zukunft der Programmverwaltung versteht, ist die Auswahl der zur Verfügung stehenden Programme noch sehr übersichtlich.

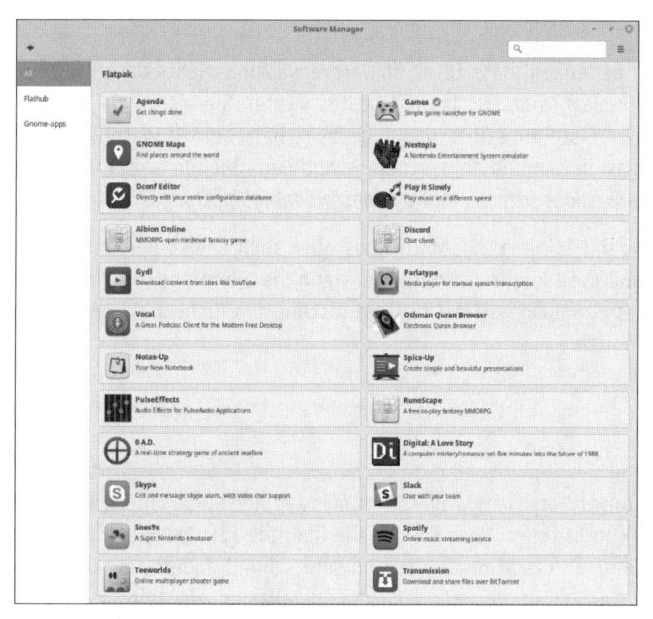

Abb. 7.13: Flatpak als neue Kategorie in der Software-Verwaltung

Snappy

Snappy ist eine Entwicklung von Canonical und wurde nur für Ubuntu entwickelt. Die Funktionsweise ist genau die gleiche wie die von Flatpak, nur steht der Focus nicht auf Distributionsunabhängigkeit. Snappy hilft vor allem Entwicklern, verschiedene Versionen ein und desselben Programms parallel und konfliktfrei auf einem Computer laufen zu lassen.

Kapitel 8
Linux in der Gruppe

8.1	Die Nutzer	148
8.2	Die Benutzerverwaltung	152

8 Linux in der Gruppe

8.1 Die Nutzer

Die Verwaltung mehrerer Benutzer mit unterschiedlichen Rechten, die gegebenenfalls sogar zeitgleich auf den Computer zugreifen, ist Linux in die Wiege gelegt worden. Erinnern Sie sich: Unix, der Ursprung von Linux, ist ein Mehrbenutzersystem, das nicht nur mehreren Benutzern den Zugang in getrennten Bereichen erlaubt, sondern auch noch multitaskingfähig ist.

Auch wenn Sie Ihren Computer alleine nutzen wollen, haben Sie nach der Installation immer bereits zwei Nutzer mit eigenem Konto an Bord, nämlich Sie selbst mit Ihrem Arbeitskonto und den Systemverwalter, auch *root* genannt.

root

root, der auch als Administrator oder Superuser firmiert, ist der mächtigste Nutzer des Systems. Er ist der Alleskönner, der das ganze System einsehen und verändern kann. Der Nutzer root hat zudem ein eigenes Konto, dies ist allerdings nicht unter dem /home Verzeichnis abgelegt wie Ihr Konto, sondern residiert im Wurzelverzeichnis /. Ursprünglich und in der reinen Linux-Lehre ist der root gar kein Benutzer des Systems, also er schreibt in dieser Rolle keine Briefe, surft nicht im Internet und ruft keine E-Mails ab. Er ist nur und ausschließlich derjenige, das System verwaltet.

Sie kennen dies vielleicht von Ihrem Arbeitsplatz: Irgendetwas funktioniert nicht, Sie rufen den Administrator an, der das Problem behebt. Der Administrator ist aber mit den Arbeitsabläufen gar nicht befasst, seine Aufgabe ist ausschließlich die Wartung und Problembehebung. Nur: Warum trennt man diese Ebenen?

> **Hinweis**
>
> Es gilt ein Grundsatz: Jede Anwendung hat die gleichen Rechte wie sein Nutzer.

Stellen Sie sich vor, der root mit der Berechtigung, das gesamte System zu beeinflussen, schaut sich ein Video an. Dabei kommt ein proprietärer Codec zum Einsatz, der, warum auch immer, korrumpiert, also mit einer Schadsoftware belastet ist. Diese Schadsoftware hat nun dieselben Rechte wie der Nutzer root, kann also administrativ tätig werden und in Systemdateien hineinschreiben, die dann Schaden auf dem Computer anrichten.

So lange Sie als normaler Nutzer angemeldet sind, kann dieser Schadcode nichts anrichten, denn der normale Nutzer hat keine Schreibberechtigung in den wichtigen Konfigurationsdateien.

Aus diesem Grund finden Sie bei Systemen, die sich sehr dicht am Linux-Ideal orientieren, im root-Konto auch keine Lesezeichen für Dokumente oder Bilder, oftmals sogar nicht einmal eine grafische Nutzeroberfläche.

Die Distributoren gehen allerdings auf unterschiedliche Arten und Weisen mit der Administratorenrolle um und nicht alle befolgen diese Idealvorsttellung so streng: Die Distribution AntiX beispielsweise hat auch für den Nutzer root alle Lesezeichen eingerichtet und ermuntert ihn so, praktisch die gleichen Tätigkeiten auszuführen wie jeder normalen Nutzer. Hat sich root einmal beim Start legitimiert, arbeitet er mit allen Programmen, ohne sich danach jemals wieder zu legitimieren. Ich halte dies für sehr gefährlich.

Hinweis

Nun hat dieser root mit seinem Konto in großen Netzwerken sicher seine Berechtigung, im häuslichen Umfeld ist er überflüssig. Daher verzichten Distributionen wie Ubuntu und seine Ableger auch auf das Konto.

Der Benutzer

Jeder, der vor einem Computer sitzt und diesen nutzt, ist zunächst einmal, wie es der Name schon andeutet ein *Benutzer (user)*. Dieser Benutzer wird mit seinem Benutzernamen und seiner Benutzernummer gespeichert. Diese lautet für den ersten Benutzer 1000, für den zweiten 1001 usw. Sie sehen diese Nummer im normalen Betrieb nicht.

Sie können die Nutzer mit ihren Nummern in der Datei /etc/passwd einsehen, die Passwörter sind trotz des irreführenden Dateinamens dort nicht gespeichert.

Der Netzwerkbetrieb mit bis zu tausenden Rechnern und noch mehr Benutzern machte ein hochkomplexes System aus verschiedenen Rechte-Zuteilungen nötig. Die Möglichkeiten zur Verteilung von Zugriffsrechten sind prinzipiell ungeheuer weitläufig, jedoch wurden diese in den grafischen Nutzeroberflächen der gängigen Distributionen sehr stark eingeschränkt und vereinfacht.

Wenn Sie als Nutzer vor Ihrem PC sitzen, haben Sie (und nur Sie) zunächst einmal Zugriff auf alle Ihre Daten, Textdokumente, Musik- und Bildersammlungen. Darüber hinaus haben Sie die Möglichkeit, diese Dokumente zu verändern, den Speicherort zu ändern und mehr.

Sie haben allerdings keinen Zugriff auf die Dateien der anderen Nutzer.

8 Linux in der Gruppe

Sie haben erst recht keinen Zugriff auf die Systemdateien und Sie können keine Programme installieren. In der Konsequenz können Sie aber auch keine Aktualisierungen vornehmen, keinen Treiber installieren, Sie können nicht einmal ein Programm wie Gparted bedienen, oder eine .iso-Datei auf einen USB-Stick schreiben, denn auch diese Aktion setzt Administratorenrechte voraus.

In einem häuslichen Netzwerk ist das natürlich extrem unpraktisch und wird dazu führen, dass entweder gar keine Aktualisierungen vorgenommen werden, oder der Benutzer sich als root einloggt, um seinen Tätigkeiten nachkommen zu können.

Das Sicherheitssystem von Microsoft krankt genau an diesem Problem. Der Nutzer ist immer mit Administratorenrechten unterwegs, weil sonst die Anti-Virenprogramme keine Updates einspielen könnten und Systemupdates nicht möglich wären.

sudo

Eine Lösung für dieses Dilemma heißt *sudo*, was in der Regel mit *Superuser do* übersetzt wird.

Mit diesem Kommando kann ein Nutzer zeitweilig zum Systemverwalter werden: Immer dann, wenn für die Ausführung eines Programms Administratorenrechte erforderlich sind, wird das Passwort dieses Nutzers abgefragt und erst dann die Aktion ausgeführt. Die Rechte des Administrators bleiben einige Minuten erhalten, danach wird er wieder zum Benutzer.

Sie haben es sicher im vorigen Kapitel schon einige Male durchgeführt: Bei allen Konfigurationen, die über eine grafische Oberfläche verfügen, erscheint ein Fenster, in dem Sie das Passwort eingeben müssen; wenn Sie mit dem Terminal arbeiten, müssen Sie dem jeweiligen Befehl sudo voransetzen und das Passwort eingeben.

sudo ist ein eigenes, vielfältig konfigurierbares Programm und so interpretieren verschiedene Distributionen diese Möglichkeit auch unterschiedlich. Ubuntu und seine Ableger weisen dem ersten Nutzer die Administratorenrechte per sudo zu. Dieser Nutzer meldet alle anderen Benutzerkonten an und kann jedes Mal entscheiden, ob er der einzige root bleiben oder einem anderen Nutzer ebenfalls dieselben Rechte einräumen will. Andere Distributionen behandeln von vorne herein alle Nutzer gleich: Jeder Nutzer kann mit seinem eigenen Passwort sudo benutzen.

Die Konfiguration von sudo ist allerdings nicht ganz einfach und wird über die Datei /etc/sudoers vorgenommen. Diese Datei können Sie nicht einfach mit einem beliebigen Texteditor bearbeiten, Sie müssen im Terminal das Kommando

```
sudo visudo -f /etc/sudoers
```

Die Nutzer 8.1

eingeben, um den speziellen Editor *Vi* zu starten.

Der Umgang mit dieser Einstellungsdatei erscheint ein wenig kryptisch.

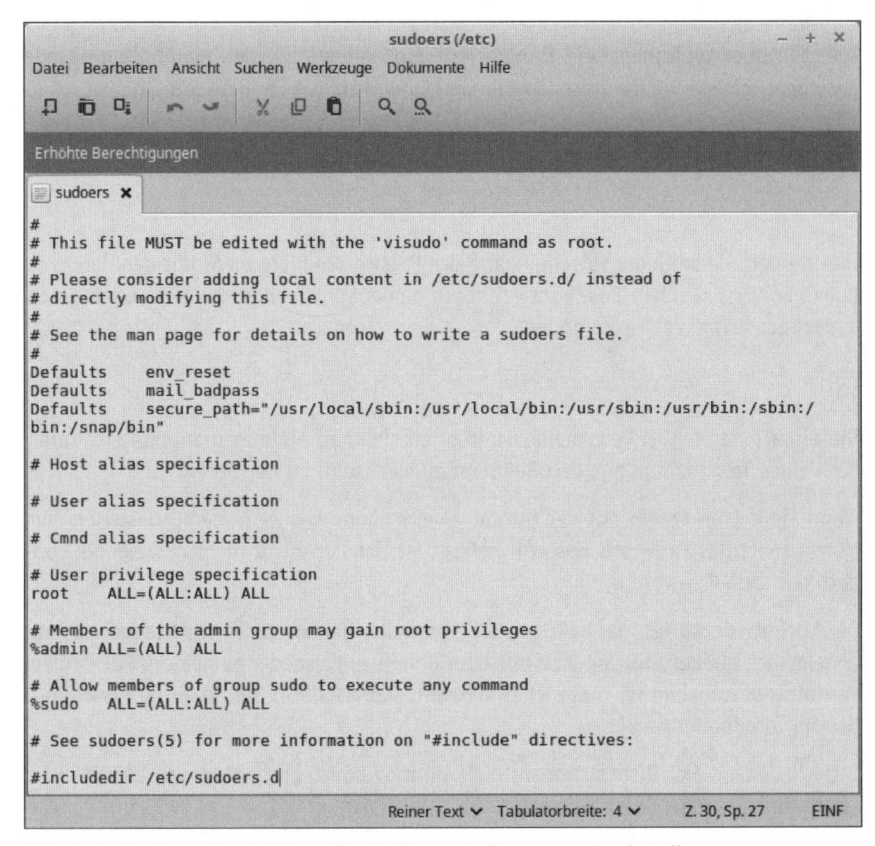

```
#
# This file MUST be edited with the 'visudo' command as root.
#
# Please consider adding local content in /etc/sudoers.d/ instead of
# directly modifying this file.
#
# See the man page for details on how to write a sudoers file.
#
Defaults        env_reset
Defaults        mail_badpass
Defaults        secure_path="/usr/local/sbin:/usr/local/bin:/usr/sbin:/usr/bin:/sbin:/bin:/snap/bin"

# Host alias specification

# User alias specification

# Cmnd alias specification

# User privilege specification
root    ALL=(ALL:ALL) ALL

# Members of the admin group may gain root privileges
%admin ALL=(ALL) ALL

# Allow members of group sudo to execute any command
%sudo   ALL=(ALL:ALL) ALL

# See sudoers(5) for more information on "#include" directives:

#includedir /etc/sudoers.d
```

Abb. 8.1: In dieser Datei können Sie die Eigenschaften von sudo einstellen.

Nun können Sie beispielsweise bestimmen, ob alle Nutzer Veränderungen vornehmen dürfen und welches Passwort dabei verwendet werden soll.

Sie können darüber hinaus festlegen, welche Administrationsaufgaben jeder Nutzer durchführen darf. Beispielsweise erlauben Sie die Nutzung von Gparted, verbieten aber die Installation neuer Programme.

Sudo merkt sich das Administratorenpasswort für 15 Minuten. Wenn Sie diese Zeit verändern wollen, können Sie sie mit dem Eintrag

8 Linux in der Gruppe

```
timestamp_timeout = 5
```

in fünf Minuten ändern. Tragen Sie eine Null ein, so gilt das Administratorenrecht einen Befehl lang.

Falls Sie über typischen Nerd-Humor verfügen, können Sie den ebenfalls mit sudo ausleben: Suchen Sie die Abteilung Defaults und tragen Sie hier den Satz

```
Defaults insults
```

ein.

Nun werden Sie bei jeder Falscheingabe des Passwortes nicht mehr mit dem langweiligen »Sorry falsches Passwort« sondern einem Spruch wie: »and you want to be a rocket scientist« empfangen.

su

Die einfachste Möglichkeit, schnell und ohne sich neu einloggen zu müssen, innerhalb eines Terminalfensters den Benutzer zu wechseln, ist der Befehl su.

Wenn Sie diesen Befehl mit der Option -l eingeben, wechseln Sie automatisch zum Nutzer root. Das Passwort, das nun gefragt ist, ist nun nicht mehr das eigene, sondern das root-Passwort.

Der Vorteil von su ist, dass Sie keine Zeitvorgabe haben, sondern so lange als root angemeldet bleiben, bis Sie sich mit dem Befehl exit wieder abmelden. Für längere Verwaltungsaufgaben ist dies sicher sinnvoll. Der Nachteil: Sie arbeiten ausschließlich im Terminalfenster.

Bitte bedenken Sie: Distributionen, die kein root-Konto einrichten, wie Ubuntu oder Linux Mint, erlauben auch kein su.

8.2 Die Benutzerverwaltung

Sie müssen sich hier keine Gedanken machen, wenn nur Sie Ihren Computer nutzen und keine andere Person darauf Zugriff bekommt. Dann können Sie diesen Absatz auch überspringen. Oftmals wird ein Computer allerdings nicht nur von einer Person genutzt, sondern gemeinsam beispielsweise von Schülern im Klassenverband, in der Familie oder von Arbeitsgruppen. Oder ein Freund bittet kurz um Zugang zum Internet, weil er auf eine wichtige E-Mail wartet. Kurzum, die Wahrscheinlichkeit, dass ein Computer von mehreren Personen genutzt wird, ist recht hoch. Daher ist es

Die Benutzerverwaltung 8.2

sinnvoll, jedem Benutzer einen eigenen Zugang zum Computer einzurichten. Wenn eine ganze Benutzergruppe einen Computer regelmäßig nutzt, sollte jeder Benutzer die Möglichkeit haben, seine persönlichen Dokumente, Fotos, E-Mails etc. vor den anderen Nutzern schützen zu können. Die meisten Benutzerverwaltungen sind – im Hinblick auf die Zielgruppe – stark vereinfacht worden. Die Benutzergruppen sind hierbei allerdings bereits festgelegt, es beschränkt sich nur noch auf die Benutzergruppe »Systemverwalter« und die Benutzergruppe »Standardnutzer«. Ich stelle Ihnen in diesem Kapitel stellvertretend die Benutzerverwaltung von Linux Mint vor, die zunächst einmal sehr eingeschränkt wirkt, sich bei Bedarf aber erweitern lässt.

Um einen Benutzer anzulegen, müssen Sie sich natürlich zuerst als Administrator legitimieren.

Danach können Sie neue Nutzer anlegen oder natürlich auch vorhandene löschen oder verändern. Auf der linken Seite des Fensters sieht man die bereits vorhandenen Konten. Ihr Benutzerkonto wurde bereits während der Installation des Systems angelegt, deswegen sind Sie auch als Systemverwalter angegeben.

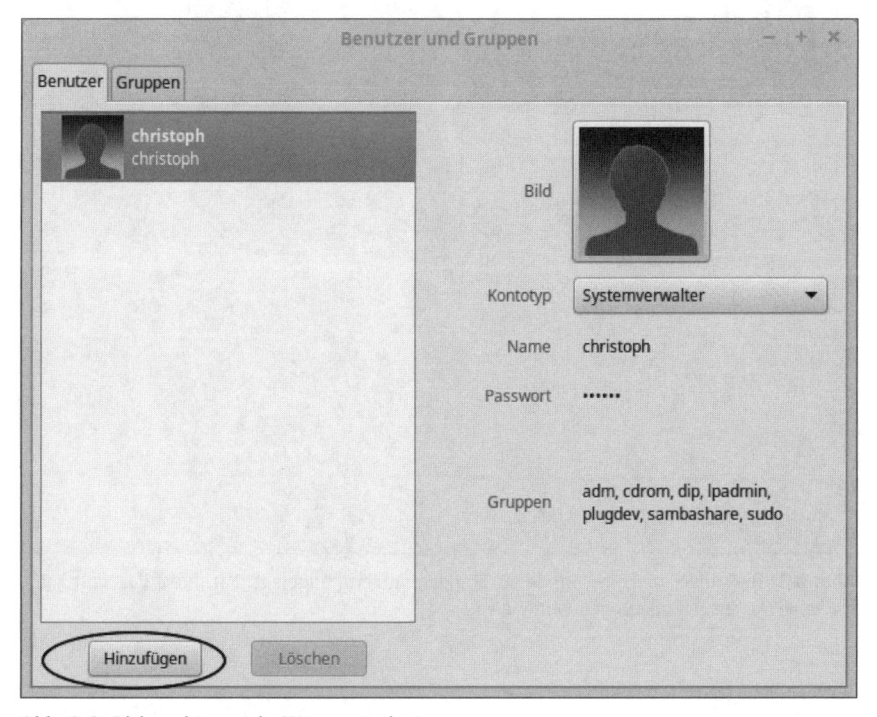

Abb. 8.2: Bislang ist nur ein Nutzer angelegt

8 Linux in der Gruppe

Mit einem Klick auf den Button HINZUFÜGEN links unten legen Sie ein neues Konto an. Hier tragen Sie dann den Namen und den gewünschten Nutzernamen ein. Der Nutzername muss kleingeschrieben werden.

Weiterhin müssen Sie den neuen Benutzer entweder dem Kontotypen *Standard* oder *Systemverwalter* zuordnen. Das Anlegen eines Kontos beinhaltet, dass ein Nutzer einen eigenen persönlichen Ordner im Verzeichnis /home erhält sowie gegebenenfalls, abhängig von der installierten Distribution, eigene Profile bei Firefox und Thunderbird. Er muss oder kann sein eigenes E-Mail-Konto allerdings selbst einrichten, das von niemandem ohne seine Erlaubnis eingesehen werden kann.

Hier legen wir für die Standardnutzerin Lena ein Konto an.

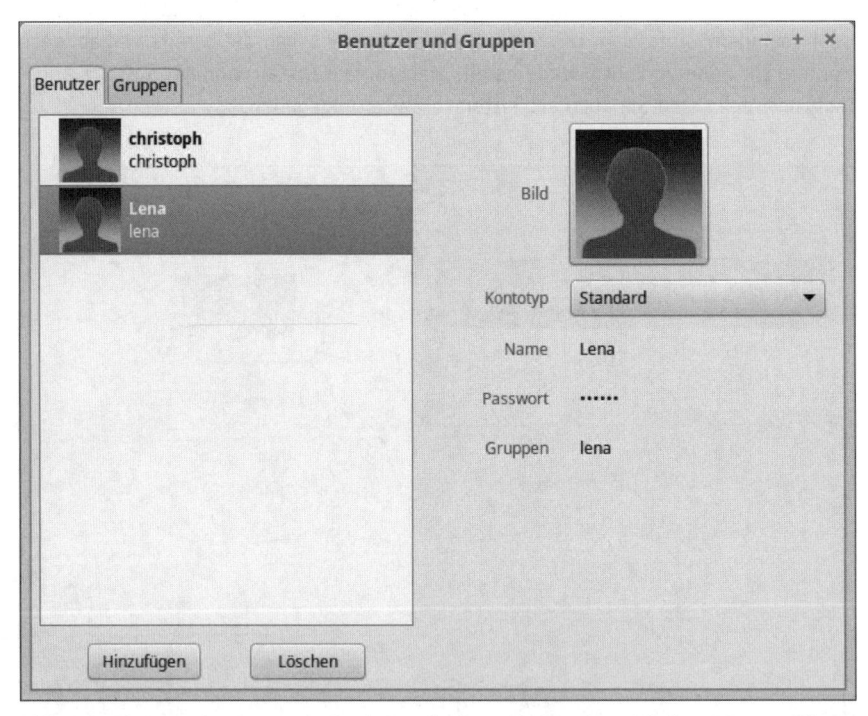

Abb. 8.3: Die Nutzerin »Lena« wurde als Standardnutzerin angelegt. Mit ihrem Passwort kann sie keine Systemveränderungen vornehmen.

Die Benutzerverwaltung 8.2

Gleichzeitig mit der Erstellung eines Nutzerkontos für Lena wird auch eine Gruppe *lena* angelegt. Sie ist dabei zunächst das einzige Mitglied dieser Gruppe. Dann können dieser Gruppe bestimmte Rechte und Privilegien eingeräumt werden.

Abb. 8.4: Gruppenzuordnung der Nutzerin lena

Ein Passwort für Lena kann, muss aber nicht eingegeben werden. Ein Zugang ohne Passwort kann zum Beispiel für einen Gastzugang sinnvoll sein. Für die Benutzerin Lena wird hier allerdings ein passwortgeschütztes Konto angelegt, als Standardbenutzerin hat sie Zugang zu ihren eigenen Dateien, aber keinen Zugang zu den Systemeinstellungen. Das Passwort richten Sie ein, indem Sie auf KEIN PASSWORT EINGESTELLT klicken und in dem sich öffnenden Dialog Lena ermöglichen, ein Passwort einzugeben.

155

8 Linux in der Gruppe

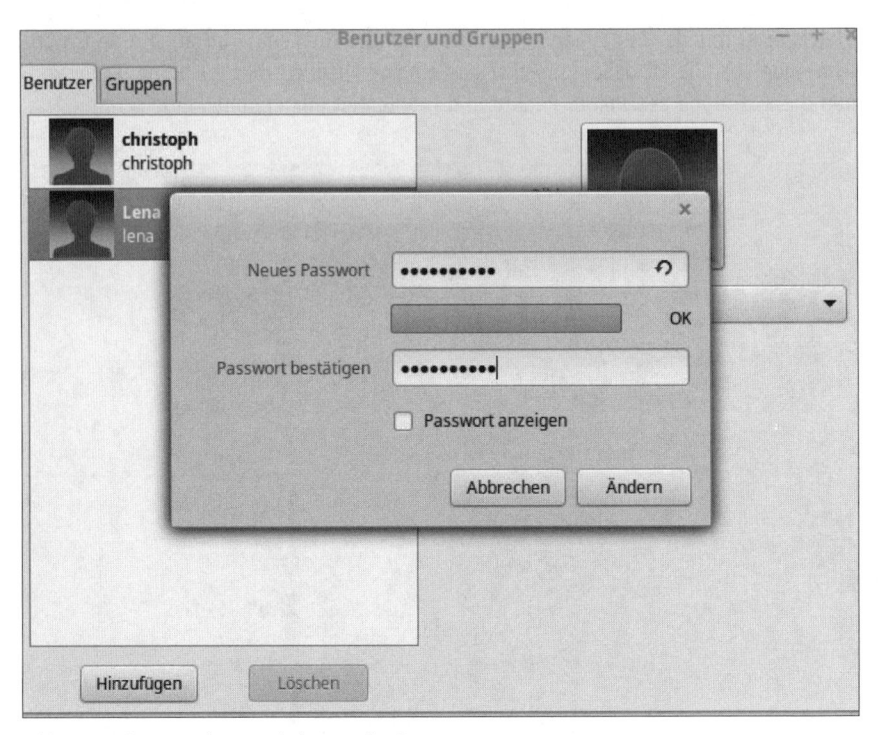

Abb. 8.5: Die Nutzerin Lena bekommt ihr Passwort.

Die Passwörter werden in der Datei /etc/shadow verschlüsselt gespeichert.

Um einen Nutzer zu löschen, wählen Sie diesen zuerst aus und klicken dann auf den Button LÖSCHEN unten im Fenster. Daraufhin erscheint ein Dialog, in dem abgefragt wird, ob die Benutzerdaten, also alle erstellten Dokumente, ebenfalls gelöscht werden sollen.

Im Terminal

Wenn Sie einen neuen Nutzer mit Hilfe des Terminals anlegen wollen, nutzen Sie als Administrator unter Debian-basierten Distibutionen das Kommando adduser.

```
sudo adduser [Nutzername]
```

Am Beispiel der Nutzerin Lena:

```
sudo adduser lena
```

Die Benutzerverwaltung 8.2

Es erscheint auf dem Bildschirm die Meldung:

Lege Benutzer "lena" an ...
Lege neue Gruppe "lena" (1002) an ...
Lege neuen Benutzer "lena" (1002) mit Gruppe "lena" an ...
Erstelle Home-Verzeichnis "/home/lena" ...
Kopiere Dateien aus "/etc/skel" ...
Geben Sie ein neues UNIX-Passwort ein:
Geben Sie das neue UNIX-Passwort erneut ein:
passwd: Passwort erfolgreich geändert
Benutzerinformationen für lena werden geändert.
Geben Sie einen neuen Wert an oder drücken Sie ENTER für den Standardwert
    Vollständiger Name []: Lena
    Zimmernummer []:
    Telefon geschäftlich []:
    Telefon privat []:
    Sonstiges []:
Sind die Informationen korrekt? [J/n] j
Füge neuen Benutzer "lena" zu den zusätzlichen Gruppen hinzu ...
Füge Benutzer "lena" der Gruppe "dialout" hinzu ...
Füge Benutzer "lena" der Gruppe "dip" hinzu ...
Füge Benutzer "lena" der Gruppe "cdrom" hinzu ...
Füge Benutzer "lena" der Gruppe "audio" hinzu ...
Füge Benutzer "lena" der Gruppe "video" hinzu ...
Füge Benutzer "lena" der Gruppe "plugdev" hinzu ...
Füge Benutzer "lena" der Gruppe "users" hinzu ...
Füge Benutzer "lena" der Gruppe "floppy" hinzu ...
Füge Benutzer "lena" der Gruppe "netdev" hinzu ...
Füge Benutzer "lena" der Gruppe "scanner" hinzu ...
Füge Benutzer "lena" der Gruppe "lp" hinzu ...
Füge Benutzer "lena" der Gruppe "lpadmin" hinzu ...

8 Linux in der Gruppe

Füge Benutzer "lena" der Gruppe "sudo" hinzu ...
Füge Benutzer "lena" der Gruppe "vboxsf" hinzu ...

Nun ist die Nutzerin lena angelegt und in einer Reihe von Gruppen automatisch hinzugefügt.

Nutzer anderer Distributionen nutzen einen ähnlichen Befehl, dieser lautet allerdings useradd. Dieser Befehl legt zunächst nur den Nutzer an. Um ein Passwort anzulegen oder den Nutzer bestimmten Gruppen zuzuordnen, bedarf es weiterer Kommandos.

Der Nutzer lena wird angelegt mit:

```
sudo useradd lena
```

Der /home-Ordner wird angelegt mit:

```
sudo adduser lena -d /home/lena/
```

Die Zuordnung zu Gruppen, z.B. der Gruppe users, wird erreicht durch:

```
sudo adduser lena -g users
```

Das Passwort wird generiert mit

```
sudo passwd lena <passwort>
```

Wenn Sie den Nutzer lena löschen wollen, nutzen Sie unter Debian und seinen Ablegern den Befehl

```
deluser -- remove-home <Nutzer>
```

Dieser Befehl löscht den Nutzer und das /home-Verzeichnis

Andere Distributionen nutzen das Kommando:

```
sudo userdel <Option> <name>
```

Die Option -r sorgt dafür, dass auch das /home-Verzeichnis entfernt wird.

Die Benutzerverwaltung 8.2

Um die Nutzerin Lena aus einem CentOS-System zu entfernen, wäre also der Befehl

sudo userdel -r lena

einzugeben.

Gruppenbezeichnungen:

dialout	erielle Geräte, z.B. Modem, nutzen
fax	Berechtigung, eingebautes Fax zu nutzen
cdrom	CD-ROM-Laufwerk nutzen
audio	Audio-Geräte, z.B: Soundkarte, nutzen
video	Video-Beschleuniger oder TV-Hardware nutzen
plugdev	Auf externe Speicher zugreifen
users	Die Gruppe aller normalen Nutzer
floppy	Auf Diskettenlaufwerke zugreifen
netdev	Berechtigung, Netzwerke einzurichten
scanner	Berechtigung, auf Scanner zugreifen
lp	Drucker nutzen
lpadmin	Drucker einrichten
sudo / wheels	Administratoraufgaben mittels sudo ausführen
adm	Berechtigung, Logdateien anzusehen
shadow	Berechtigung, die gespeicherten Passwörter anzusehen
vboxsf	Auf eine virtuelle Umgebung (Virtual Box) zugreifen

Gruppeneigentümer

Während der Systemverwalter also Allmacht über das System hat, liegen alle Rechte über die Dateien, die jeder Nutzer in seinem persönlichen Ordner hat, ausschließlich bei diesem. Für die Vertreiber von Linux hat das Recht zur informationellen Selbstbestimmung oberste Priorität. Linux geht davon aus, dass jeder Benutzer zuerst einmal der Eigentümer jeder Datei ist, die sich in seinem persönlichen Ordner befindet, unabhängig davon, ob er diese heruntergeladen oder selbst erstellt hat. Und jeder

8 Linux in der Gruppe

Eigentümer hat das alleinige Entscheidungsrecht, ob und in welchem Umfang er andere Nutzer an seinen Dateien teilhaben lässt.

Auch die Nutzerin lena stellt diese Rechte selbst ein. Daher können diese auch nicht in der Benutzerverwaltung, die ja Domäne des Systemverwalters ist, sondern nur in den Einstellungen des persönlichen Ordners, dem Terrain des Benutzers, vorgenommen werden.

Nachdem sich die Nutzerin lena eingeloggt hat, legt sie mittels ihres Passwortes fest, welchen Zugriff die anderen Nutzer auf Ordner oder einzelne Dateien erhalten sollen. Dazu öffnet sie zuerst ihren persönlichen Ordner, markiert mit der rechten Maustaste den Unterordner oder die Datei, dessen Zugriffsrechte sie festlegen möchte, und klickt auf EIGENSCHAFTEN.

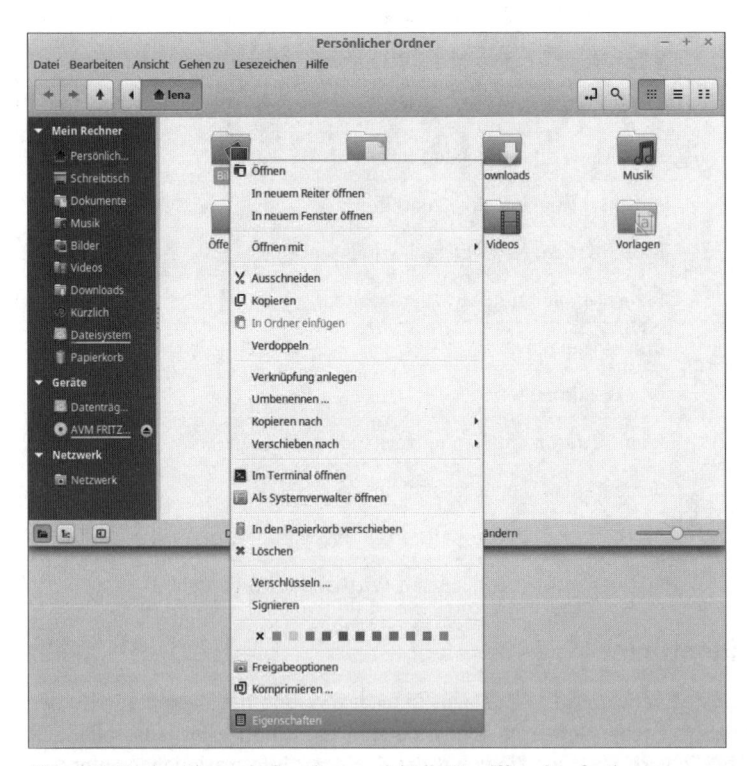

Abb. 8.6: In den Eigenschaften lassen sich die Zugriffsrechte festlegen.

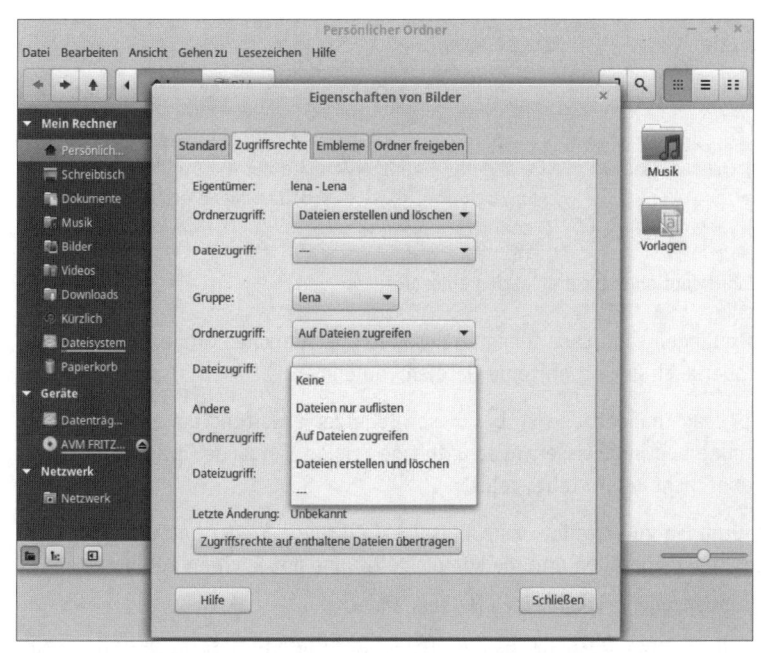

Abb. 8.7: Die Nutzerin lena definiert hier, inwieweit andere Nutzer auf ihre Bilder zugreifen dürfen.

Die Zugriffsoptionen

Die Besitzerin dieses Ordners *Bilder* ist Lena, sie darf selbstverständlich Dateien erstellen und löschen. (Zeile *Besitzer:*). Gleichzeitig ist sie Mitglied der Gruppe *lena* und alle anderen Mitglieder dieser Gruppe dürfen auch auf die Dateien zugreifen, dürfen also die Bilder ansehen, können diese aber nicht verändern.

Die Zeile *Andere* zeigt die Optionen für alle anderen Benutzer auf:

Zugriffsoption	Das bedeutet:
Keine	Kein anderer Benutzer kann diesen Ordner öffnen, alle Inhalte bleiben verborgen. Höchste Diskretion
Dateien nur auflisten	Alle anderen Nutzer können sich die Namen der im Ordner vorhandenen Dateien anzeigen lassen, aber die Datei nicht öffnen.

8 Linux in der Gruppe

Zugriffsoption	Das bedeutet:
AUF DATEI ZUGREIFEN	Alle anderen Benutzer können ein Bild ansehen, aber nicht bearbeiten.
DATEI ERSTELLEN UND LÖSCHEN	Alle anderen Benutzer können auf die Bilddateien von Lena zugreifen, diese bearbeiten, neue erstellen und löschen.

Tab. 8.1: Zugriffsoptionen für die Dateien eines Benutzers

Diese Einstellungen kann Lena für ihren gesamten persönlichen Ordner, einzelne Unterordner oder auch nur für einzelne Dateien vornehmen.

Wie schon gesagt handelt es sich bei dieser Benutzerverwaltung um eine sehr stark eingeschränkte und in gewisser Weise unfertige Version. Folgende Optionen sindzwar möglich, aber nicht komfortabel gelöst:

- neue Gruppen zu erstellen, zum Beispiel die Gruppe *Kinder und Eltern*, um die Nutzer hier zuzuordnen und die komplette Gruppe mit Rechten auszustatten
- die Gruppenzugehörigkeit eines Nutzers ändern
- als Besitzer eines Dokumentes Zugriffsrechte differenzierter zu gestalten, z.B. dem Nutzer *Hannah* den Zugriff auf Bilder zu gewähren, dem Nutzer »Pepe« hingegen nicht.

Tipp

Sollten Sie bevorzugen, die Zugriffsrechte differenzierter zu gestalten, sollten Sie sich die *gnome-system-tools* mit Hilfe der herunterladen.

Nach der Installation müssen Sie sich einmal neu anmelden, um die Benutzerdaten des Systems einmalig einzulesen.

Mit der etwas erweiterten Funktionalität ist es viel leichter möglich,

- neue Gruppen zu erstellen
- einzelne Nutzer den Gruppen zuzuordnen
- den Nutzern differenzierte Benutzerrechte zu erteilen

Das Hinzufügen und Entfernen von Nutzern funktioniert genauso wie vorher beschrieben, allerdings ist der Umgang mit dieser Anwendung zur Benutzerverwaltung viel einfacher und schlüssiger. Durch einen Klick auf den Button *Erweiterte Einstellungen*

Die Benutzerverwaltung 8.2

neben einem Nutzer können Sie nun im Klartext erkennen, welche Rechte und Privilegien Sie diesem Nutzer zugestehen wollen und inwieweit er auf Ressourcen des Systems zugreifen darf. Als Systemverwalter können Sie beispielsweise dem Nutzer Pepe erlauben, auf den Scanner zuzugreifen, während die Nutzerin Hannah dies nicht darf. Aber bitte sind Sie vorsichtig: Sie können sich selbst nämlich auch so einiges verbieten ... und dann wird es schwierig.

Vorsicht!

Sie agieren als Systemverwalter. Es ist Ihnen erlaubt, das System durch unbedachte Einstellungen unbrauchbar zu machen!

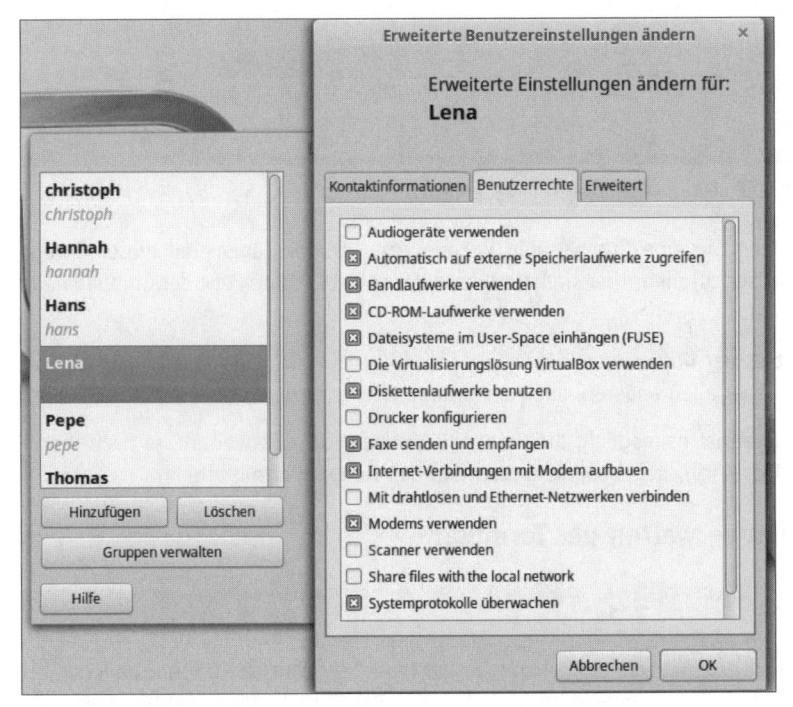

Abb. 8.8: Erweiterte Einstellmöglichkeiten für die Nutzerin Lena

Darüber hinaus können Sie Benutzergruppen anlegen und diesen Gruppen Nutzer individuell zuordnen. Dazu klicken Sie auf den Button GRUPPEN VERWALTEN.

8 Linux in der Gruppe

Abb. 8.9: Die neu erstellte Benutzergruppe *Kinder*

Nun können Sie eine Gruppe, zum Beispiel *Kinder*, hinzufügen und dieser Gruppe gleich Nutzer zuteilen. Hier sind die Nutzer Hannah, Lena und Pepe der Gruppe *Kinder* zugeordnet.

Jetzt ist es der Nutzerin Lena möglich, ihre Bilder der Gruppe *Kinder* zugänglich zu machen, aber allen anderen, auch der Gruppe *Eltern*, nicht.

Nicht überall ist es möglich, die Gruppenverwaltung so zu erweitern, je nach Distributor ist es nötig, gegebenenfalls auch auf das Terminal zuzugreifen.

Gruppen verwalten per Terminal

> **Hinweis**
>
> Die Befehle groupadd oder addgroup sind tendentiell mit den Distributionen um Debian (groupadd) oder allen anderen (addgroup) verbunden. Das kann, muss aber nicht so sein.
>
> Die Ursache ist, dass es sich dabei um verschiedene Programmpakete handelt.

Die Benutzerverwaltung 8.2

adduser wird nach den Regeln, die in der Datei etc/adduser.conf gespeichert sind, ausgeführt, useradd ist Teil eines Paketes namens passwd. Vielleicht stellen Sie fest, dass beide Varianten auf Ihrem Computer vorhanden sind: Dann können Sie auch beide parallel nutzen.

Um unter Debian eine Gruppe anzulegen, wird der Befehl

```
sudo groupadd <Name>
```

in unserem Beispiel also

```
sudo groupadd kinder
```

angelegt und mit dem Befehl

```
sudo groupdel kinder
```

wieder entfernt.

Um einen bestehenden Nutzer einer Gruppe zuzuordnen, wird der Befehl

```
sudo usermod -aG <gruppenname> <Nutzer>
```

benutzt. Um Lena also der Gruppe *Kinder* zuzuordnen, braucht man also das Kommando

```
sudo usermod -aG kinder lena
```

Wie schon beschrieben, können Sie alternativ den Nutzer Lena in der Datei /etc/group/ einer Gruppe zuordnen oder aus einer Gruppe löschen.

Der Befehl addgroup funktioniert sehr ähnlich:

```
sudo addgroup <name>
```

erstellt eine neue Gruppe,

```
sudo adduser <Nutzer> <Gruppe>
```

fügt einen Nutzer einer Gruppe zu.

8 Linux in der Gruppe

Unterschiede bestehen allerdings in den Unmengen von möglichen Optionen, mit denen Sie die Möglichkeiten der Nutzer und der Gruppen konfigurieren können.

Wenn Sie sich tiefer in diese Materie einlesen wollen, so finden Sie auf den Webseiten

https://www.computerhope.com/unix/adduser.htm

https://www.computerhope.com/unix/useradd.htm

weiterführende Informationen.

Kapitel 9

Windows-Programme mit Linux nutzen

9.1 Windows und Linux, schließt sich das nicht aus? 168

9.2 Die Königsdisziplin: die virtuelle Maschine 176

9.1 Windows und Linux, schließt sich das nicht aus?

Nein, nicht zwangsläufig. Zwar gibt es für nahezu alle Bedürfnisse und Aufgaben hervorragende Linux- Programme, man darf aber trotzdem nicht vergessen, dass auch Linux kein vollständiges, perfektes und fehlerfreies Betriebssystem ist und es durchaus passieren kann, dass Sie auf eine Software angewiesen sind, für die es kein Äquivalent gibt. Sei es, dass Sie eine spezielle Software für die Arbeit brauchen oder sich auf eine besondere Software im Privatgebrauch eingearbeitet haben und diese nun nicht missen wollen.

Ich für meinen Teil habe bis heute keine Möglichkeit gefunden, mein Programm für die Steuererklärung unter Linux zu starten, ich bin also selbst auf eine Windows-Umgebung angewiesen.

Nun gibt es natürlich Möglichkeiten, auch als Linux-Nutzer auf unverzichtbare Windows-Programme zuzugreifen.

Wenn Sie, wovon ich ausgehe, Linux parallel zu einer Windows-Installation installiert haben, haben Sie bereits eine mögliche Lösung geschaffen, denn Sie haben ja nach wie vor Zugriff auf Ihre Windows-Programme. Sie arbeiten im Normalfall unter Linux, und für den Fall, dass Sie auf ein nur unter Windows laufendes Programm zugreifen möchten, fahren Sie den Computer herunter, starten neu und wählen im Boot-Menü die Windows-Partition aus (siehe auch Kapitel 3) Man kann das so verstehen, dass sich Linux und Windows buchstäblich die Festplatte teilen, beim Computerstart weisen Sie Ihren Rechner an, ob die Linux- oder Windows-Seite gestartet werden soll, beide Seiten sind gleichwertig und voll funktional.

Allerdings hat diese Vorgehensweise auch einen Nachteil: Sie ist umständlich, da Sie den Computer immer wieder herunterfahren und neu starten müssen. Außerdem ist es schwierig, von der Windows-Seite auf die Linux-Seite zuzugreifen, etwa, weil Sie mit Ihrem Windows-Programm Daten verarbeiten wollen, die Sie vorher unter Linux erstellt haben.

> **Tipp**
>
> Umgekehrt ist das Verfahren einfacher. Sie können ganz leicht vom gestarteten Linux auf die Dateien zugreifen, die Sie mit einem Windows-Programm erstellt haben. Ihre Windows-Partition erscheint als ein eigenes Laufwerk in Ihrer Dateiverwaltung.

Windows und Linux, schließt sich das nicht aus? 9.1

Es gibt zwei Möglichkeiten, den Zugriff auf Windows-Programme einfacher zu gestalten. Die erste von ihnen heißt WINE.

WINE (Wine is not an Emulator)

Wine ist ein Programm, mit dem man Windows-Software unter Linux laufen lassen kann. Sie benötigen dazu nicht einmal ein installiertes Windows auf Ihrem Computer, da Wine dem Programm lediglich vorgaukelt, es befände sich in einer Windows-Umgebung. Programme, die für Windows XP und Windows 7 programmiert wurden, funktionieren meistens flüssig, allerdings gilt: Je neuer das Programm ist, desto wahrscheinlicher treten Probleme auf. Die Entwicklung ist indes rasant, innerhalb weniger Wochen werden Programme nutzbar, die vorher nicht oder nur mit umständlichen Tricks liefen.

Je nach Windows-Programm, das mit Hilfe von Wine ausgeführt wird, ist der Anspruch an die Ressourcen moderat bis sehr hoch.

Wie gut Wine für die eigenen Zwecke funktionieren wird, kann man vor dem Testen durch Stöbern in der WineHQ-Datenbank unter der Webadresse *https://appdb.winehq.org/* herausfinden. Ich empfehlen Ihnen, diese Seite vorher zu besuchen, Sie ersparen sich eventuell viel Mühe.

Nach dem Starten des Programms erhalten Sie folgendes Bild:

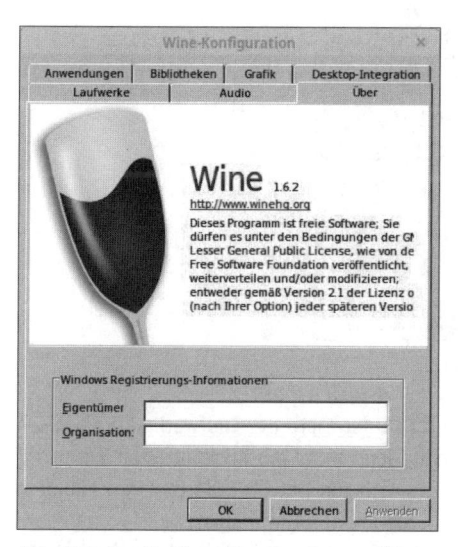

Abb. 9.1: Das Konfigurationsfenster von Wine

9 Windows-Programme mit Linux nutzen

Sie müssen nicht zwingend etwas einstellen. Achten Sie jedoch darauf, dass das Laufwerk C: wie hier dargestellt C ../drive_c heißt.

```
Laufwerkszuordnung
Buchst. | Zuordnung
C:      | ../drive_c
Z:      | /
```

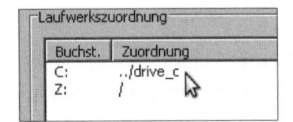

Abb. 9.2: So muss die Laufwerkszuordnung aussehen.

Falls Sie auf das CD-ROM-Laufwerk zugreifen wollen, müssen Sie es einrichten. Klicken Sie zuerst auf den Reiter LAUFWERKE. Anschließend erscheint folgender Dialog:

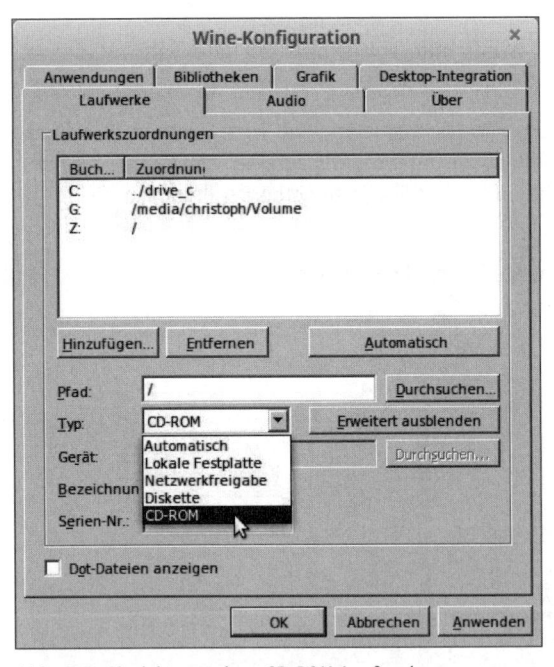

Abb. 9.3: Einrichtung eines CD-ROM-Laufwerks

Hier bitte auf HINZUFÜGEN klicken, dann wird in der Liste der Laufwerke automatisch ein neues Laufwerk D: eingerichtet. Anschließend folgt ein Klick auf ZEIGE ERWEITERT. Hier muss noch ausgewählt werden, dass es sich um ein CD-ROM-Laufwerk handeln soll. Der Rest sollte so beibehalten werden. Sie müssen diese Einstellung vornehmen, wenn, wie in unserem Beispiel, MS Office von einer CD aus installiert werden soll.

Windows und Linux, schließt sich das nicht aus? 9.1

Das CD-ROM-Laufwerk ist nun für Windows-Anwendungen als solches sichtbar. Mit einem Klick auf ANWENDEN übernehmen Sie die Änderungen und beenden den Dialog mit OK. Sollten Audio-Einstellungen notwendig sein, können Sie diese mit dem Reiter AUDIO vornehmen. Testen Sie, ob ein Sound zu hören ist. Sollte es hier Probleme geben, können Sie die verschiedenen Ausgabegeräte durchprobieren. In der Regel sind aber die optimalen Einstellungen bereits vorgenommen worden.

Jetzt gilt es, ein Windows-Programm dazu zu bringen, mithilfe von Wine installiert zu werden. Dazu benötigen wir die Windows-Installationsdatei.

Ich zeige dies an einem Beispiel: Sie benötigen aus irgendwelchen Gründen, zum Beispiel, um ein Buch über Linux zu schreiben, ein originales Microsoft Word. Die Installations-CD haben Sie natürlich vorliegen, jetzt geht es darum, Word mit Hilfe von Wine zu installieren.

Sie haben nun zwei Möglichkeiten die Installation des Programmes anzustoßen: Suchen Sie im Dateimanager die CD und hier die Datei mit Namen *setup.exe*. Diese wird mit der rechten Maustaste angeklickt. Im Kontextmenü erscheint nun eine zusätzliche Option: ÖFFNEN MIT | WINE WINDOWS-PROGRAMMSTARTER. Damit stoßen Sie die Installation an.

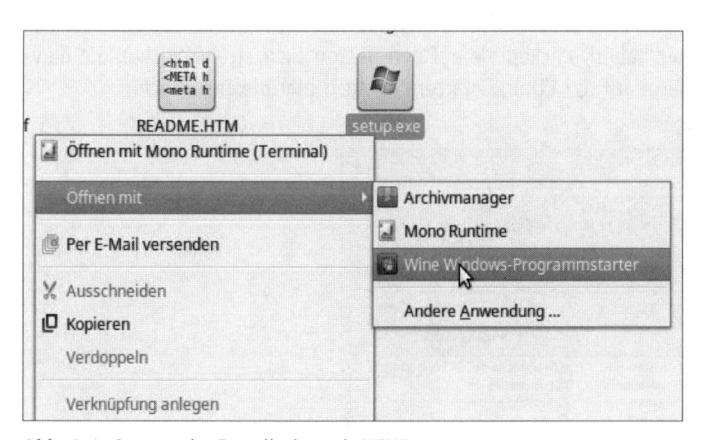

Abb. 9.4: Starten der Installation mit WINE ...

Die meisten Windows-Programme werden mit einer Datei namens *setup.exe* oder *install.exe* installiert (siehe Abbildung 9.5).

Am Ende finden Sie ein Programmsymbol, entweder als Verknüpfung auf der Arbeitsfläche, oder im Startmenüeintrag WINE, sodass das Programm, das mit Wine verknüpft ist, sofort gestartet werden kann.

171

9 Windows-Programme mit Linux nutzen

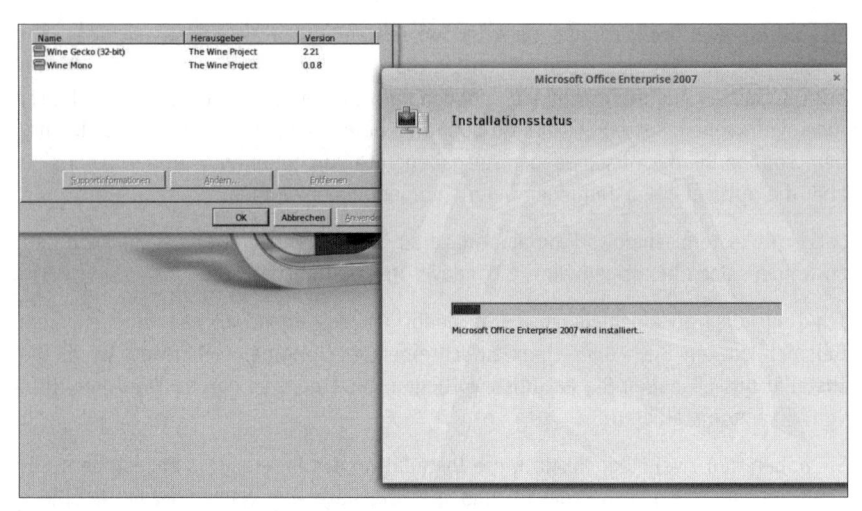

Abb. 9.5: ... die Installation des Windows-Programms nimmt ihren Lauf.

Die zweite Möglichkeit finden Sie in dem Programm *Deinstalliere Wine Applikationen*. Interessanterweise dient dieses Programm trotz seines Namens nicht nur zur Deinstallation, sondern auch zur Installation von Windows-Programmen. Nachdem Sie das Programm gestartet haben, klicken Sie auf den Button INSTALLIEREN. Suchen Sie dann die Installationsdatei auf der CD und starten Sie auch hier die Installation.

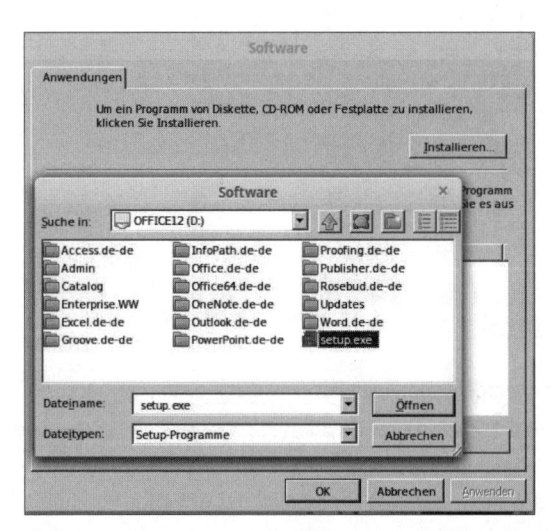

Abb. 9.6: Das Programm *Deinstalliere Wine Applikationen* dient auch zur Installation.

Das Deinstallieren einer Anwendung ist genauso einfach: Im Programm Deinstalliere Wine-Anwendungen wählen Sie das zu entfernende Programm aus und klicken auf den Button ENTFERNEN.

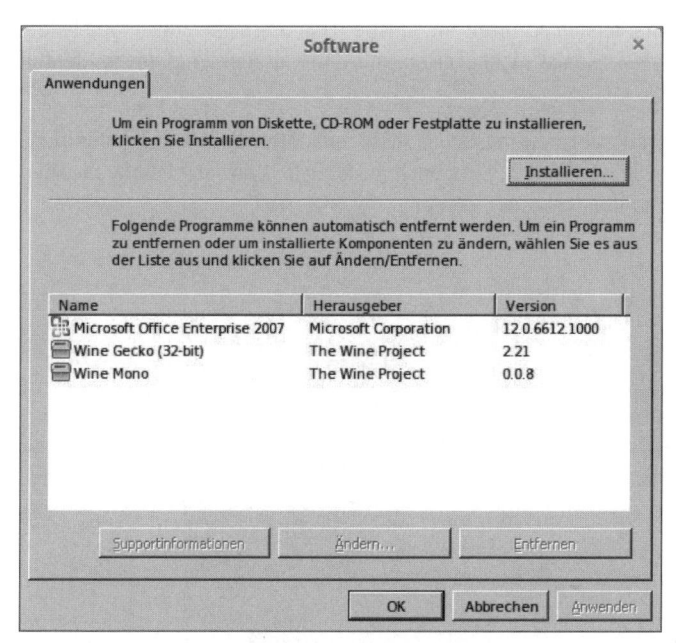

Abb. 9.7: Dialog zur Deinstallation von Windows-Programmen

Wine ist eine sehr komfortable Anwendung, allerdings hapert es gelegentlich bei der Nutzung und Programme wollen nicht starten. Zu allem Überfluss harmoniert auch längst nicht jede Wine-Version mit der zu installierenden Anwendung. Interessanterweise ist dabei nicht immer die neueste Wine-Version die Beste, sondern die, mit der es funktioniert.

Windows-Programme mit PlayOnLinux installieren

Dies führt uns zu *PlayOnLinux*. Auch wenn der Name des Programms etwas anderes impliziert, werden längst nicht nur Spiele unterstützt, sondern eine Vielzahl bekannter Windows-Anwendungen. Wenn Sie möchten, können Sie sogar den Internet-Explorer oder, falls Ihnen Gimp nicht ausreicht, Adobe Photoshop starten. Trotzdem: Der Siegeszug des PCs ist sicher eng verknüpft mit Spielen. Und so wundert es auch nicht, dass große Anstrengungen unternommen werden, Windows-Spiele unter Linux lauffähig zu machen.

9 Windows-Programme mit Linux nutzen

PlayOnLinux arbeitet dabei eng mit Wine zusammen und tritt als *Frontend* für die manchmal etwas kniffeligen Einstellarbeiten in Erscheinung. Dabei hilft das Programm bei der Installation, Konfiguration und Deinstallation von Windows-Anwendungen unter Linux. Außerdem ermöglicht es, jedem Windows-Programm gegebenenfalls eine andere Wine-Version zuzuweisen. So ist es zum Beispiel möglich, Spiele, die unter aktuellen Wine-Versionen nicht starten, mit einer älteren Wine-Version laufen zu lassen.

Die verzwickten Installationsroutinen sind in sogenannten *Scripts* vorkonfiguriert, so dass die richtige Wine-Version, aber auch zusätzlich benötigte Programme und Bibliotheken, geladen und installiert werden.

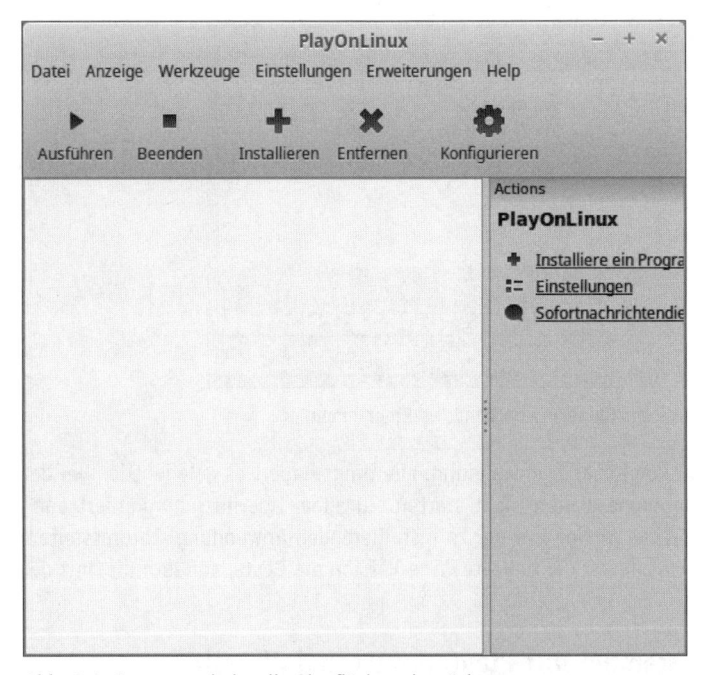

Abb. 9.8: Zuerst erscheint die Oberfläche sehr nüchtern.

Ein Klick auf INSTALLIERE EIN PROGRAMM öffnet eine Übersicht über alle vorhandenen Installations-Scripts. Als Beispiel installieren Sie noch einmal Office 2007.

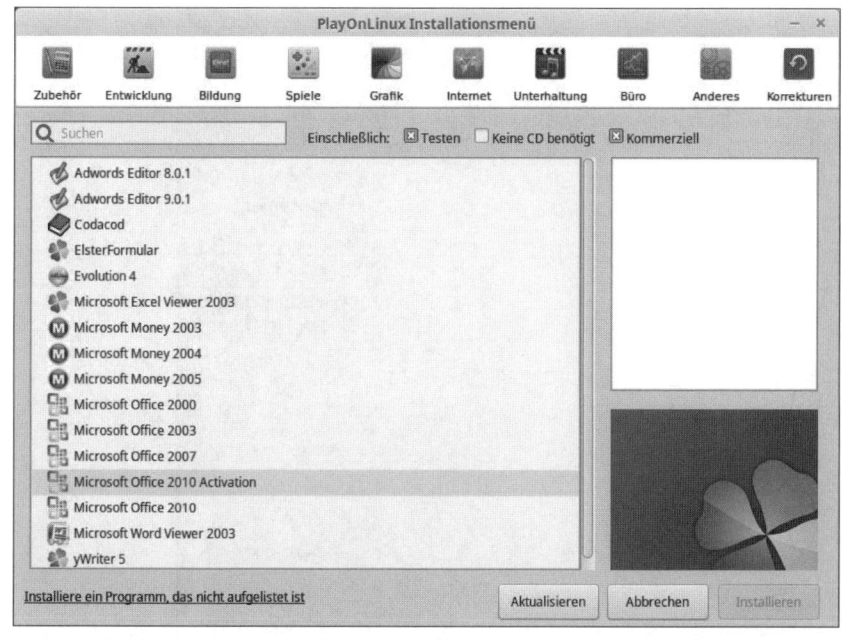

Windows und Linux, schließt sich das nicht aus? 9.1

Abb. 9.9: Übersicht über alle Installations-Routinen

Wählen Sie den Eintrag MICROSOFT OFFICE 2007 und bestätigen Sie die Wahl mit dem Klick auf INSTALLIEREN. Die Installations-CD sollte jetzt bereits eingelegt sein und eine Internetverbindung sollte bestehen. Während der Installation lädt PlayOnLinux die richtige Wine-Version und gegebenfalls alle nötigen Zusatzprogramme, so z.B. das benötigte Service-Pack 3.

Hinweis

Falls Sie sich fragen, ob dies denn legal sei, immerhin laden Sie ja Programmteile von Microsoft herunter: Ja, das ist legal. Allerdings auch hier gilt: Es sind proprietäre Dateien, alle Sicherheitsrisiken, die mit diesen Dateien verbunden sind, laden Sie ebenfalls herunter.

Am Ende des Vorganges finden Sie drei Icons auf dem Desktop, die *MS Word, Excel* und *PowerPoint* starten.

9 Windows-Programme mit Linux nutzen

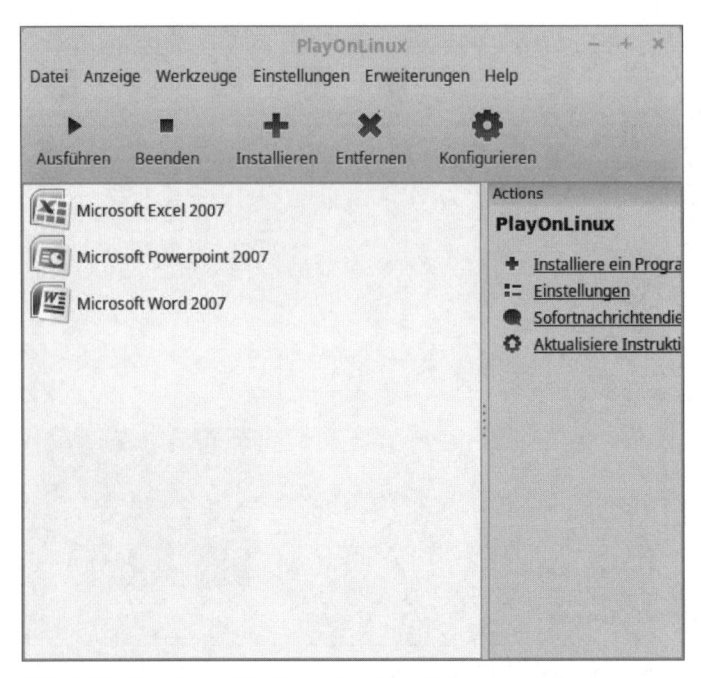

Abb. 9.10: Nun können Sie die gewünschten Programme starten.

9.2 Die Königsdisziplin: die virtuelle Maschine

Sollte das Windows-Programm, das Sie gerne nutzen würden, mit Wine trotz aller Anstrengung nicht funktionieren, bietet sich immer noch die sogenannte *virtuelle Maschine* (VM) an. Während Wine einem Programm innerhalb der Linux-Umgebung »vorgaukelt«, es befände sich in einer Windows-Umgebung, erschafft die virtuelle Maschine tatsächlich eine neue Umgebung, eingebettet in Linux. Dies kann Windows, aber auch ein anderes Betriebssystem sein, wie eine andere Linux-Distribution, Android, DOS oder Solaris. Im Unterschied zu Wine wird dieses so genannte Gastsystem auf einem virtuellen Computer vollständig installiert. Gestartet wird es ebenfalls innerhalb der VM, was bedeutet, dass der Wechsel zwischen einem Programm, das unter Linux läuft, und einem Programm eines anderen Betriebssystems nichts anderes ist als der Wechsel zwischen zwei Fenstern.

Die Königsdisziplin: die virtuelle Maschine 9.2

Abb. 9.11: Mein Arbeitsplatz: Im rechten Monitor läuft Windows in einer VM, im linken Linux Mint.

> **Tipp**
>
> Sollten Sie auch ohne Internetverbindung Wert auf Updates Ihrer Windows-Installation legen, können Sie Update-Packs auf der Seite *http://www.winfuture.de/* kostenlos und völlig legal herunterladen.

Voraussetzung für eine befriedigende Performance ist allerdings ein leistungsstärkerer PC, da vor allem der Arbeitsspeicher zwischen dem Host, also dem Gastgeber (in unserem Falle Linux Mint), und dem Gastsystem (z.B. Windows) geteilt werden muss. Grob gesagt sollten schon 2, besser 4 GB RAM zur Verfügung stehen, damit flüssiges Arbeiten in der virtuellen Umgebung möglich ist.

Darüber hinaus benötigen Sie natürlich eine Installations-CD oder -DVD des Gastsystems, da Sie das Betriebssystem neu installieren müssen. Eine Virtuelle Maschine, die dem Open-Source-Gedanken entspricht und zudem überaus anfängerfreundlich ist, ist die *VirtualBox*.

9 Windows-Programme mit Linux nutzen

VirtualBox installieren

Sie können das Programm über Ihre Anwendungsverwaltung, aber auch von der Internetseite *https://www.virtualbox.org/wiki/Downloads* herunterladen. Klicken Sie dazu den Eintrag FOR LINUX HOSTS an und wählen Sie Ihre Distribution aus. Um die weitere Installation der VirtualBox kümmert sich das Paketinstallationsprogramm.

Extension-Packs installieren

Als zweites sollten Sie das Extension-Pack installieren: Dies ermöglicht Ihrem Gastsystem unter anderem auf die USB-Schnittstellen zuzugreifen. Dies geschieht wie folgt: Klicken Sie auf der Internetseite der Virtualbox neben dem Eintrag VIRTUAL-BOX EXTENSION PACK auf den Link ALL-SUPPORTED PLATFORMS und laden Sie die passende Datei herunter. Die Frage, was mit dieser Datei zu tun ist, beantworten Sie mit ÖFFNEN MIT ORACLE VIRTUALBOX. Das Programm VirtualBox startet und integriert dieses Paket automatisch. Sie brauchen sich auch in Zukunft um dieses Modul nicht mehr zu kümmern, das Programm pflegt die Erweiterung nun selbständig ein.

DKMS installieren

Als letzte, vorbereitende Maßnahme sollten Sie das Modul DKMS *(Dynamic Kernel Modul Support)* installieren. Dies ist zwar nicht zwingend notwendig, erleichtert die Arbeit mit der VirtualBox allerdings enorm.

> **Tipp**
>
> Immer dann, wenn ein Kernel-Update im Rahmen der System-Aktualisierung erfolgt, verweigert die VirtualBox zuerst den Betrieb. Das ist jedoch keine große Sache: Starten Sie in diesem Falle das Terminal und geben den Befehl sudo /etc/init.d/vboxdrv setup ein.

Um diesen Umstand nicht einmal im Monat durchführen zu müssen, überwacht DKMS die Updates und installiert die notwendigen Kernelmodule automatisch. Sie installieren dieses Modul einfach mit dem Befehl

```
sudo apt-get install build-essential dkms
```

VirtualBox legt bei der Installation eine neue Nutzergruppe an, die *vboxusers*. Sollte es Ihnen nicht möglich sein, das Programm zu nutzen, dann schauen Sie doch einmal nach, ob Sie in dieser Nutzergruppe eingetragen sind. Wie das geht, habe ich im vorherigen Kapitel beschrieben, ansonsten benutzen Sie den Befehl.

```
sudo usermod -a -G vboxusers <Nutzername>
```

Der Willkommensbildschirm

Nun wird es aber Zeit, ein Gastsystem zu installieren. Hierzu nehmen wir doch einfach Windows 7. Nach dem Klick auf den Button NEU werden Sie durch den sehr einfachen Installationsvorgang geleitet.

Geben Sie der virtuellen Maschine einen Namen. Sie können so viele virtuelle Maschinen mit so vielen Betriebssystemen installieren, wie Sie wollen. Damit Sie diese leicht auseinanderhalten können, vergeben Sie einen eindeutigen Namen, z.B. *Windows7*. Klicken Sie darüber hinaus im Drop-Down-Menü an, welches Betriebssystem Sie installieren wollen, die VirtualBox bereitet alles dafür vor.

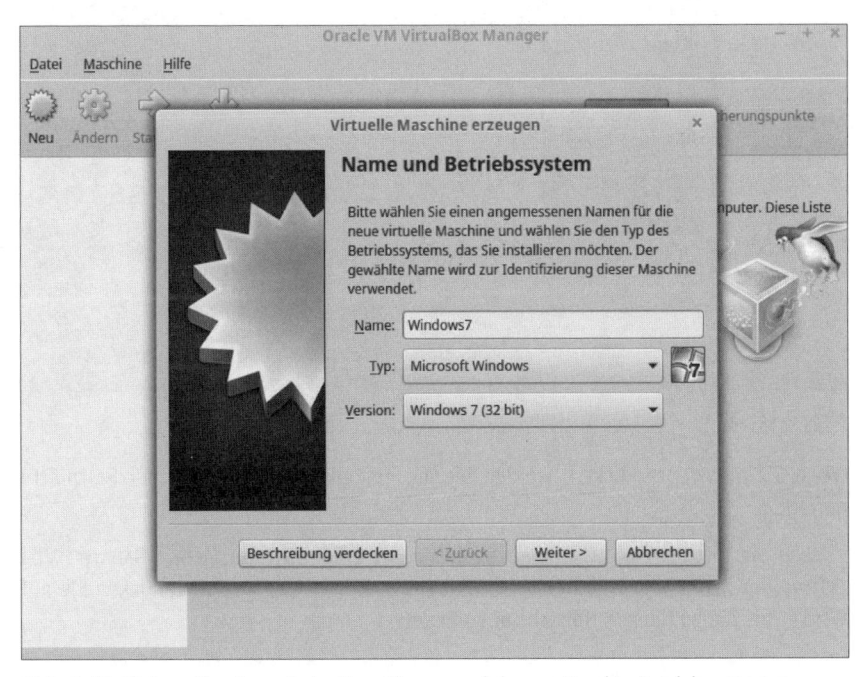

Abb. 9.12: Weisen Sie einen eindeutigen Namen und das gewünschte Betriebssystem zu.

9 Windows-Programme mit Linux nutzen

Im nächsten Schritt weisen Sie Ihrem Gastbetriebssystem, in diesem Falle Windows 7 (32 Bit), Arbeitsspeicher zu. Rechts ist angezeigt, über wieviel Arbeitsspeicher Ihr System verfügt. Geben Sie höchstens die Hälfte des Speichers für das Gastsystem frei. Windows7 benötigt in der 32-Bit-Version mindestens 1 GB RAM, ein flüssiges Arbeiten ist dann allerdings immer noch nur schwer möglich. Sollten Sie jedoch ein DOS-System installieren wollen, z.b. um alte PC-Spiele zu spielen, brauchen Sie dem Gastsystem nur einige wenige MB zuzuweisen.

Abb. 9.13: Zuweisung des Arbeitsspeichers

Wenn Sie auf WEITER klicken, werden Sie zu Einstellungen bezüglich der Festplatte gefragt.

Klicken Sie bitte auf die Optionen BOOTFESTPLATTE | FESTPLATTE ERZEUGEN, DATEITYP: VDI *(VirtualBox Disk Image)* und ART DER ABSPEICHERUNG: DYNAMISCH ALLOZIERT. Klicken Sie auf WEITER, bis Sie zu diesem Bildschirm kommen:

Die Königsdisziplin: die virtuelle Maschine 9.2

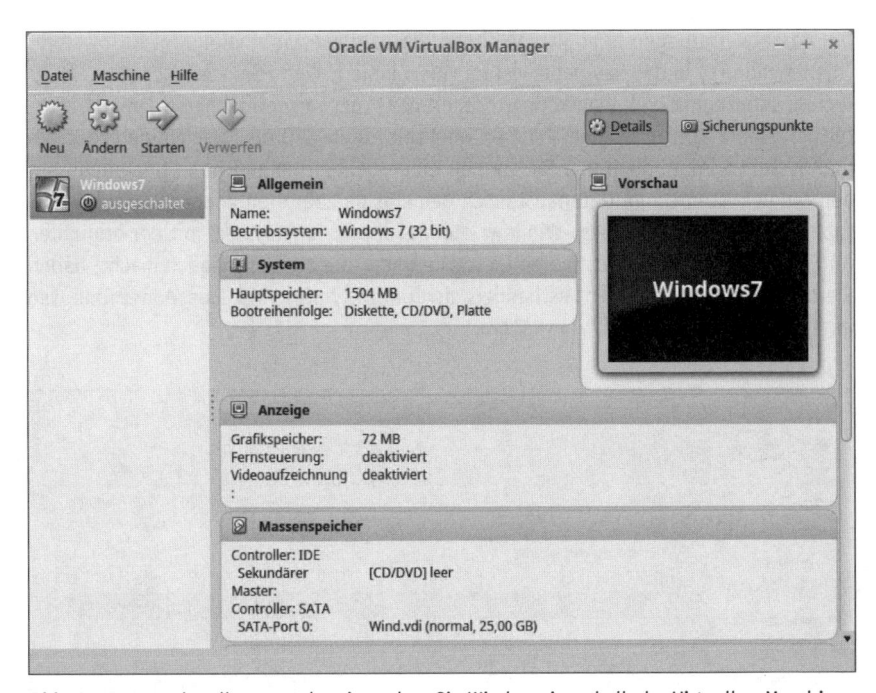

Abb. 9.14: Jetzt ist alles so vorbereitet, dass Sie Windows innerhalb der Virtuellen Maschine installieren können.

Sie sehen nun, dass alles für eine Windows-Installation vorbereitet ist, also legen Sie die CD oder DVD in Ihr Laufwerk ein. Nach Anklicken des Buttons STARTEN im oberen Menü werden Sie narrensicher durch den Installationsvorgang für Windows geleitet.

Da es sich bei Windows allerdings nicht um freie Software handelt, benötigen Sie einen Registrierungsschlüssel. Diesen haben Sie beim Kauf des Computers oder des Betriebssystems erhalten, er klebt meistens mit einem Sicherheitsaufkleber am oder unter dem Computer oder auf der CD-ROM.

Installation der Gasterweiterungen innerhalb des Gastsystems

Nachdem Sie Windows installiert haben, können Sie die Virtuelle Maschine mit einem Klick auf das Symbol im START-Menü starten. Sie werden feststellen, dass das Ganze noch sehr unfertig wirkt. Sie können nicht im Vollbildmodus arbeiten und ein nahtloser Austausch zwischen Windows und Linux ist auch noch nicht möglich. Jetzt ist es Zeit, die Gasterweiterungen zu installieren.

9 Windows-Programme mit Linux nutzen

Die Gasterweiterungen ermöglichen Ihnen die nahtlose Einbindung des Gastsystems (hier: Windows) in das Gastgebersystem (hier: Linux). Wenn Sie zwei Monitore an Ihrem PC angeschlossen haben können Sie mit der Maus ganz einfach aus dem VM-Fenster von einem Monitor zu dem anderen wechseln, Drag-&-Drop zwischen den Fenstern und System wird möglich und Sie können einen gemeinsamen Ordner benennen, auf den beide Systeme zum Datenaustausch gemeinsam zugreifen können. Sehr komfortabel ist zudem der Seamless-Windows-Modus, der das Gastsystem mit der originalen Auflösung im Vollbildmodus laufen lässt. Die Datei, die all dies möglich macht, haben Sie bereits heruntergeladen, es handelt sich um die Datei VboxGuestAdditions.iso im Verzeichnis usr/share/virtualbox.

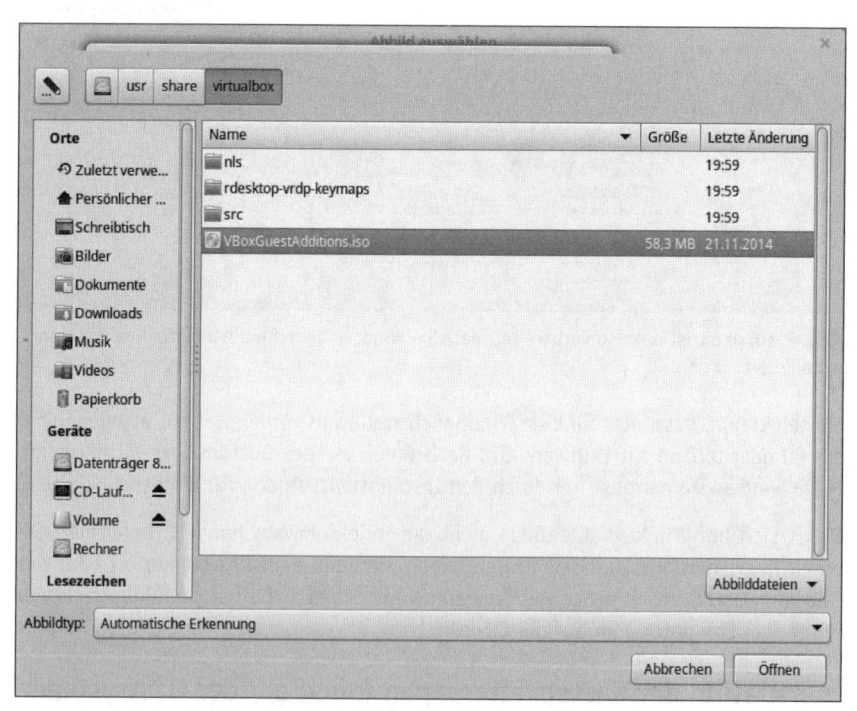

Abb. 9.15: Die gesuchte .iso-Datei verbirgt sich in den Tiefen des Systems.

Es handelt sich um eine .iso Datei, also das Abbild einer CD. Sie können diese Datei brennen, in den neueren Versionen können Sie die Gasterweiterungen auch installieren, indem Sie das virtuelle Windows starten und im Menü der Maschine den Punkt GERÄTE | CD-LAUFWERKE | DATEI FÜR VIRTUELLES CD-MEDIUM auswählen. Gehen Sie zu

Die Königsdisziplin: die virtuelle Maschine 9.2

usr/share/virtualbox und klicken Sie auf die Datei VBoxGuestAdditions.iso. Nach einem Moment wird der Installationsprozess in Gang gesetzt.

Schließen Sie danach Windows und beenden Sie die VirtualBox. Nach einem Neustart sollte Windows im Vollbildmodus und ohne Einschränkungen starten.

Drei verschiedene Möglichkeiten, Windows-Programme zu nutzen		
Parallele Installation	Beide Systeme arbeiten mit voller Funktionalität.	▪ umständlich zu wechseln ▪ zwei vollständig installierte Betriebssysteme nötig
WINE	Einige Programme arbeiten nicht mit vollem Umfang.	▪ kein Windows-Betriebssystem nötig
Virtuelle Maschine	▪ zwei vollständig installierte Betriebssysteme nötig ▪ benötigt leistungsstärkere Rechner	▪ benutzte Software funktioniert zuverlässig ▪ fließender Wechsel zwischen den Systemen

Tab. 9.1: Vergleich der Parallel-Systeme

Tipp

Die Virtuellen Festplatten werden in der Regel als eine sehr große Datei im Verzeichnis /home/VM/ gespeichert. Wenn Ihr Laufwerk als FAT32 formatiert wurde ist, sind Sie in der Verwaltung dieser Dateien sehr stark eingeschränkt, da FAT32 Probleme mit sehr großen Dateien hat. Sie können zum Beispiel das virtuelle Laufwerk nicht nachträglich vergrößern, falls der Platz knapp würde. Es ist daher empfehlenswert, entweder eine eigene Partition oder sogar ein externes Laufwerk zu nutzen, das als ntfs formatiert wurde.

Die Windows-Partition von der Festplatte entfernen

Natürlich ist es nicht sinnvoll, Windows sowohl in der VirtualBox als auch in einer zweiten Partition auf dem Rechner zu belassen. Wenn die Programme in der VirtualBox oder unter Wine zu Ihrer Zufriedenheit laufen, können Sie die Festplatte auch vollständig für Linux freigeben. Dazu benötigen Sie eine Software, mit der man seine Partitionen, also die Teilbereiche der Festplatte, die für Linux und Windows reserviert sind, einsehen kann. Das Programm *GParted* ist hier der Goldstandard.

183

9 Windows-Programme mit Linux nutzen

Machen Sie aber zuerst unbedingt ein Backup aller wichtigen Dateien. Falls Sie mit einem Laptop arbeiten, stellen Sie die Stromversorgung sicher, ein Stromausfall könnte den Computer unbrauchbar machen. Schauen Sie im persönlichen Ordner nach, wie groß Ihre Windows-Partition ist, Sie müssen sie unter GParted erkennen können.

Abb. 9.16: Die angeschlossenen Speicher und erreichbaren Partitionen werden in Ihrer Dateiverwaltung angezeigt.

Da Sie ja bereits wie in einem der vorherigen Kapitel beschrieben eventuell auf Ihre Windows-Daten zugreifen mussten, kennen Sie nun Ihre Windows-Partition und wissen, wie groß diese ist.

Die Benutzung von GParted ist relativ einfach, da das Programm komplett über ein Fenster bedient wird. In diesem Fenster sieht man die Aufteilung der aktuell gewählten Festplatte. Alle möglichen Optionen und Aktionen sind über die Menüleiste erreichbar. Nicht verfügbare Optionen bzw. Aktionen werden von GParted automatisch ausgeblendet. Starten Sie GParted und inspizieren Sie die Partitionen Ihrer Festplatte. Die erste dürfte Ihre Windows-Systempartition sein. Achten Sie aufs Dateisystem, dies heißt bei Windows ntfs, und auf die Größe der Partition.

Der Punkt BEARBEITEN enthält zwei Aktionen: Über RÜCKGÄNGIG können die zuletzt durchgeführten Aktionen rückgängig gemacht werden, über ANWENDEN werden die eingegebenen Änderungen auf der gewählten Partition durchgeführt. GParted speichert alle Änderungen zunächst in einem Zwischenspeicher und führt diese erst dann aus, wenn Sie auf ANWENDEN klicken. Löschen Sie nun die Partition, auf der sich Windows befindet, indem Sie die Partition mit der Maus markieren und den Menüpunkt LÖSCHEN wählen. Jetzt ist der gesamte Windows-Bereich der Festplatte gelöscht; Windows, aber auch sämtliche unter Windows gespeicherten Daten, existieren nicht mehr. Sie können auch noch andere Partitionen, die vielleicht im Laufe des Windows-Lebens entstanden sind, löschen. Keinesfalls jedoch dürfen Sie die Partitionen Linux-swap und ext4 löschen.

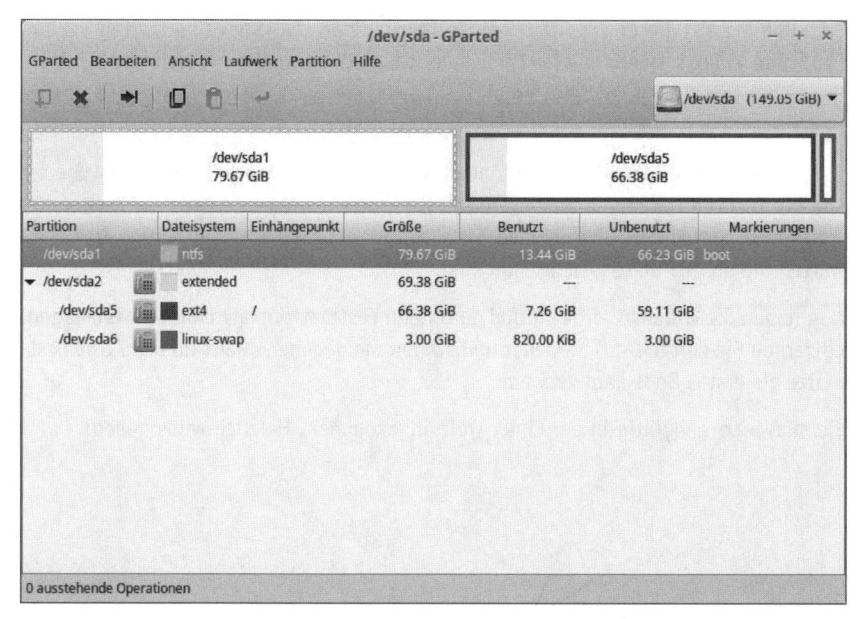

Die Königsdisziplin: die virtuelle Maschine 9.2

Abb. 9.17: Die Aufteilung einer Festplatte in verschiedene Partitionen

Nun lesen Sie die Partitionen neu ein. Öffnen Sie das Terminal und geben Sie den Befehl

```
sudo update-grub
```

ein, drücken Sie die [Enter]-Taste und legitimieren Sie sich mit Ihrem Passwort. Starten Sie dann den PC neu. Windows gehört nun der Vergangenheit an, der Bereich, der von Windows genutzt wurde, ist leer. Mit GParted können Sie also die Windows-Partition recht einfach von Ihrem Laufwerk entfernen.

Den frei gewordenen Platz könnten Sie als Speicherort für sehr große Dateien formatieren oder Sie schlagen den Speicherplatz Linux zu. Das Problem besteht allerdings darin, dass die Linux-Partition nur verändert werden kann, wenn sie nicht genutzt wird. Aber genau dies tun Sie ja, wenn Sie Linux gestartet haben.

Der Ausweg führt einmal mehr über eine Live-Installation, so wie Sie sie bereits anfangs des Buches kennengelernt haben.

Eine Mini-Live-Installation, auf der dann auch nur noch GParted läuft und sonst gar nichts, erhalten Sie unter *http://gparted.sourceforge.net/livecd.php*.

185

9 Windows-Programme mit Linux nutzen

Erstellen Sie aus dieser .iso-Datei einen bootfähigen USB-Stick und starten Sie den PC. Sollte Linux starten, müssen Sie wieder das BIOS aufrufen und den USB-Stick als Boot-Laufwerk definieren. Wie Sie all das bewerkstelligen, ist in Kapitel 2 beschrieben.

Auf diesem können Sie jetzt Ihre Linux-Partition einfach vergrößern, indem Sie sie mit der rechten Maustaste anklicken und die Option GRÖSSE DER PARTITION ÄNDERN ODER VERSCHIEBEN auswählen. Übernehmen Sie die Änderung wieder übers grüne Häkchen, warten Sie ab, bis diese geschrieben sind.

Nun haben Sie Windows entfernt und den freien Festplattenplatz Linux zugeschlagen. Entfernen Sie den USB-Stick wieder und stellen Sie gegebenenfalls im BIOS Ihre Festplatte als erstes Boot-Laufwerk ein.

Sie sind jetzt endgültig in der Linux-Welt angekommen. Herzlich willkommen!

Kapitel 10

Safety first – Sicherheit im System

10.1	Ist Linux eigentlich sicher?	188
10.2	Die Privilegien bei Linux	189
10.3	Virenscanner	190
10.4	Firewall	190
10.5	Linux-Ökosystem	191
10.6	Spectre und Meltdown	192
10.7	Sichere Passwörter	192
10.8	Passwortsafe	195
10.9	Start absichern	199
10.10	Sicherheit und Datenschutz im Internet	200
10.11	Social Engineering – Phishing	204
10.12	Ihre Dateien sichern	206
10.13	VPN einrichten	209
10.14	Die Einrichtung eines DynDNS-Servers	212

10 Safety first – Sicherheit im System

10.1 Ist Linux eigentlich sicher?

Als ich vor sechs Jahren mein erstes Buch über Linux, das Buch zu Ubuntu 12.04, schrieb, hätte niemand auch nur im Entferntesten geglaubt, in welchem Umfang Geheimdienste und Behörden Daten sammeln und dabei ungeniert auch auf die Daten unbescholtener Bürger zugreifen. Eine vermutlich russische Hackergruppe kaperte Anfang 2018 Rechner der Deutschen Bundestagsverwaltung, Geheimdienste interessieren sich für die Handys von Staatsoberhäuptern. Aber auch unsere eigenen Sicherheitsorgane sind nicht faul: Die Erstellung eines Staatstrojaners, der sich auf die Computer von Verdächtigen einschleusen und Daten auslesen soll, ist mittlerweile Realität. Gleichzeitig steigt die Anzahl krimineller Schadsoftware exponentiell an, täglich entstehen Tausende von mehr oder weniger gefährliche Viren, Würmern oder Trojanern.

Trojaner, Viren, Ransomware

Ransomware ist eine Schadsoftware, die zunächst ohne Wissen und Einverständnis des Nutzers auf einen Computer geschleust wird und dann den Zugang zum Computer oder auch nur zu einem Teil der Daten verschlüsselt. Das Opfer kann dann nicht mehr auf seinen Computer oder seine Daten zugreifen, erst wenn ein Lösegeld bezahlt wurde, wird – vielleicht – ein Entsperrcode zugesandt. Opfer dieser kriminellen Aktion kann prinzipiell jeder werden: Vom Privatanwender bis zum DAX-Unternehmen ist grundsätzlich niemand sicher.

Viren stellen die größte Gruppe von Schadsoftware dar. Ein Virus ist ein kleines Programm, das ganz nach dem Vorbild des natürlichen Virus für sich genommen gar keine Funktion hat. Erst wenn ein Virus auf bestimmte Programm-Codes trifft, erwacht es zum Leben und richtet Schaden an. Meist besteht der Schaden in sinnloser Zerstörung, der Programmierer hat außer Renommé in Hackerkreisen keinen Nutzen.

Bots sind Programme, die im Internet angemeldete Computer kapern, um deren Rechenleistung anzuzapfen. Hierbei installieren Betrüger sogenannte Bots (von Robots, Arbeiter) ohne das Wissen der Nutzer auf dem Computer und versklaven den Rechner. Tausende von mit Bots infizierten Computern werden zu Botnetzen zusammengefügt und zum Bitcoin-Mining, zu Massenangriff auf Webseiten oder zum massenhaften Versenden von Email verwendet. Der Nutzer bemerkt nicht viel, außer einem außergewöhnlichen Abfall der Performance.

Trojaner ermöglichen es dem Angreifer, sensible Daten wie Passwörter, aber auch die Tastenanschläge und damit die getippten Texte auszuspähen. Sinistere Elemente erforschen auf diese Art Passwörter für Online-Konten und räumen so Bankkonten leer oder tätigen Großeinkäufe. Diese Daten werden dann im Darknet für hohe Summen gehandelt. Aber selbst der Staat nimmt das Recht für sich in Anspruch, einen Trojaner auf die Computer Verdächtiger zu schleusen. Die Angriffe auf den Deutsche Bundestag 2015 und 2017 waren Trojanerangriffs, die Sicherheitsprogramme versagten.

Bis heute werden Schad-Programme fast ausschließlich für die Windows-Umgebung programmiert. Dies hat mehrere Gründe:

Windows in seinen verschiedenen Versionen ist das am weitesten verbreitete, fast monopolartige Betriebssystem. Diese Tatsache macht es zum bevorzugten Angriffsziel für Programmierer, denn um ein erfolgreiches Schadprogramm zu konstruieren, das sich dann möglichst schnell verbreitet, benötigt man eine Monokultur.

Hier hat Linux einen Vorteil, der schon alleine darin besteht, mehr oder weniger als Nischenprodukt zu existieren.

Aber auch wenn Linux weiter verbreitet wäre, wäre es für einen kriminell veranlagten Entwickler schwierig, ein Schadprogramm zu erstellen, das auf einem Linux-System großen Schaden anrichten und das System zerstören könnte. Dies liegt unter anderem im Privilegien-System von Linux begründet.

10.2 Die Privilegien bei Linux

Ich habe dies bereits weiter vorne in diesem Buch erläutert:

Jedes Programm, hat die gleichen Rechte wie sein Benutzer. In einer Windowsumgebung bedeutet das nahezu den vollen Zugriff auf das ganze System. Denn unter Windows ist jeder Benutzer zugleich Administrator, d.h. er hat Zugang zu allen Daten, auch zu den Systemdaten. Das ist gewollt, unter anderem, damit Microsoft automatische Updates einspielen kann und der Benutzer ohne Probleme eigene Programm installieren oder Einstellungen am System vornehmen kann. Zwar müssen Sie sich auch unter Windows nicht zwingend als Administrator anmelden, doch dann sind die Einschränkungen so enorm, dass man sich sehr bald, trotz der damit verbundenen Risiken, wieder als Administrator anmelden möchte.

Das Linux-Nutzersystem, das eine bevorzugte Nutzung als normaler User vorsieht, habe ich in Kapitel 4 beschrieben. Da ein Benutzer unter Linux nur Zugang zu seinen eigenen Daten hat, kann er auch nur diese verändern oder löschen. User können keine Programme installieren und keine Veränderungen an Systemdateien vornehmen. Und genau deswegen wird eine Schadsoftware auch nicht aktiv. Selbst wenn Sie sich einen Schädling einfangen würden, der unter Linux aktiv werden könnte: Solange Sie keine Administratorenrechte annehmen und das Schadprogramm nicht bewusst

10 Safety first – Sicherheit im System

installieren, passiert nichts, eine automatische Installation ohne Einverständnis und Legitimation gibt es bei Linux nicht.

> **1. Regel**
>
> Nutzen Sie Ihr Linux als User, wechseln Sie nur, wenn es unbedingt nötig ist, per sudo in den root-Modus.

10.3 Virenscanner

Sicher kann man sein Windows-System auch mittels Viren-Scannern und Firewalls schützen, Virenscanner sind jedoch lückenhaft und davon abhängig, dass der Benutzer die Viren-Definition täglich auf dem neuesten Stand hält. Außerdem sind auch diese Programme durch ein Schadprogramm, das bereits ins System eingedrungen ist, relativ leicht deaktivierbar, das Virus hat ja Administrator-Rechte, genau wie der Benutzer. Zudem reagieren Viren-Programme nur, das heißt, ein Virus, dessen Code in die Definition aufgenommen wurde, hat bereits Schaden angerichtet. Leistungsschwächere Computer werden zudem durch einen aktiv im Hintergrund mitlaufenden Scanner noch langsamer. Auch für Linux gibt es Anti-Viren-Programme, allerdings nicht für Linux-Viren, denn die gibt es so gut wie nicht, sondern um Windows-Viren zu eliminieren.

10.4 Firewall

Ebenso benötigen Sie in der Standard-Installation keine Firewall. Sofern Sie sich hinter einem Router befinden, sind Sie sowieso sicher, denn im Router ist eine effiziente Hardware-Firewall eingebaut.

Firewalls blockieren den Zugriff aus dem Internet auf Dienste, die auf Ihrem Computer laufen. Bei der Standard-Installation von Linux werden solche Dienste gar nicht angeboten, es gibt also nichts zu blockieren.

Firewalls blockieren darüber hinaus unerwünschte Zugriffe vom Computer aus auf das Internet mittels Schadprogrammen. Solange Sie Ihre Programme über die bereitgestellten Server beziehen, brauchen Sie hier keine Sorgen zu haben, diese Programme sind definitiv frei von Schad-Programmen.

10.5 Linux-Ökosystem

Egal, ob Sie eine Debian- oder eine RedHat-basierte Distribution nutzen, Sie haben Zugriff auf eine Unzahl von Programmen, die für die tägliche Arbeit am Computer geeignet sind. Diese Programme sind mit an Sicherheit grenzender Wahrscheinlichkeit frei von Schadprogrammen. Somit sind Sie nicht auf Downloads aus einer möglicherweise gefährlichen Quelle angewiesen, Ihre Distribution greift direkt auf relativ sichere Server zu. Die Übertragung ist mit Schlüsseln gesichert; sollte das Programmpaket verändert werden, verändert dies den Sicherheitsschlüssel und das Programm wird nicht installiert.

2. Regel

Beziehen Sie Ihre Programme, wenn immer möglich, von den Servern der Distributoren und vermeiden Sie es, Programmpakete von nicht unbedingt vertrauenswürdigen Seiten zu beziehen.

Ein weiterer Sicherheitsvorteil von Linux ist der Open-Source Gedanke. Da die Architektur des Betriebssystems und fast der gesamten Software, die für Linux angeboten wird, offen liegt, werden Sicherheitslücken im Quellcode oft gleich erkannt und können geschlossen werden. So etwa 2014 im Fall Heartbleed, als ein Teil des Verschlüsselungs-Protokolls Open-SSL durch einen Programmierfehler angreifbar wurde. Dieser Fehler durchaus katastrophalen Ausmaßes wurde bei der Überprüfung des Quellcodes durch andere Software-Entwickler entdeckt und in der Zwischenzeit behoben. Bei einer proprietären Software wäre dieses Verfahren so nicht möglich gewesen. Die Quellcodes werden fast wie Staatsgeheimnisse gehütet und Sicherheitslücken werden eigentlich immer erst bekannt, wenn bereits ein Schaden entstanden ist.

3. Regel

Vermeiden Sie proprietäre Programme und greifen Sie, wenn immer möglich, auf Open-Source-Programme zurück.

10.6 Spectre und Meltdown

Ende 2017 wurde ein Super-GAU bekannt. Einem Team von Forschern war es gelungen, Angriffsszenarien zu entwickeln, die Schwachstellen in der Hardware-Architektur von Prozessoren ausnutzen konnten. Angreifer konnten durch das Ausnutzen dieser Sicherheitslücken mit einem Schadcode alle Daten auslesen, die der jeweilige Computer im Speicher verarbeitet – also auch Passwörter und geheime Zugangscodes. Schnell stellte sich heraus, dass nahezu alle Prozessoren der Hersteller Intel und AMD betroffen waren.

Diese Sicherheitslücke ist hardwareseitig und tritt unabhängig vom Betriebssystem auf. Das bedeutet, dass Windows, Linux, Solaris, macOS, iOS, Android gleichermaßen betroffen sind.

Ein Windows-Update, das die Lücke patchen, also flicken sollte, musste bereits einige Tage später wieder zurückgenommen werden, da es zu unkontrollierten Abstürzen führte.

Im Januar 2018 wurde ein neuer Linux-Kernel V. 4.15 veröffentlicht, der einen Teil dieser Sicherheitslücke schließen soll. Ob ein vollständiges Schließen der Lücke überhaupt möglich ist, ist zurzeit (Stand: März 2018) unklar.

Wenn Sie herausfinden wollen, ob und inwieweit Ihr System gegen die Sicherheitslücken gewappnet ist, laden Sie sich das Tool *spectre-meltdown-checker.sh* von der Webseite *https://raw.githubusercontent.com/speed47/spectre-meltdown-checker/master/spectre-meltdown-checker.sh* herunter, klicken Sie mit der rechten Maustaste auf die Datei und machen sie ausführbar.

Nach dem Starten können Sie lesen, ob und inwieweit Ihr Computer angreifbar ist.

---

4. Regel

Sorgen Sie für regelmäßige Updates Ihrer Programme und der Systemdateien.

10.7 Sichere Passwörter

Das größte Sicherheitsrisiko sitzt immer vor dem Computer. Ich meine dabei nicht so sehr das Surf-Verhalten im Internet, sondern den nachlässigen Umgang mit Passwörtern. Wenn Sie in manchen Büros Einblick in vertrauliche Daten nehmen wollen,

Sichere Passwörter 10.7

schauen Sie unter der Tastatur nach. Hier finden sich genauso oft Zettel mit Passwörtern wie Ersatz-Hausschlüssel unter der Fußmatte.

Wenn nicht gerade der System-Administrator das Passwort vorgegeben hat, sind diese manchmal von erschreckender Einfachheit. Die häufigsten Passwörter 2017 waren *12345678, passwort* und *qwertz*.

Der Hackerangriff heutzutage wird vollautomatisiert mit 2 Milliarden Schlüsseln pro Sekunden gefahren. Dabei gibt es grob gesagt zwei Methoden:

Bei der ersten werden komplette Wörterbücher als Passwort benutzt. Diese Methode zielt darauf ab, dass der Benutzer einen Namen oder einen feststehenden Begriff als Passwort benutzt. Nutzen Sie den Namen Ihres Hundes als Passwort, läuft der Rechner nicht einmal warm, bis das Passwort geknackt ist.

Die zweite Methode heißt *Brute Force* (brutale Kraft). Hierbei handelt es sich um eine Methode, die versucht Passwörter oder Schlüssel durch automatisiertes, wahlloses Ausprobieren herauszufinden. Kurze, einfache Passwörter können so schnell geknackt werden. Hieraus ergeben sich zwei Regeln:

Ein Passwort sollte mindestens zehn Zeichen lang sein. Zehn Zeichen bedeuten 713342911662882601 mögliche Kombinationen, wenn nur Groß- und Kleinbuchstaben und die Ziffern 0-9 (= 62 Zeichen) verwendet werden. Ein gewaltsamer Angriff auf Ihren Computer mit einem leistungsfähigen Werkzeug dauert dann bis zu 15 Jahren. Das ist natürlich der Maximalwert, im Extremfall kann der Hacker natürlich auch schon nach Sekunden fündig werden.

Bei 2 Milliarden Schlüsseln, die ein durchschnittlich ausgestatteter Laptop pro Sekunde generieren kann, dauert es maximal, ein Passwort mit zehn Zeichen zu knacken:

- nur Kleinbuchstaben (26 Zeichen): 19 Stunden
- Groß- und Kleinbuchstaben (52 Zeichen): 2 Jahre und vier Monate
- Groß- und Kleinbuchstaben plus Zahlen (62 Zeichen): 15 Jahre
- alle Zeichen plus Sonderzeichen (72 Zeichen): ca. 58 Jahre

Hinweis

Die Stärke Ihres Passwortes steigt exponentiell an, je mehr Zeichen Sie verwenden. Als einigermaßen sicher gilt ein Passwort erst, wenn es in der Lage ist, einen Brute-Force-Angriff mehrere Jahre lang auszuhalten.

Nur wie löst man den Widerspruch, ein Passwort zu generieren, das nicht zu entschlüsseln, aber dennoch gut zu merken oder immer wieder herzuleiten ist? Ich stelle Ihnen im Folgenden zwei Methoden vor:

Buchstaben-durch-Zahlen-ersetzen-Methode

Das beste Passwort ist ein rein zufälliges Kennwort, bestehend aus allen Zeichen und Sonderzeichen, die Ihre Tastatur hergibt. Und dieses Passwort werden Sie dann natürlich auch gleich wieder vergessen. Wenn es sich aber um wirklich wichtige Daten handelt, sollten Sie trotzdem ein rein zufällig generiertes Wort wie z.B. *geK7{m(6$ci* benutzen.

Passwort-Kombinationen aus Buchstaben und Zahlen sind zwar sicherer als reine Buchstabenkombinationen. So ist *Marion67* sicherer als *Marion*, aber auch diese Kombination ist bei weitem nicht sicher. Ersetzen Sie doch einfach Buchstaben durch Ziffern. Wenn Sie Ziffern verwenden, die Buchstaben ähnlich sehen, z.B. *E* durch die *3*, *O* durch die *0*, *I* durch eine *1* und die *5* durch das *S*, entstehen schwer zu knackende Kennwörter, die man sich trotzdem merken kann. Dann wird aus *Marion67* schnell *Mar10n67*. Das Wort *Sommer* kann man sehr leicht knacken, das Wort *S0mm3er* schon etwas weniger leicht. Und wenn Sie den besonders heißen Sommer 2003 *502Xm3r03* als Passwort nehmen, sind Ihre Daten schon besser geschützt. (Wobei *mm* durch *2Xm* ersetzt wurde).

Noch weiter steigern können Sie das Verfahren, indem Sie auf Sonderzeichen zugreifen, dann wird aus dem *502Xm3r03* der *$02Xm3r03*.

So weit, so gut. Nun sollten Sie aber kein Passwort zwei Mal verwenden. Also sollten Sie sich eine Methode ausdenken, Ihr »sicheres Passwort« *502Xm3r03* dem jeweiligen Zweck zuzuordnen. Die einfachste Methode ist, diesen Zweck einfach an das Kennwort anzuhängen: Aus *502Xm3r03* wird dann, für die Benutzung des großen Internet-Auktionshauses *502Xm3r03/ebay*. Und für facebook eben *502Xm3r03/facebook*. Das macht es einem Hacker noch etwas schwerer, ist allerdings auch irgendwie vorhersehrbar.

Nicht mehr lösbar wird es, wenn Sie die Buchstaben des Zieles im Wort verstecken, z.B. an 2., 4. usw. Position. Dann heißt das ebay-Passwort auf einmal *5e0b2aXym3r03*. Und facebook wird mit *5f0a2cXemb3oro0k3* erreicht und ist dann selbst für Hacker mit normalen Methoden nicht mehr zu knacken.

Die Anfangsbuchstaben-Methode

Mit Eselsbrücken können Sie sich die schwierigsten Passwort-Kombinationen leicht einprägen! Jeder kennt Sprichwörter oder berühmt gewordene Sätze wie »*das Spiel dauert neunzig Minuten und am Ende gewinnen die Deutschen«*. Indem Sie nur die Anfangsbuchstaben und Satzzeichen hernehmen, erstellen Sie daraus das Kennwort *dSd90M,uaEgdD*. Aus *»Besser ein Spatz in der Hand, als eine Taube auf dem Dach!«* wird: *B1SidH,a1TadD!*.

14 Zeichen aus Groß- und Kleinbuchstaben, Ziffern und Sonderzeichen ergibt ein Passwort, das einem Angriff ungefähr 1,6 Milliarden Jahre standhält.

Nehmen Sie einen Gedichtanfang, ein Sprichwort, irgendeinen Spruch. Damit können Sie wunderbare Passworte generieren, die Sie sich, wenn es nötig ist, immer wieder herleiten können.

Können Sie sich vorstellen, welcher Spruch sich hinter *MHdh3E,3EhmH* verbirgt? (Lösung am Ende des Kapitels)

5. Regel

Benutzen Sie niemals ein real existierendes Wort als Passwort. Auch nicht die Namen der Liebsten, der Haustiere oder der Topfpflanze.

Und gleich hinterher:

6. Regel

Nutzen Sie möglichst lange und komplexe Passwörter mit Groß- und Kleinbuchstaben, Ziffern und Sonderzeichen.

10.8 Passwortsafe

Das ist schön und gut, aber möchten Sie jedes Mal ein solches Passwort eintippen? Eigentlich nicht, und so bieten die meisten Browser auch eigene Passwortsafes an, die Ihre Nutzernamen und Passwörter speichern und gegebenenfalls in Login-Seiten eintragen. Da können Sie sich irgendwelche phantastischen Passwörter einfallen lassen und das funktioniert auch, solange der Safe sicher ist. Und wenn nicht? Linux bietet hier eine reiche Auswahl an guten Passwort-Verwaltungen. Das sind sehr sicher verschlüsselte Datenbanken, die mit einem Masterpasswort gesichert werden.

Ein beliebter Passwortmanager für Debian ist das Programm *Seahorse*, das den Gnome-Schlüsselbund beinhaltet.

10 Safety first – Sicherheit im System

Der Begrüßungsbildschirm ist zunächst einmal sehr schlicht gehalten und wie Sie sehen werden gibt es bereits einen Eintrag: einen Schlüsselbund namens *login*.

Ein Schlüsselbund ist eine Sammlung von Passwörtern und PGP-Schlüsseln. Wahrscheinlich ist dieser noch leer. Um ein neues Passwort zu speichern, klicken Sie bitte auf DATEI | NEU. Es erscheint folgendes Fenster:

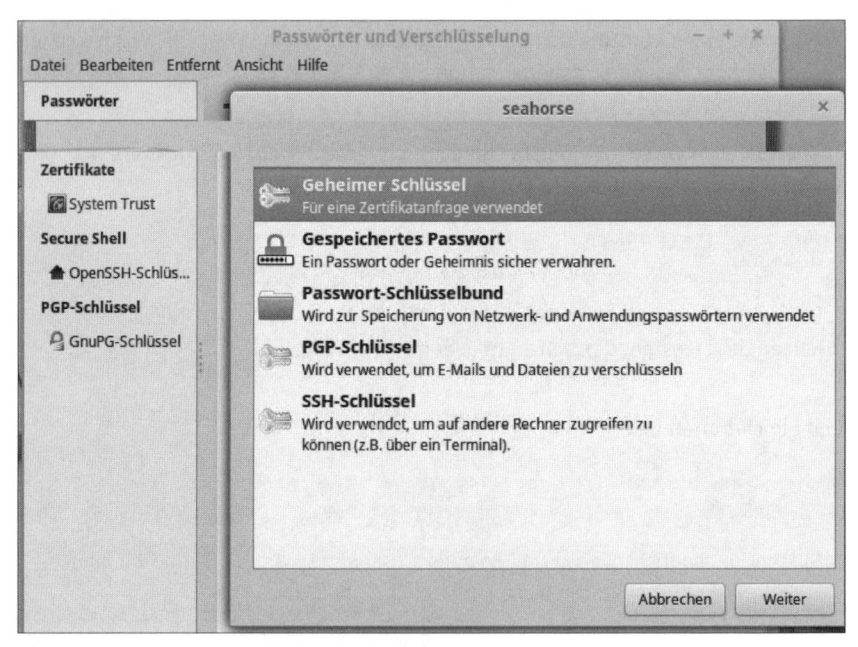

Abb. 10.1: Dialog zum Erstellen neuer Passwörter

Sie können nun ein Passwort speichern. Das ist so weit nicht schwierig, ein Doppelklick auf den Eintrag GESPEICHERTES PASSWORT öffnet den Dialog, in dem Sie ein neues Passwort samt Beschreibung hinterlegen können.

> **Hinweis**
>
> Um diesen Dialog zu öffnen und die gespeicherten Passwörter einzusehen, ist keine zusätzliche Eingabe eines Passwortes nötig. Ihr Geheimnis ist also nur so sicher wie Ihr persönliches Login-Passwort.

Passwortsafe 10.8

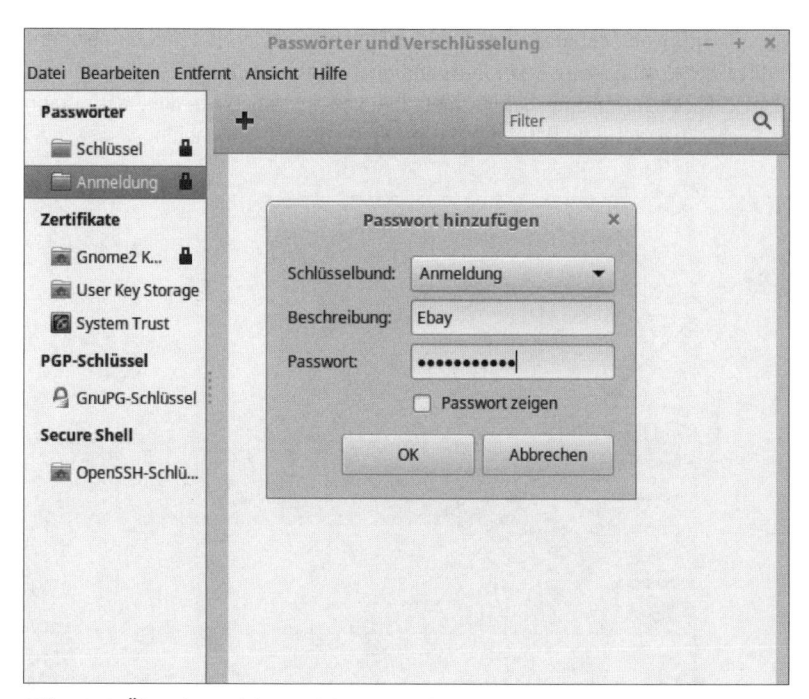

Abb. 10.2: Über einen Dialog speichert man einzelne Passwörter.

Eine höhere Sicherheit erreichen Sie, wenn Sie einen zweiten Schlüsselbund einrichten und ein zweites Passwort für Ihre Geheimnisse erstellen. Dazu klicken Sie mit der rechten Maustaste auf den Menüeintrag PASSWORT ÄNDERN. Sie werden aufgefordert, einen Namen für die Schlüsselsammlung und ein Passwort einzugeben. Geben Sie hier ein anderes Passwort als beim Anmelden ein, dann hat ein Schnüffler immerhin schon zwei Passwörter vor sich. Aber das auch nur, wenn Sie den Schlüsselbund mittels Kontext-Dialogs sperren. Sonst ist es auch hier durch einen einfachen Klick möglich, die Passwörter zu lesen. Eine Option, um den Schlüsselbund automatisch zu sperren, gibt es leider nicht.

Neben der Möglichkeit, aktiv und bewusst Passwörter zu archivieren, um sie bei Bedarf wieder sichtbar zu machen, arbeitet Seahorse im Hintergrund eigenständig. Sie haben bei der Installation ein Login-Passwort erstellt und ein Passwort für Ihr WLAN? Seahorse speichert diese und ermöglicht das automatische Anmelden im System.

Die Optionen, die sowohl SSH- als auch PGP-Schlüssel betreffen, sind recht kompliziert. Sie dienen dazu, https://-Seiten zu empfangen, sich per Remote mit einem anderen Computer zu verbinden oder E-Mails zu verschlüsseln.

10 Safety first – Sicherheit im System

Es ist es mit Hilfe von Seahorse recht leicht möglich, einzelne Dateien im persönlichen Ordner zu verschlüsseln. Dazu muss lediglich das Plug-in *nemo-seahorse* über die Synaptic Paket-Verwaltung heruntergeladen und installiert werden, dann kann man per Rechtsklick auf eine Datei die Option VERSCHLÜSSELN auswählen.

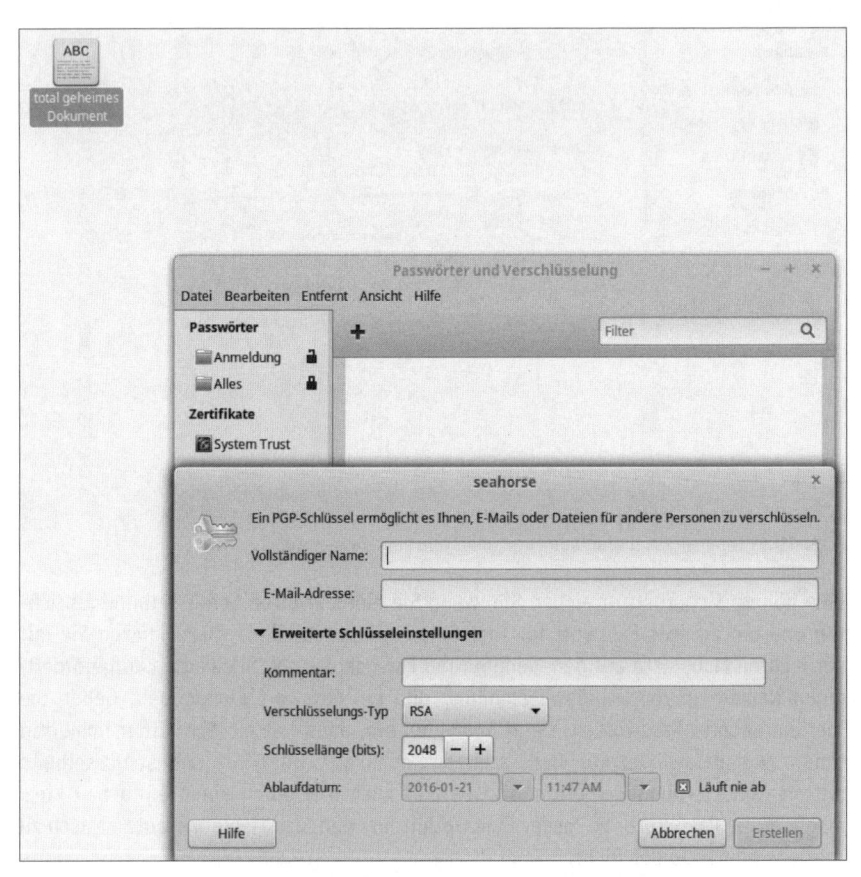

Abb. 10.3: Mit Hilfe des PGP-Schlüssels können Dateien verschlüsselt werden, um sie z.B. als E-Mail-Anhang zu versenden.

> **Hinweis**
>
> Umfassende Informationen zu diesem weitreichenden Thema bietet die Webseite
> https://www.datenschutzzentrum.de/selbstdatenschutz/internet/pgp/wozu.htm.

Weitere Passwortmanager:

- *Lastpass* ist ein Plug-in für die meisten Browser. Es merkt sich Passwörter und Nutzernamen und setzt sie gegebenenfalls selbstständig in Anmeldefenster ein.
- *KeePass Password Manager* ist ein freier Open-Source-Passwort-Manager, der alle Passwörter und Nutzernamen in einer geschützten Datenbank speichert. Die Datenbank wird mit den Algorithmen *AS* und *Twofish* geschützt, die beide als sehr sicher gelten.

> **7. Regel**
>
> Speichern Sie niemals Passwörter in Textform auf Ihrem Computer.

10.9 Start absichern

Wenn Sie wirklich sicher sind, dass niemand auf Ihren Computer räumlich zugreifen kann, also tatsächlich vor ihm sitzt, wenn der Rechner startet, brauchen Sie diesen Abschnitt nicht zu lesen. Aber können Sie ausschließen, dass Ihr Laptop niemals verloren geht? Einbrecher niemals Ihren Computer stehlen werden?

Im ersten Kapitel haben Sie gelesen, wie Sie mit Hilfe einer Live-Installation leicht auf die bestehenden Daten eines Computers zugreifen können. Sie müssen dazu nur eine kleine Veränderung am BIOS vornehmen. Nur: Wenn Sie das können, dann kann jeder andere das auch. Jeder, der sich räumlich Zugang zu Ihrem Computer verschaffen kann, kann beim Starten das BIOS so anpassen, dass sich ein Live-System Zugang zu Ihren Daten verschafft.

Richten Sie also Ihre Festplatte als erstes Startlaufwerk ein und sperren Sie Ihr BIOS mit einem Passwort ab. Das ist schnell und einfach auf der Oberfläche unter dem Menüpunkt SECURITY passiert.

> **8. Regel**
>
> Versperren Sie Ihr BIOS / UEFI.

Wenn auf Ihrer Festplatte sensible Dateien lagern, ist eine Verschlüsselung unabdingbar. Prinzipiell lassen sich einzelne Dateien verschlüsseln, Sicherheit erlangen Sie aber nur durch eine systematische Verschlüsselung der gesamten Festplatte. Sie haben bei den allermeisten Distributionen bereits während des Installationsvorganges die Möglichkeit, die Festplatte zu verschlüsseln. So kann sie dann, falls der Computer, die Festplatte oder, dies ist wohl die wahrscheinlichste Variante, Ihr Laptop gestohlen wird, niemand die Daten der Festplatte mittels eines Live-Systems auslesen. Dieses Verfahren verlangsamt die Performance des Computers und empfiehlt sich eigentlich nur dann, wenn sich wirklich geheime Daten auf dem Computer befinden, die auch professionellen Hackversuchen standhalten müssen.

Sollten Sie auf eine solche Verschlüsselung angewiesen sein und die von Ihnen favorisierte Distribution bietet die Verschlüsselung während der Installation nicht an, sollten Sie auf eine andere Distribution zugreifen.

9. Regel

Verschlüsseln Sie sensible Daten.

10.10 Sicherheit und Datenschutz im Internet

»Du bist der Herr Deiner Worte, einmal ausgesprochen, beherrschen sie Dich.«

Dieser alte arabische Spruch zeigt sehr deutlich, inwieweit Sie selbst durch Ihr Verhalten Daten preisgeben, die Sie besser für sich behalten sollten.

Denn wie oben beschrieben ist es sehr schwierig, einen Linux-PC vom Internet aus zu kapern, um vertrauliche Informationen auszulesen, und ernsthafter Schaden durch Schadprogramme ist zurzeit nicht zu erwarten. Aber trotz aller Systemsicherheit ist Ihr Recht auf informationelle Selbstbestimmung, also das Recht, von Ihren persönlichen Daten nichts preiszugeben, was Sie nicht preisgeben möchten, ununterbrochen gefährdet. Denn dieses Recht wird im Internet sehr flexibel ausgelegt. Ohne dass Sie es bemerken, hinterlassen Sie im Internet eine digitale Fährte, aus der sich Benutzerprofile erstellen lassen. Diese werden für viel Geld verkauft, weshalb Amazon, Facebook und Alphabet (der Mutterkonzern von Google) zu den teuersten Firmen der Welt zählen.

Man mag in den Zeiten des Internets den Verlust der Kontrolle über seine Daten als notwendiges Übel betrachten, was hat man denn schon groß zu verbergen? Tatsächlich werden diese Datensätze aber in Zukunft viel invasiver eingesetzt werden. Beispielsweise zur Bonitätsprüfung bei Banken und Versicherungen. Krankenkassen und auch potentielle Arbeitgeber können sich Profile eines Bewerbers kaufen ...

Nun posten Sie in sozialen Netzwerken Ihre Daten freiwillig und hätten wenigstens ansatzweise die Kontrolle darüber, welche Informationen Sie freigeben. Vor einigen

Sicherheit und Datenschutz im Internet 10.10

Jahren lasen Einbrecher noch Traueranzeigen, um herauszufinden, wann ein Haus leer war, weil die Bewohner mit Sicherheit auf dem Friedhof waren. Heutzutage posten Menschen auf Facebook, wann sie im Urlaub sein werden. Eine schönere Arbeitsplanung für Einbrecher kann es fast nicht geben. Überlegen Sie also, ob es nötig ist, der ganzen Welt mitzuteilen, in welchem Zeitraum Ihre Wohnung unbewacht sein wird.

Etwas anderes ist es mit der digitalen Spur, die Sie unbemerkt im Internet hinterlassen. Hier müssen Sie aktiv werden, damit Ihr Surfverhalten nicht oder doch zumindest schwer nachvollzogen werden kann.

Firefox absichern

Firefox ist einer der populärste Browser in der Linuxwelt und seine große Stärke ist die Möglichkeit, mit Plug-ins seine Funktionsvielfalt massiv zu erweitern. Die meisten Distributionen liefern ihn als Standardbrowser aus; ob er tatsächlich der beste Browser ist, sei dahingestellt.

Firefox bietet allerdings eine Reihe von Features an, die das Surfen sicherer und weniger transparent machen: Öffnen Sie den Dialog BEARBEITEN | EINSTELLEN. Hier finden Sie übersichtlich die Optionen, mit denen Sie den Datenschutz verbessern können.

Im Bereich DATENSCHUTZ möchte ich Ihnen folgende Einstellungen empfehlen:

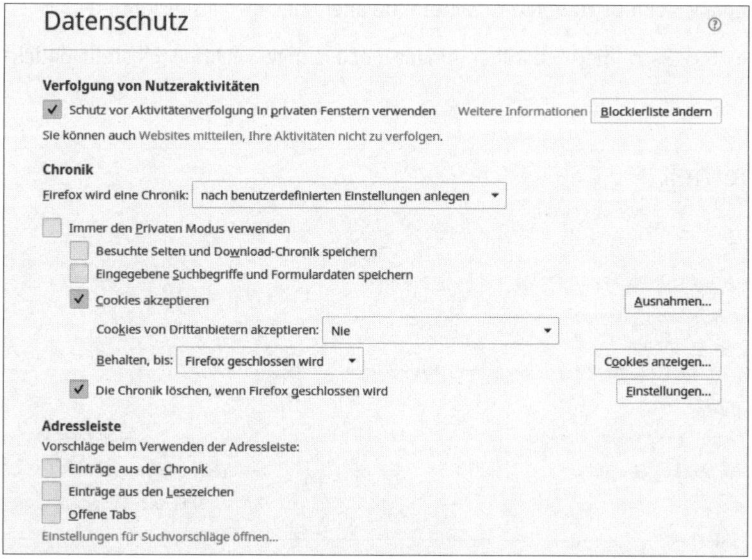

Abb. 10.4: Die Datenschutz-Einstellungen sind nicht automatisch optimal konfiguriert.

10 Safety first – Sicherheit im System

Legen Sie zunächst fest, dass Sie nicht verfolgt werden wollen. Viele Webseiten-Betreiber nutzen diese Funktion zu statistischen Zwecken.

Die Einstellungen zum Thema CHRONIK können Sie vornehmen, indem Sie im Dropdown-Menü die BENUTZERDEFINIERTEN EINSTELLUNGEN aktivieren. Aus einer Chronik lässt sich Ihr Surfverhalten perfekt herauslesen. Daran sind nicht nur Firmen im Internet interessiert, sondern u.U. auch Familienmitglieder oder Chefs.

Lassen Sie Firefox die Chronik löschen, wenn Sie es beenden, speichern Sie keine besuchten Seiten. Download-Chroniken und eingegebene Suchbegriffe gehen einfach niemanden etwas an.

Wenn Sie das Schaltkästchen IMMER DEN PRIVATEN MODUS VERWENDEN aktivieren, können Sie unter dem Reiter SICHERHEIT auch keine Passwörter speichern, ich empfehle dies Option nicht zu nutzen.

Ein COOKIE ist eine kleine Textdatei, die ein Webserver auf dem eigenen Rechner anlegen darf. Die Bedrohung, die von Cookies ausgeht, betrifft das informationelle Selbstbestimmungsrecht. Cookies ganz zu verbieten ist leider oft nicht praktikabel, da diese auch für legitime Zwecke verwendet werden, zum Beispiel um Voreinstellungen öfters besuchter Webseiten nicht immer wieder erneut vornehmen zu müssen. Daher sollten Sie Cookies grundsätzlich akzeptieren, aber löschen lassen, wenn Sie Firefox schließen. Damit verringern Sie die Gefahr, dass diese Dateien unbefugt ausgelesen werden. Cookies von Drittanbietern sollten Sie allerdings niemals akzeptieren.

Der Reiter SICHERHEIT bietet darüber hinaus noch einige wichtige Einstellmöglichkeiten:

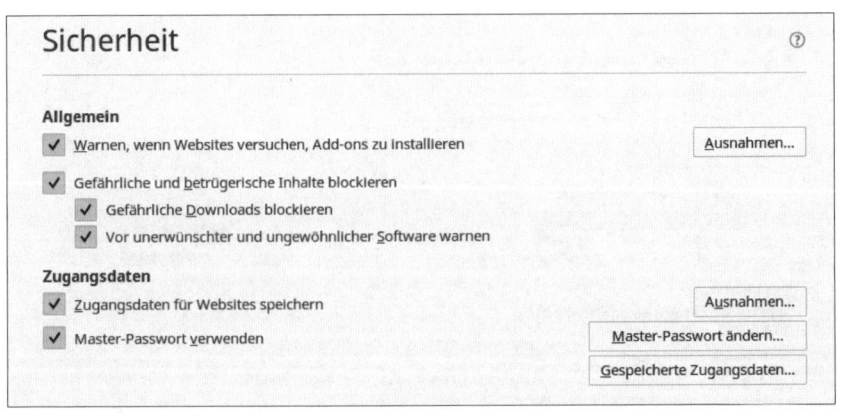

Abb. 10.5: Auch diese Einstellungen sind zunächst nicht optimal

Sicherheit und Datenschutz im Internet 10.10

Setzen Sie unbedingt die oberen beiden Häkchen. Add-ons von Webseiten installieren zu lassen, öffnet Missbrauch Tür und Tor und selbstverständlich sollten Sie Firefox anweisen, gefährliche Inhalte zu blockieren. Ob Sie PASSWÖRTER SPEICHERN und mit einem Master-Passwort freigeben wollen, ist schwer zu entscheiden. Wenn Sie Passwörter speichern, brauchen Sie auf einer Internetseite nur Ihren Nutzernamen einzugeben, Firefox fügt dann das Passwort automatisch ein. Sie können auf diese Art und Weise sehr sichere Passwörter erstellen und dann einfach vergessen. Dieses Verfahren sollten Sie aber auf keinen Fall bei so heiklen Seiten wie dem Online-Banking anwenden.

Vorsicht!

Wenn Sie Ihre Passwörter speichern, verwenden Sie unbedingt ein Master-Passwort, da Ihre gespeicherten Passwörter sonst nicht verschlüsselt sind!

Firefox hat sich in den neuen Versionen von Google als STANDARD-SUCHMASCHINE verabschiedet. Nun ist Yahoo die Suchmaschine der Wahl; geben Sie einen Suchbegriff ins Adressfeld ein, wird automatisch die Suche über den ehemaligen Klassenprimus aus Sunnyvale angestoßen. Da es sich ebenfalls um eine amerikanische Firma handelt, muss auch diese Ihre Nutzerdaten, wann immer gefordert, an die Behörden ausliefern (und hat dies in der Vergangenheit wohl auch getan). Da Konkurrenz und Marktführer Google als Datenkrake par excellence gilt, bleibt nur, Suchmaschinen zu nutzen, die weniger neugierig sind.

Unter dem Reiter SUCHE haben Sie die Möglichkeit, eine andere Suchmaschine automatisch einzubinden. *DuckDuckGo* und *Startpage by Ixquick* sind hierbei zwei Empfehlungen, die den Datenschutz sehr ernst nehmen. Die Suchergebnisse sind vielleicht nicht so üppig wie bei Google, reichen jedoch meist völlig aus. Bei Startpage ist zudem ein Familienfilter aktiv, der jugendgefährdete Inhalte nicht anzeigt.

Heimlich, still und leise sind die Einstellmöglichkeiten für *JavaScript* aus den Menü-Einstellungen verschwunden. Hierbei handelt es sich um eine Programmiersprache, die den Funktionsumfang einer Webseite sehr stark erweitert. Mit JavaScript können Animationen, Menüs oder Geräusche dargestellt werden. Leider kann JavaScript aber auch nervig bis neugierig werden. Wenn Sie es vollständig abschalten, können Sie unter Umständen bestimmte Internetseiten nicht in vollem Umfang nutzen.

Diesem Problem können Sie mit einem Add-on namens *Ghostery* begegnen.

Darüber hinaus möchte Ich Ihnen noch einige Add-ons empfehlen, die den Browser sicherer machen:

10 Safety first – Sicherheit im System

- *AdBlock Plus*: blockiert Werbung und bösartige Webseiten
- *Better Privacy*: löscht Langzeit-Cookies, die durch die Cookie-Verwaltung nicht erkannt werden.
- *NoScript*: JavaScript und andere Plug-ins nur bei vertrauenswürdigen Quellen
- *anonymoX*: ermöglicht das anonyme Surfen im Internet, indem Sie eine virtuelle Identität aus einem anderen Land annehmen.
- *Browser Protect:* verhindert, dass jemand über das Internet die Kontrolle über Firefox übernimmt.
- *Blur (formerly DoNotTrackMe)* : verhindert, dass Firmen Ihre Aktivitäten im Netz aufzeichnen können.
- *AdNauseam:* geht einen ganz anderen Weg. Es wird nicht nur Werbung nach einer Liste blockiert, im Hintergrund wird buchstäblich jede Werbung auch angeklickt. Dadurch wird es für die Werbenetzwerke unmöglich, Ihr Interessensprofil zu erstellen.

Diese Plug-ins schützen Ihren Computer und Ihre persönlichen Daten. Sie hindern allerdings niemanden daran, seinen gesunden Menschenverstand auszuschalten. Die größte Verantwortung für die Sicherheit im Netz liegt bei Ihnen.

10. Regel

Überprüfen Sie, ob Ihr Browser alle verfügbaren Datenschutz-Einstellungen aktiviert hat.

10.11 Social Engineering – Phishing

Phishing ist der Versuch, über gefälschte Webseiten an Ihre geheimen Daten, zum Beispiel die Zugangsdaten für Ihr Online-Banking, zu gelangen und sie dann abzufischen. Die Techniken dabei sind zum Teil enorm ausgefeilt.

Im unteren Beispiel habe ich eine Mail vom angeblichen »Kundenservice Postbank« bekommen, mit der Aufforderung, einen Link anzuklicken und meine Zugangsdaten einzugeben. Es erschien eine täuschend echte Fälschung der Webseite meiner Bank. Hätte ich nun hier meine Zugangsdaten eingegeben, wäre mit Sicherheit mein Konto geplündert worden.

Social Engineering – Phishing 10.11

> **Leistung aus Leidenschaft.**
> **Deutsche Bank**
>
> Sehr geehrte Kundin, sehr geehrter Kunde,
>
> Der technische Dienst der Bank fuhrt die planmassige Aktualisierung der Software durch Fur die Aktualisierung der Kundendatenbank ist es notig, Ihre Bankdaten erneut zu bestatigen. Dafuer mussen Sie unseren Link (unten) besuchen, wo Ihnen eine spezielle Form zum Ausfullen angeboten wird.
>
> https://meine.deutsche-bank.de/mod/WebObjects/dbpbc.woa/407/wo/confirm.asp
>
> Diese Anweisung wird an allen Bankkunden gesandt und ist zum Erfullen erforderlich.
>
> Wir bitten um Verstandnis und bedanken uns fur die Zusammenarbeit
>
> © Deutsche Bank AG. Alle Rechte vorbehalten

Abb. 10.6: Das Bild zeigt eine täuschend echt gestaltete Internetseite, die nur auf das Abfischen von Zugangsdaten abzielt.

Bei anderen Angriffsformen befindet sich die Schadsoftware auf einer infizierten Webseite. Diese wird dann schon durch den Besuch dieser Website auf dem Computer des Internetnutzers installiert.

Ein gesundes Misstrauen gegenüber dem Medium E-Mail und das aufmerksame Lesen der Phishing-E-Mails sind hilfreich. Die Seiten sind oft so täuschend ähnlich zu den Originalseiten aufgebaut, dass man schon sehr genau hinschauen muss, um die Unterschiede zu erkennen.

Wenn Sie sich an zwei simple Regeln halten, wird das Abfischen Ihrer Daten unmöglich:

1. Keine Bank verlangt von ihren Kunden per E-Mail, die Zugangsdaten preiszugeben. Niemals. Löschen Sie solche E-Mails, mit denen Ihre Bank Sie angeblich anschreibt.
2. Öffnen Sie niemals die in der E-Mail angegebene Webseite, bereits diese könnte infiziert sein. Der Schadcode würde auf Ihrem PC zwar keinen Schaden anrichten, Sie würden ihn allerdings möglicherweise mit eigenen E-Mails weiterverbreiten.

10 Safety first – Sicherheit im System

> **11. Regel**
>
> Geben Sie niemals Zugangsdaten auf Seiten ein, die Sie nicht selbst angewählt haben. Seien Sie misstrauisch und rufen Sie lieber einmal zu viel als zu wenig beim vermeintlichen Geschäftspartner an.

10.12 Ihre Dateien sichern

Festplatten haben, wie alle Industrieprodukte, eine begrenzte Lebenszeit. Nur ignorieren die meisten Menschen diese Tatsache, was zu regelmäßigen Datenverlusten und verzweifelten Schwüren führt, ab jetzt aber wirklich die Dateien regelmäßig zu sichern, wenn es bereits zu spät, die Festplatte defekt ist. Alle Bilder, Filme, Dokumente sind verloren und kein Betriebssystem kann sie mehr wiederherstellen.

> **Hinweis**
>
> Es ist wirklich unverzichtbar, seine Daten regelmäßig zu sichern.

Hierfür ist bei Ubuntu und all seinen Derivaten ein übersichtliches und einfaches Instrument vorgesehen: *Déjà Dup*. Dieses Programm hat sich als sehr stabil und zuverlässig herausgestellt, es ist mit dem Dateimanager verknüpfbar und erlaubt per Voreinstellung eine automatisierte Sicherung zu bestimmten Zeiten. Es ist in Ubuntu in den Distributionen, die auf dem Gnome-Desktop basieren, bereits integriert. Die Hauptaufgabe besteht in der Speicherung des /home-Ordners, es lassen sich aber auch alle anderen Ordner in die Sicherung miteinbeziehen.

Andere Distributionen bieten andere Programme an, sie heißen *Back in time*, *Lucky Backup*, *Fwbackups Rsync* oder *BackupPC*. Sie tun letztlich alle dasselbe: Sie speichern den home-Ordner und zumindest den /etc-Ordner. Unterschiede bestehen vor allem in der Stabilität und die wiederum hängt von der verwendeten Distribution ab. Probieren Sie aus, welches Programm Ihnen am ehesten zusagt und welches zeitgesteuerte Backups übernimmt.

Die wichtigsten Einstellungen zeige ich Ihnen am Beispiel des oben genannten Déjà Dup.

Wenn Sie im Übersichtsfenster die Option AUTOMATISCHE DATENSICHERUNG einschalten, können Sie Déjà Dup anweisen, den Datenbestand täglich, wöchentlich, zweiwöchentlich oder monatlich zu speichern.

Ihre Dateien sichern 10.12

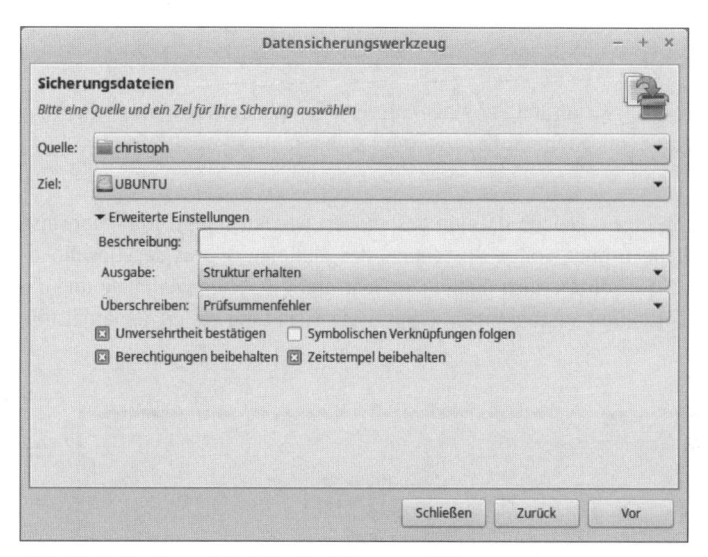

Abb. 10.3: Quelle und Ziel für die Sicherung wählen

Im zweiten Fenster wählen Sie den Speicherort außerhalb Ihres Computers aus. Es bieten sich Möglichkeiten, die Daten im Netzwerk zu sichern, aber auch ein Cloud-Speicher ist, sofern Sie sich registriert haben, nutzbar. Da bei einer Sicherung der komplette Datensatz aller Dateien gesichert wird, ist der Datendurchsatz sehr groß.

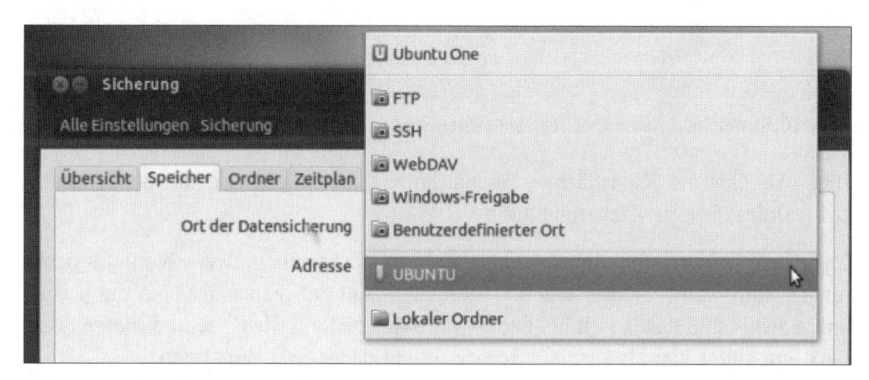

Abb. 10.4: Eine über USB-Anschluss eingebundene Festplatte namens *Ubuntu* wurde als Speicherort ausgewählt.

10 Safety first – Sicherheit im System

> **Tipp**
>
> Es empfiehlt sich, die Sicherung auf einer externen Festplatte, wie man sie heute für wenig Geld und mit enormen Kapazitäten kaufen kann, zu speichern.

Der dritte Reiter zeigt an, welche Dateien gespeichert werden sollen. Normalerweise wird der persönliche Ordner, unter Ausschluss des Mülleimers und des Download-Ordners, gesichert. Sie sollten auch überlegen, sehr große Dateien wie Filme und die VM-Dateien der VirtualBox auszunehmen, denn diese Sicherung dauert unverhältnismäßig lang.

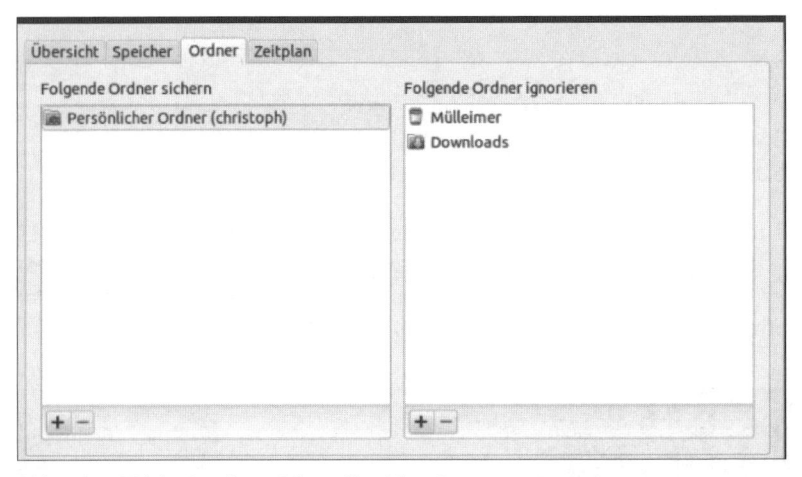

Abb. 10.5: Welche Dateien möchten Sie sichern?

Fügen Sie über die Schaltfläche + Ordner hinzu und schließen Sie mit der Schaltfläche - Ordner von der Sicherung aus.

Im letzten Reiter geben Sie neben dem Sicherungsintervall an, wie viele Datensicherungen aufbewahrt werden sollen. Theoretisch benötigt man immer nur die jeweils letzte Sicherung, damit sich bei Bedarf der Datenbestand wieder reproduzieren lässt. Déjà Dup bietet hier als kürzeste Aufbewahrungsdauer zwei Monate an.

Nachdem Sie die Sicherung der Daten mit JETZT SICHERN gestartet haben, werden Sie nach einem Passwort gefragt, um die Datei zu verschlüsseln und zu komprimieren. Sie sollten, falls Sie vertrauliche Dokumente sichern, einem Passwort zustimmen, auch wenn das Verfahren damit länger dauert.

Der erste Sicherungsvorgang wird ohnehin sehr lange dauern. Die zweite Sicherung, die Sie durchführen, wird dagegen vergleichsweise schnell ablaufen, denn Déjà Dup speichert dann nur noch die veränderten oder neu hinzugekommenen Dateien. Sie können daher eine tägliche Sicherung einstellen.

Hinweis

Inkrementelle Sicherung: Beim ersten Backup dauert die Sicherung sehr lange, weil alle Daten komplett auf den Sicherungsspeicher kopiert werden. Bei allen weiteren Speicherungen werden nur noch die Veränderungen gespeichert, wodurch viel Speicherplatz, Zeit und Datenvolumen gespart wird.

Mit der Schaltfläche WIEDERHERSTELLEN können Sie eine Datensicherung wieder zurückspielen. Zuerst wird Ihnen der Speicherort, dann ein Datum der Sicherung angeboten. In der Regel werden Sie die letzte Datensicherung auswählen, Sie können aber auch auf ältere Versionen zurückgreifen.

12. Regel

Sichern Sie Ihre Daten. Täglich.

10.13 VPN einrichten

Stellen Sie sich bitte vor, Sie sitzen mit Ihrem Laptop in einem Café, das einen kostenlosen WLAN-Hotspot zur Verfügung stellt. Sie rufen Ihre E-Mails ab, überprüfen einmal kurz den Stand der Dinge im großen Internetauktionshaus und erledigen schnell noch ein paar Bankgeschäfte. Außerdem posten Sie noch einige Nachrichten im bevorzugten sozialen Netzwerk.

Ein paar Tage später erhalten Sie einen Anruf, wann Sie denn die Yacht, die Sie ersteigert haben, in der Karibik abholen, Ihr Konto ist geplündert und mithilfe Ihres E-Mail-Accounts sendet jemand Stalking-Mails an einen beliebten Schauspieler. Was ist passiert? Ganz einfach: Jemand hat Sie bei Ihrer Internetsitzung belauscht und mit den gewonnenen Informationen Unfug getrieben.

Zugegeben, dieses Beispiel ist möglicherweise übertrieben. Aber Fakt ist: Wenn Sie sich mit einem PC oder Smartphone mittels eines öffentlichen Hotspots ins Internet begeben, sind alle Ihre Internetaktivitäten ungeschützt und ganz leicht lesbar. Alle

10 Safety first – Sicherheit im System

Seiten, die Sie aufrufen, alle Passwörter, die Sie eingeben, alle Texte, die Sie posten, werden aufgezeichnet (»geloggt«) und in einer Datei auf dem Router, den der Caféhausbesitzer zur Verfügung stellt, zwischengespeichert. Darüber hinaus kann jeder, der auch nur oberflächliche Ahnung von Netzwerktechnik, aber die richtige Software auf seinem Computer hat, Ihre Internetaktivitäten in Echtzeit mit verfolgen. Diese Hackerprogramme sind nicht einmal illegal, gehören sie doch zur Standardausrüstung eines Netzwerkadministrators.

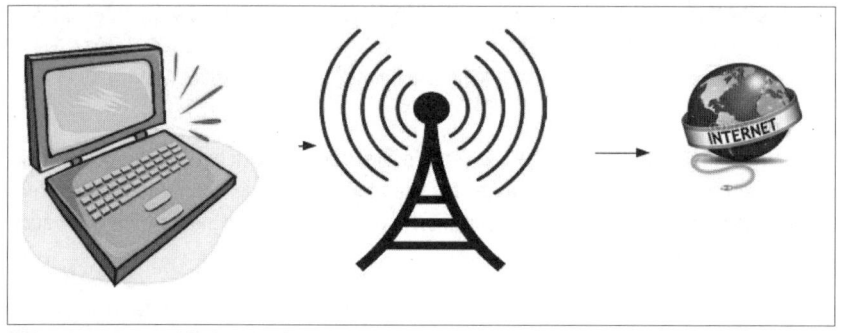

Abb. 10.6: Ganz schlecht: die direkte Verbindung ins Internet mithilfe eines unbekannten offenen Hotspots

Oder versuchen Sie im Ausland einmal mit dem Laptop samstags die Sky-Bundesliga zu schauen. Sky wird die IP-Adresse, mit der Sie sich eingewählt haben, als ausländische identifizieren und Ihnen den Zugang verwehren.

13. Regel

Vermeiden Sie es, Geldgeschäfte über öffentliche Hotspots zu tätigen.

Natürlich gibt es auch eine Möglichkeit, mithilfe eines offenen Hotspots sicher ins Internet zu gelangen oder die Bundesliga zu verfolgen: die Einrichtung eines *Virtuellen Privaten Netzwerks* (VPN). Diese Methode ermöglicht es Ihnen, sich zunächst verschlüsselt mit dem Hotspot in besagtem Internetcafé zu verbinden. Danach sorgt das VPN für eine verschlüsselte Verbindung bis zu Ihrem heimischen Netzwerkrouter. Die eigentliche Internetverbindung erfolgt dann über Ihr heimisches Netzwerk, mit all den Sicherheitsvorkehrungen, die Sie zu Hause eben auch haben.

VPN einrichten 10.13

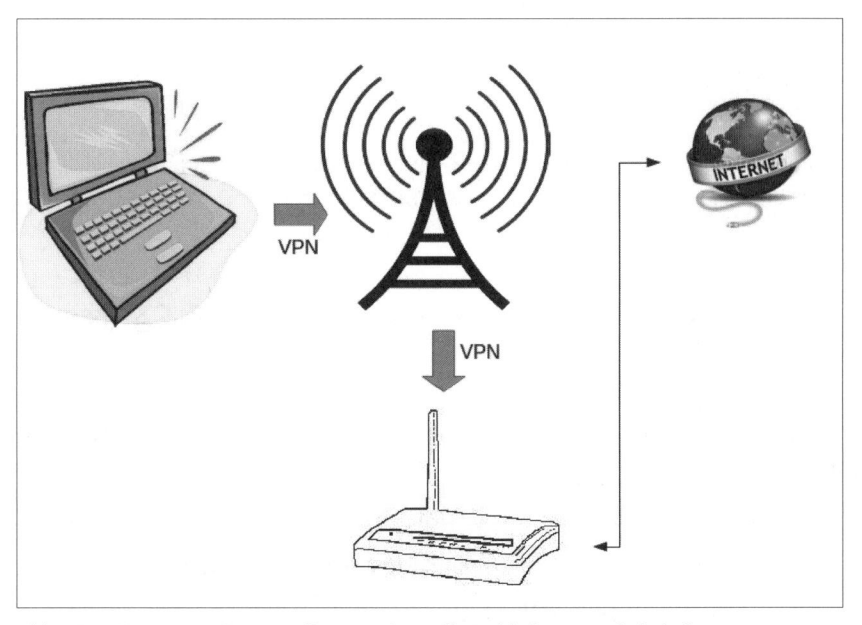

Abb. 10.7: Besser: Der Hotspot dient nur dazu, die Verbindung zum heimischen Netzwerkrouter aufzubauen.

Sie können, die notwendigen Netzwerkkenntnisse vorausgesetzt, Ihr gesamtes heimisches Netzwerk, also auch Drucker und Faxgeräte, Netzwerkfestplatten usw., benutzen, hier geht es aber um die Internetverbindung. Dieses System ist so sicher, dass sogar die NSA eingestehen musste, kein Mittel zum systematischen Abhören von VPN gefunden zu haben.

Die Einrichtung ist nicht ganz einfach, sollte aber mit der Schritt-für-Schritt-Anleitung gelingen. Sie beinhaltet drei Teile:

Als Erstes müssen Sie einen sogenannten DynDNS-Server einrichten. Wenn Sie nämlich im Café sitzen, können Sie gar nicht wissen, mit welcher IP-Adresse Ihr heimischer Router gerade mit dem Internet verbunden ist.

Als Zweites müssen Sie den heimischen Router so einrichten, dass er die Anfrage per VPN überhaupt zulässt und Ihrem Linux-Laptop Zugang zum Netzwerk gewährt.

Als Drittes müssen Sie den VPN-Client am Linux-Laptop einrichten.

10 Safety first – Sicherheit im System

> **Hinweis**
>
> Die Einrichtung einer VPN kann nur dann gelingen, wenn Sie einen klassischen DSL-Anschluss zu Hause haben. Wenn Sie zu Hause per Kabelanschluss ins Internet gehen, wird es sehr schwierig bis unmöglich. Dann hilft nur noch ein Buisinesszugang, der aber ganz ordentlich ins Geld geht.

10.14 Die Einrichtung eines DynDNS-Servers

Die dynamische IP-Adresse

Wenn Sie sich zu Hause über Ihr DSL-Modem mit dem Internet verbinden, läuft dies ungefähr so ab:

»Hallo Internetanbieter, hier ist Lieschen Müller, ich will gerne ins Internet.«

»Hallo Lieschen Müller, wenn du mir deine Anmeldedaten gibst, gerne.«

»Ja, meine Anmeldedaten sind (...).«

»Schön, du bekommst für diese Sitzung die Adresse ... lass mal sehen ... die IP-Adresse mit der Nummer 88.152.8.42 ist gerade frei geworden.«

Diese Zahlenkombination identifiziert die Computer, die für das Internet benutzt werden, bei allen Webseiten, die diese besuchen. Für diese Internetsitzung wird Lieschen mit dieser IP-Adresse im Internet angemeldet. Diese Identifikation ändert sich bei jeder neuen Einwahl oder aber spätestens nach 24 Stunden, weil es gar nicht so viele IP-Adressen gibt wie Internetnutzer. Sobald sich ein Nutzer aus dem Netz abmeldet, wird seine IP-Adresse wieder frei und an einen anderen Nutzer, der sich gerade einwählt, weitergegeben.

DynDNS-Server

Wenn Sie also mit Ihrem Laptop im Café sitzen, können Sie sich nicht ohne Weiteres mit dem heimischen Router verbinden, da Sie ja gar nicht wissen, mit welcher IP-Adresse Ihr Heim-Netzwerk gerade mit dem Internet verbunden ist. Aber der heimische Router ist ja immer online, also muss es nur irgendeine Instanz geben, über die Sie die Box im Internet finden können. Dann können Sie auf alle Netzwerkressourcen zugreifen, also auch auf die Internetverbindung, ganz so, als wären Sie zu Hause. Einige Internetdienste bieten hier eine Lösung: Sie behalten, nachdem Sie sich angemeldet haben, Ihre IP-Adresse im Blick. Möchten Sie aus dem Internet heraus auf Ihr

Die Einrichtung eines DynDNS-Servers 10.14

Heimnetzwerk zugreifen, wählen Sie diesen Dienst an, der Sie dann sicher zu Ihrem Netzwerk weiterleitet.

Anbieter solcher sogenannter *dynamischer DNS-Server*:

https://www.dyn.com/

http://www.selfhost.de/

https://www.no-ip.com/

http://www.dnsexit.com/

http://www.dyns.cx/

https://fritzbox.dyndns.org/

Einige dieser Anbieter sind kostenlos, verlangen aber für höhere Übertragungsgeschwindigkeiten einen monatlichen Beitrag.

Wählen Sie einen Anbieter aus und rufen Sie mit dem Browser die Internetseite auf, um sich bei dem Dienst anzumelden. Der Anmeldeprozess ist dabei schnell erledigt. Am Ende erhalten Sie eine sogenannte *Domain*: Im Falle dieses (nicht realen) Beispiels habe ich eine Domain namens troche.ddns.net erstellt. In der Regel werden Sie eine Bestätigungsmail an die angegebene E-Mail-Adresse erhalten, die einen Link enthält. Diesen Link müssen Sie anklicken, jetzt ist Ihre Anmeldung komplett.

Abb. 10.8: Das Anmeldefenster von *No-ip.com*

10 Safety first – Sicherheit im System

Als Nächstes müssen Sie Ihren Router nur noch instruieren, die aktuelle IP-Adresse regelmäßig an den Dienstanbieter zu melden, wenn sich die IP-Adresse geändert hat. Die meisten modernen Router haben diese Funktion bereits eingebaut.

Rufen Sie die Arbeitsoberfläche Ihres Routers auf. In unserem Beispiel handelt es sich um eine Fritz!Box, das Verfahren funktioniert aber analog mit Routern anderer Hersteller. Dazu geben Sie in die Adresszeile des Webbrowsers fritz.box ein und loggen sich mit dem Passwort in die Konfigurationsoberfläche ein. Hier öffnen Sie den Reiter INTERNET | FREIGABEN | DYNAMIC DNS.

Aktivieren Sie die Option DYNAMIC DNS BENUTZEN, suchen Sie aus dem Dropdown-Menü Ihren Anbieter aus und geben Sie die Anmeldedaten ein.

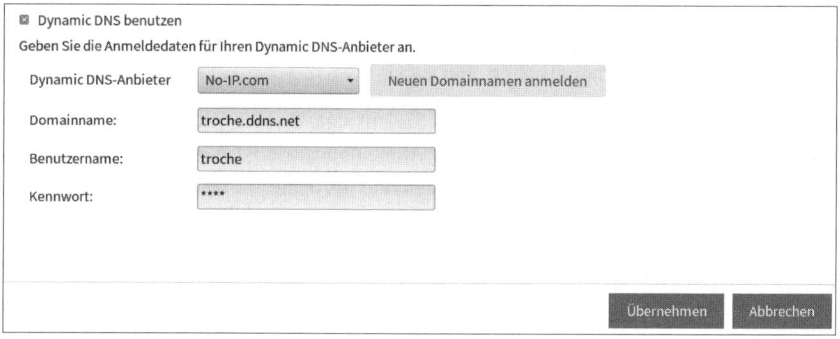

☑ Dynamic DNS benutzen			
Geben Sie die Anmeldedaten für Ihren Dynamic DNS-Anbieter an.			
Dynamic DNS-Anbieter	No-IP.com ▼		Neuen Domainnamen anmelden
Domainname:	troche.ddns.net		
Benutzername:	troche		
Kennwort:	****		
		Übernehmen	Abbrechen

Abb. 10.9: Geben Sie Anbieter und Anmeldedaten ein.

Das wars zunächst, nun meldet der Router in regelmäßigem Abstand die aktuelle IP-Adresse an den DynDNS-Dienst.

Um zu überprüfen, ob das Ganze funktioniert, starten Sie das Terminal und geben den Befehl ping gefolgt von Ihrem Domainnamen ein. Wenn dann einige Sekunden später die Antwort der Domain eintrifft, hat alles geklappt.

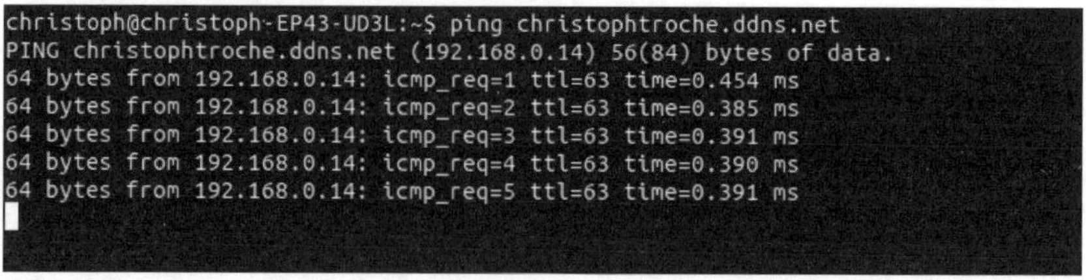

```
christoph@christoph-EP43-UD3L:~$ ping christophtroche.ddns.net
PING christophtroche.ddns.net (192.168.0.14) 56(84) bytes of data.
64 bytes from 192.168.0.14: icmp_req=1 ttl=63 time=0.454 ms
64 bytes from 192.168.0.14: icmp_req=2 ttl=63 time=0.385 ms
64 bytes from 192.168.0.14: icmp_req=3 ttl=63 time=0.391 ms
64 bytes from 192.168.0.14: icmp_req=4 ttl=63 time=0.390 ms
64 bytes from 192.168.0.14: icmp_req=5 ttl=63 time=0.391 ms
```

Abb. 10.10: Alles hat geklappt: Dynamic DNS funktioniert.

Die Einrichtung eines DynDNS-Servers 10.14

Hinweis

Je nach dem verwendeten Router kann es sein, dass Sie gar keine Auswahl an DynDNS-Servern vorfinden oder dass Sie diese Funktion gar nicht finden. Hier hilft nur ein Blick in das Handbuch Ihres Routers oder eventuell ein Firmware-Update. Fruchtet dies alles nichts, sollten Sie über den Neukauf eines Routers nachdenken.

Falls Ihr Router die Einrichtung und Organisation eines DynDNS-Servers nicht unterstützt, stellen einige Dienstanbieter auch Software-Tools zur Verfügung. Diese setzen dann allerdings voraus, dass ein PC rund um die Uhr innerhalb des heimischen Netzwerks läuft und die IP-Veränderungen an den Dienstanbieter sendet. Ob Sie im Falle eines mehrwöchigen Urlaubs stets einen PC zu Hause laufen lassen wollen, dessen einzige Aufgabe es ist, die aktuelle IP-Adresse zu melden, müssen Sie entscheiden.

Den Router einrichten

Als zweiten Schritt müssen Sie Ihrem Router beibringen, dass er eine VPN-Anfrage zulassen soll. Denn vor Zugriffen aus dem Internet soll Ihr Router bzw. die eingebaute Firewall Sie ja eigentlich schützen. Und hier wird es kompliziert, da die Modalitäten der verschiedenen Router-Hersteller unterschiedlich sind.

Ich möchte dies anhand der Fritz!Box erklären. Diese Boxen und ihre Derivate stellen einen Großteil der in Privathaushalten verwendeten Router. Die Chance, lieber Leser, dass ich hier Ihren Hersteller treffe, ist am höchsten. Andere Hersteller haben andere Verfahren, ihren Routern die VPN-Verbindung zu ermöglichen, oft hilft schon ein Blick ins Handbuch.

Öffnen Sie das Menü INTERNET | FREIGABEN | VPN und klicken Sie auf den Button VPN HINZUFÜGEN. Hier wählen Sie nun die Funktion FERNZUGANG FÜR EINEN BENUTZER EINRICHTEN. Aktivieren Sie die Option VPN-VERBINDUNGEN ZUR FRITZ!BOX KÖNNEN HERGESTELLT WERDEN. Klicken Sie zum Schluss auf den Eintrag VPN-EINSTELLUNGEN ANZEIGEN. Nun öffnet sich ein Pop-up-Fenster, in dem die Einstelldaten für die Box angezeigt werden. Diese Einstellungen sollten Sie ausdrucken oder notieren, die Daten brauchen Sie später bei der Einrichtung des Clients auf dem Laptop.

10 Safety first – Sicherheit im System

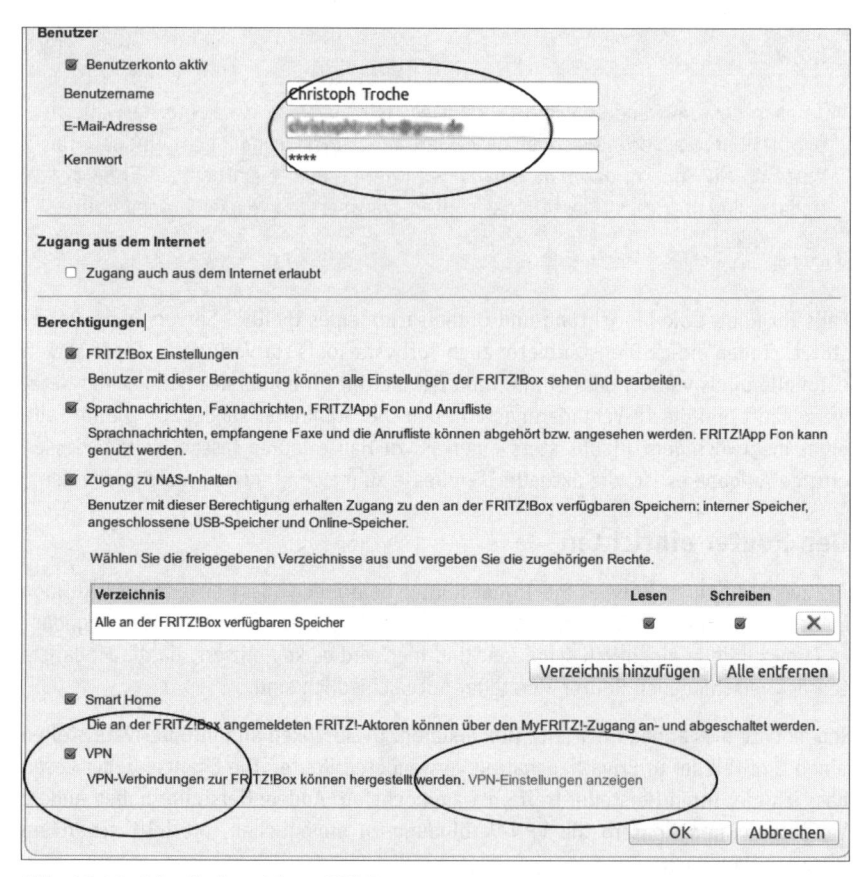

Abb. 10.11: Schnell eingerichtet: VPN-Zugang

Die Einrichtung des VPN-Clients im Linux-PC

Fast alle Linux-Distributionen halten eine vorbereitete VPN-Verbindung bereit: das *PPTP-Tunneling-Protokoll*. Die Geschehnisse um die NSA-Affäre haben allerdings gezeigt, dass dieses Verfahren unsicher ist. Besser ist die Verschlüsselung mit *VPNc*. Hierzu installieren Sie mit Hilfe des Terminals zwei Softwarepakete:

1. vpnc
2. network-manager-vpnc

Die Einrichtung eines DynDNS-Servers 10.14

Schauen Sie jetzt noch einmal bei den Systemeinstellungen des Netzwerks nach. Rufen Sie den Menüpunkt VPN-VERBINDUNGEN AUF, sollte jetzt der Eintrag CISCO-KOMPATIBLER VPN-CLIENT erscheinen

Wählen Sie diesen Eintrag aus, um eine sichere VPN-Verbindung zu installieren.

Klicken Sie auf den Button ERZEUGEN. Im sich nun öffnenden Dialog geben Sie die Daten ein, die Sie im Textdokument gespeichert haben.

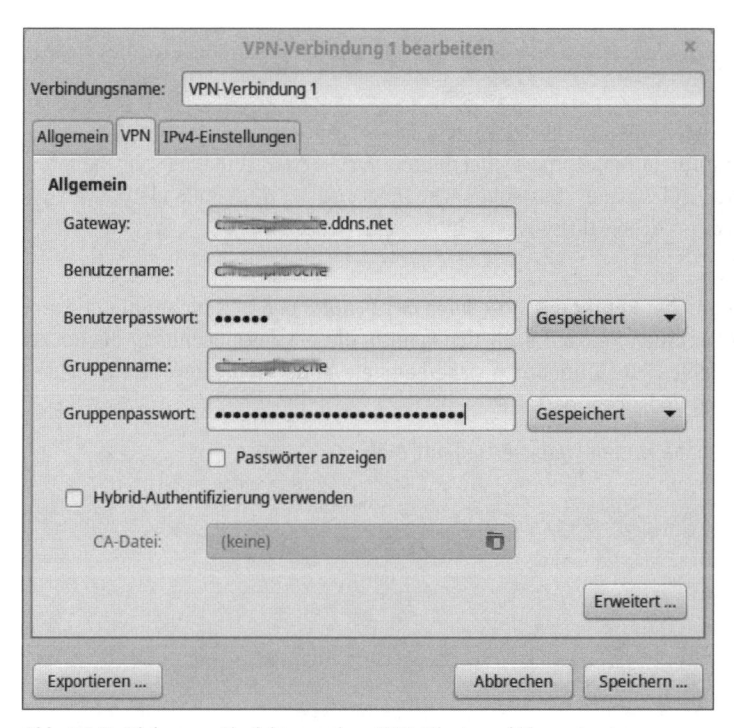

Abb. 10.3: Dialog zur Einrichtung eines VPN-Clients auf Ihrem Laptop

- Geben Sie der Verbindung einen Namen, falls Sie mit Ihrem Laptop mehrere VPN-Verbindungen planen.
- Geben Sie als Gateway den Namen der vorhin erstellten Domain ein.
- Geben Sie den Benutzernamen für das VPN-Protokoll ein; falls Sie ihn nicht mehr wissen, schauen Sie doch im Textdokument nach.

10 Safety first – Sicherheit im System

Das Gruppenpasswort hingegen ist ein von der Fritz!Box erstellter Schlüssel namens *Shared Secret*. Diesen können Sie jetzt entweder abschreiben oder per Copy & Paste aus der Textdatei importieren.

Speichern Sie Ihre Einträge. Wenn Sie nun noch einmal auf das Symbol des Netzwerkmanagers klicken, können Sie den eben erstellten Eintrag sehen.

Das war's schon. Klicken Sie auf den Eintrag VPN-LAPTOP, die Verbindung zu einem Netzwerk wird automatisch hergestellt.

> **Tipp**
>
> Die Einstelldaten aus dem Textdokument können Sie tatsächlich auch dazu benutzen, mit Ihrem Smartphone oder iPhone eine VPN-Verbindung zum heimischen Router aufzubauen. Das ermöglicht Ihnen, auch mit den mobilen Geräten sicher aus öffentlichen Hotspots ins Internet zu gehen.

Sollte Ihr heimischer Router die Prozeduren des DynDNS und VPN nicht unterstützen, denken Sie über einen Neukauf nach. Ich kann in diesem Zusammenhang die Router von AVM empfehlen, die Einrichtung sicherheitsrelevanter Programme ist hier bedienungsfreundlich und sicher gestaltet.

Und nein, ich habe keinen Werbevertrag mit AVM.

> **Lösung**
>
> Der Spruch, der dem Passwort zu Grunde liegt heißt: *Mein Hut der hat 3 Ecken, 3 Ecken hat mein Hut*. Leicht zu merken, nicht zu knacken, oder?

Kapitel 11

Der Linux-Verzeichnisbaum – eine etwas andere Logik

11.1 Die wichtigsten Verzeichnisse	221
11.2 Geräte im Verzeichnisbaum	222
11.3 Ein- und Aushängen von Laufwerken	223

11 Der Linux-Verzeichnisbaum – eine etwas andere Logik

Für einen Einsteiger ist die Linux-Verzeichnisstruktur sicher etwas schwierig zu verstehen. Schon während der Entwicklung von UNIX und dann Linux haben sich einige Regeln herauskristallisiert, die später dokumentiert und festgeschrieben wurden: der Filesystem Hierarchy Standard (FHS). Der Unterschied zum Beispiel zu Windows trägt der Tatsache Rechnung, dass UNIX immer schon ein netzwerkfähiges System war und mehreren Nutzern zur Verfügung stehen musste und dass dem Administrator immer schon eine Sonderstellung zukam.

Aus Sicht des Betriebssystems ist alles, wovon gelesen und in das geschrieben wird, eine Datei. Das gilt merkwürdigerweise nicht nur für Laufwerke, Festplatten und Partitionen, sondern auch für alle Geräte. Der Monitor, die Soundkarte und der Drucker sind in diesem Sinne Dateien, in die das Betriebssystem hineinschreibt. Gelesen wird beispielsweise von der Tastatur, dem Scanner oder der Maus. Dateien aber müssen in Verzeichnissen zu finden sein und so ist es auch hier.

Steht bei Microsoft der Laufwerksbuchstabe am Anfang der Hierarchie, so ist dies bei Linux das sogenannte *Root-Verzeichnis*, das durch einen Slash / symbolisiert wird.

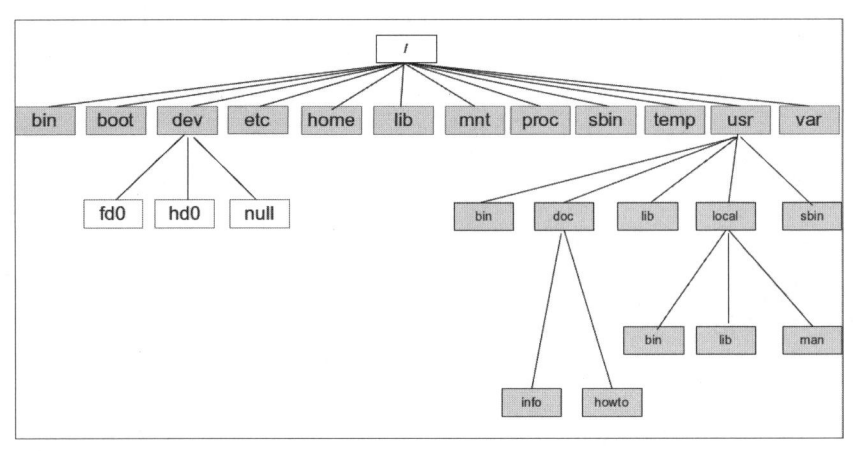

Abb. 11.1: Verzeichnis-Hierarchie unter Linux

Bitte beachten Sie die korrekte Schreibweise: Während bei Microsoft-Systemen ein Backslash \ verwendet wird, verwendet man bei Linux einen Slash /.

11.1 Die wichtigsten Verzeichnisse

Schauen wir uns die wichtigsten Verzeichnisse einmal an:

- / ist das Haupt-, Root- oder Wurzelverzeichnis. Hier, am Beginn des Verzeichnisbaumes, sollten keine Dateien liegen, sondern nur Verzeichnisse. Zugriff auf diese Verzeichnisse hat nur der Administrator root.

- /bin: Hier befinden sich wichtige Programme (*binaries*) zur Systemverwaltung, die immer verfügbar sein müssen. Diese Programme können von jedem Benutzer genutzt werden. Anwendungen wie z.b. LibreOffice findet man hier nicht.

- /boot: Hier befinden sich die Dateien, die zum Starten des Systems notwendig sind. In aller Regel befindet sich hier auch der Kernel, das Herz des Betriebssystems.

- /dev: In diesem Verzeichnis findet man Gerätedateien, die Zugangspunkte zu den Hardwarekomponenten (*devices*). /fd0 beispielsweise stellt den Zugang zu einer Floppydisk her. Auch auf die Schnittstellen und auf die Festplattenpartitionen greift Linux per Device-Dateien zu.

- /etc: Diese Dateien hab ich gelegentlich schon vorgestellt. In diesem Verzeichnis befinden sich die Konfigurationsdateien des Systems. Dabei handelt es sich um einfache Textdateien, die mit dem Editor verändert werden können. Wenn Sie in Internetforen aufgefordert werden, eine bestimmte Konfigurationsdatei anzupassen, um ein Problem zu lösen, werden Sie hier fündig.

- /home ist wohl das meistgenutzte Verzeichnis. Für jeden Benutzer wird ein eigenes home-Verzeichnis angelegt, in dem er Dateien anlegen, verändern und löschen kann. In den Unterverzeichnissen werden beispielsweise die Thunderbird- und Firefox-Profile abgelegt.

- /lib enthält die Programm-Bibliotheken (*libraries*). Diese enthalten Funktionen, die von mehreren Programmen gleichzeitig genutzt werden. Ein wichtiges Unterverzeichnis lautet /lib/modules. Hier sind weitere Kernel-Module gespeichert.

- lost+found: Dieses Verzeichnis sollte normalerweise leer sein. Befinden sich trotzdem Dateien hierin, handelt es sich um Dateifragmente, die nicht mehr zugeordnet werden konnten. Diese können entstehen, wenn Linux nicht heruntergefahren wird, sondern nur vom Strom getrennt wurde, oder wenn ein USB-Stick beim Kopieren von Dateien zu früh entfernt wurde.

- /mnt ist das Standard-Mount-Verzeichnis unter Linux. Es wird bei einigen Distributionen nicht genutzt, ist aber trotzdem vorhanden, da sich die Laufwerke anderer Betriebssysteme hier einhängen sollen.

11 Der Linux-Verzeichnisbaum – eine etwas andere Logik

- /media: Hier werden die Unterverzeichnisse für Speichermedien gelistet. Speichermedien können CD-Laufwerke, USB-Sticks, aber auch die Windows-Partition sein, die sich eventuell auch noch auf der Festplatte befindet. Einige neue Linux-Distributionen verschieben das Verzeichnis in /run/media/.
- /proc: Hier werden Informationen über die laufenden Prozesse (process) gespeichert.
- /root: Hier befindet sich das Home-Verzeichnis des Administrators.
- /sbin: Ähnlich wie im Verzeichnis /bin sind hier Kommandos gespeichert, die allerdings nur mit Administrator-Rechten ausgeführt werden können.
- /temp: Hier werden vorübergehend Programmdateien ausgelagert.
- /usr: In diesem Verzeichnis werden zusätzlich installierte Programme gespeichert, die nicht zur regulären Distribution gehören. Die meisten davon findet man im Unterverzeichnis /usr/bin.
- /var: Hier lagern die sich laufend verändernden Informationen wie zum Beispiel die Zwischenablage und Druckaufträge.

Sie haben zwei Möglichkeiten, den Inhalt dieser Verzeichnisse zu betrachten: Zum einen, indem Sie sich mit dem Dateimanager durch die Verzeichnisse klicken, zum anderen mit dem Terminal, hier müssen Sie dann aber die entsprechenden Befehle kennen.

Sie werden feststellen, dass Sie längst nicht alle Verzeichnisse öffnen und auch nicht alle Dateien verändern können.

11.2 Geräte im Verzeichnisbaum

Wie bereits erwähnt, wird alle Hardware, gleichgültig ob Festplatte oder Soundkarte, als Dateien im Verzeichnisbaum abgebildet. Damit Linux ein Gerät ansprechen kann, muss eine das Gerät abbildende Datei vorhanden sein. Diese Dateien finden Sie im Verzeichnis /dev. Die zugehörigen Dateinamen sind standardisiert, die Partitionen Ihrer Festplatte lauten beispielsweise /dev/sda1.

Gelegentlich kann man anhand des Dateinamens sogar erkennen, welches Gerät sich hinter der Datei versteckt.

Ein- und Aushängen von Laufwerken 11.3

Abb. 11.2: Der Verzeichnisbaum von /dev. Hier sind alle peripheren Geräte als Datei gelistet.

11.3 Ein- und Aushängen von Laufwerken

Das Ein- und Aushängen von Verzeichnissen war bis vor einiger Zeit noch mit Befehlen im Terminal verbunden. Einhängen bedeutet »im Dateisystem nutzbar machen«. Ihre Dateiverwaltung listet alle erreichbaren Speichergeräte und andere Dateisysteme in der Seitenleiste auf, zum Beispiel eine parallel existierende Windowspartition. In aller Regel sind diese Verzeichnisse automatisch eingehängt, Sie haben also automatisch Zugriff auf eine externe Festplatte oder einen USB-Stick, sobald Sie sie oder ihn einstecken. Sie können ein Laufwerk auch sehr einfach aushängen, indem Sie mit der rechten Maustaste auf das entsprechende Symbol klicken und AUSHÄNGEN wählen.

11 Der Linux-Verzeichnisbaum – eine etwas andere Logik

> **Hinweis**
>
> Solange ein Datenträger eingehängt ist, darf er nicht entfernt werden. Bei CDs wird die Schublade verriegelt, bei USB-Sticks und externen Festplatten müssen Sie allerdings selbst aufpassen. Klicken Sie immer mit der rechten Maustaste auf das Symbol im Starter und bestätigen Sie DATENTRÄGER AUSHÄNGEN.

Wenn Sie ein Gerät einfach nur ausstecken, können Dateien verlorengehen; es kann sogar passieren, dass das eingehängte Dateisystem beschädigt wird und das Einhängen beim nächsten Mal gänzlich misslingt. Dann müsste der Datenträger neu formatiert werden, was den endgültigen Datenverlust bedeuten würde.

Partition in das /home-Verzeichnis einbinden

Aber wozu das Ganze? Unter Linux lässt sich der Ort, an dem Sie auf einen Datenträger zugreifen, einfach festlegen. An der Stelle eines Verzeichnisses /home/benutzer/ geheimnisvoller Ordner kann sich technisch ein CD-ROM Laufwerk, eine Windows-Partition, ein Drucker oder etwas ganz anderes befinden.

Ein Beispiel: Bei der Installation von Linux haben Sie alles, was zu installieren war, auf einer einzigen Partition gespeichert: Daten und Betriebssystem, Ihre Dateien, aber auch die Dateien der anderen Benutzer. Stellen Sie sich vor, Sie hätten noch eine zusätzliche Festplatte mit vertraulichen Daten in Ihrem Computer und möchten diese nicht für alle Nutzer zugänglich machen. Unter Windows wären diese Dateien unter einem anderen Laufwerks-Buchstaben für jeden erreichbar. Nicht so unter Linux. Wenn Sie diese Partition unter /home einhängen (mounten), befinden sich alle Dateien in Ihrem Ordner und sind somit für alle anderen nicht einsehbar. Ihr /home-Ordner ist und bleibt Ihr /home-Ordner, egal ob sich die Daten physisch auf einem anderen Laufwerk, im Netzwerk oder auf derselben Festplatte befinden.

So können Sie Laufwerke, Partitionen, komplette Windows-Dateisysteme als *Datei* in Ihren /home-Ordner einhängen. Die Daten gehören dann Ihnen. Um eine Datei in Ihrem /home-Ordner einzuhängen, benötigen Sie zwei Informationen:

- den Namen der Datei
- den Ort, an dem die Datei eingehängt werden soll

Wenn man einmal herausgefunden hat, unter welchem Namen das zweite Laufwerk im Dateisystem geführt wird, ist es ein Leichtes, dieses in Ihren /home-Ordner einzuhängen.

Ein- und Aushängen von Laufwerken 11.3

Gehen wir zu dem Beispiel der zweiten Festplatte in Ihrem Computer, die Sie in Ihr System einbinden möchten: Klicken Sie mit der rechten Maustaste einmal auf das Symbol der zweiten Festplatte, hier als *Volume* bezeichnet. Man erfährt, dass das Laufwerk im Ordner /media liegt und Volume heißt.

Öffnen Sie nun das Terminal und geben den Befehl mount -l ein. Jetzt werden die vorhandenen eingehängten Laufwerke aufgelistet. Wir suchen den Eintrag media/Volume und erfahren, dass diese Datei (wir erinnern uns, auch Laufwerke werden als Datei geführt) unter /dev/sdb1 aufgeführt ist.

```
gvfs-fuse-daemon on /home/christoph/.gvf
nodev,user=christoph)
/dev/sdb1 on /media/Volume type fuseblk
missions,blksize=4096) [Volume]
christoph@christoph-SCENIC-W:~$
```

Abb. 11.3: Wir suchen den Eintrag media/Volume

Nun müssen Sie einen Einhängepunkt schaffen: Da dieser Punkt in Ihrem /home-Ordner liegt und nicht die bereits dort vorhandenen Dateien überschreiben soll, erstellen Sie einen leeren Ordner mit Namen platte.

Dazu klicken Sie mit der rechten Maustaste in das Fenster des persönlichen Ordners, wählen aus dem Kontextmenü den Eintrag Neuen Ordner anlegen aus und benennen den so erstellten Ordner um in platte.

Jetzt haben Sie nicht nur den Namen der einzuhängenden Datei, sondern auch einen Einhängepunkt erstellt.

Hängen Sie jetzt das Volume aus, indem Sie mit der rechten Maustaste auf das Symbol Volume klicken und Aushängen wählen. Nun ist die Festplatte für das System nicht mehr verfügbar.

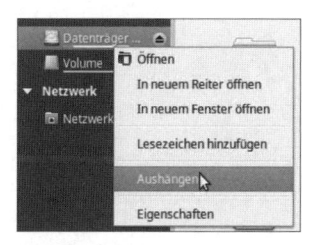

Abb. 11.4: Ein Laufwerk wird ausgehängt

225

11 Der Linux-Verzeichnisbaum – eine etwas andere Logik

Starten Sie nun das Terminal, tippen in die Kommandozeile:

```
sudo mount -t ntfs /dev/sbd1 /home/BENUTZERNAME/platte
```

und bestätigen mit [Enter].

Danach werden Sie nach dem Passwort gefragt. Geben Sie es ein und bestätigen Sie mit [Enter].

Was bedeuten diese Eingaben und wie wende ich sie auf mein System an?

sudo ist der Befehl, mit dem Sie sich für ganz kurze Zeit System-Verwalterrechte geben.

mount ist der Befehl, mit dem Sie das System anweisen, eine Datei einzuhängen, und zwar eine Datei vom Typ (-t) ntfs. Diese Datei befindet sich unter dem Pfad /dev/sdb1 und soll unter /home/BENUTZERNAME / in den Ordner platte eingehängt werden. Dort, wo BENUTZERNAME steht, gehört dann Ihr Benutzername in Kleinbuchstaben hinein.

Jetzt sollte das Symbol des *Volumens* in der Dateiverwaltung verschwunden sein, alle Dateien befinden sich nun im Ordner /platte.

Was aber unterscheidet diesen Vorgang davon, dass Sie die Dateien ganz einfach auf Ihre eigene Festplatte verschieben? Nun, die Daten haben sich physisch nicht verändert und liegen immer noch auf der zweiten Festplatte. Sie können dies auch mit einzelnen Ordnern oder Ordnern, die sich im Hausnetzwerk befinden, praktizieren. Die Daten bleiben physisch dort, wo sie sind, werden aber in Ihren persönlichen Ordner eingehängt und sind somit für die anderen Benutzer unsichtbar.

Anhang A

Linux-Alternativen zu Windows-Programmen

A.1 Office-Programme (MS Office) 228

A.2 Webdesign (Frontpage, Dreamweaver) 232

A.3 Webbrowser (Edge, Internet Explorer, Chrome) 233

A.4 E-Mail-Clients (MS Outlook) 234

A.5 Brennsoftware (Nero BurningROM) 235

A.6 Audiobearbeitung 236

A.7 Bildbearbeitung für Rastergrafiken (Adobe Photoshop, Corel Photo-Paint) 236

A.8 Fotoverwaltung und Bearbeitung (Adobe Lightroom) 237

A.9 Programme für Vektorgrafiken (Adobe Illustrator, Corel Draw, Freehand) 238

A.10 Videobearbeitung (Windows Movie Maker, Adobe Premiere Elements) 239

A.11 3D-Animationen (3D Studio MAX) 241

A.12 CAD-Programme (AutoCAD) 241

A Linux-Alternativen zu Windows-Programmen

Durch die marktbeherrschende Stellung, die Microsoft mit seinem Betriebssystem einnimmt, sind auch die Programme, die auf Windows basieren, zum Synonym verschiedener Aufgabenbereiche geworden. Wir sprechen wie selbstverständlich vom »PowerPoint-Vortrag«, unabhängig davon, ob der Vortragende wirklich diese Präsentationssoftware benutzt hat; ist ein Foto offensichtlich nachträglich verschönert, wurde es »mit Photoshop« bearbeitet.

Diese zweifelsohne sehr nützlichen Programme sind jedoch meist für die Windows-Welt geschaffen. In fast allen Fällen können Sie aber auf ähnlich gute Programme mit vergleichbarem Funktionsumfang zurückgreifen, wenn Sie Linux nutzen. Mit mehreren entscheidenden Vorteilen: Während Photoshop nur noch als teures Abo-Modell und Microsoft Office in der einfachsten Version nicht unter 100 Euro zu bekommen ist, kosten die Open-Source-Äquivalente für Linux gar nichts.

Ich möchte Ihnen in diesem Kapitel alternative Möglichkeiten zu Microsoft-Programmen aufzeigen. Nicht alle Programme sind Open-Source, aber Sie können mit allen Programmen die gleichen Aufgaben erledigen wie mit denen, die Sie vielleicht bereits unter Windows benutzt haben.

A.1 Office-Programme (MS Office)

LibreOffice

https://de.libreoffice.org/

LibreOffice ist der Platzhirsch unter den Linux-Büropaketen. Selbstverständlicher Teil der meisten Distributionen, bringt das Programmpaket dieselbe Funktionsvielfalt mit, die MS Office auch hat. Standardmäßig werden alle Dokumente, gleich ob Textdatei oder Tabelle, im selben Format gespeichert, dem *OpenDocument_Text*. Das ist so erfolgreich, dass auch die neueren Versionen von Microsoft Office das Format unterstützen.

Calligra Office

https://www.calligra.org/

Diese Office-Suite ist nicht ganz so umfangreich und komplex, trotzdem reicht der Funktionsumfang für die allermeisten Anforderungen locker aus.

Gnome Office

Im Unterschied zu den beiden vorher genannten Office-Suiten handelt es sich hier nicht um ein einheitliches Konzept, sondern um eine mehr oder weniger lockere Sammlung von Einzelprogrammen, die eigenständig installiert werden können. Daher hier auch kein Link.

Textverarbeitung (MS Word)

LibreOffice Writer

http://www.libreoffice.org/

Writer ist Teil des LibreOffice-Programmpaketes. Enorm umfangreich mit sehr guten Im- und Exportfiltern für Dokumente, die mit MS Word erstellt wurden. Darüber hinaus können die Originalschriften eingebunden werden.

AbiWord

https://www.abiword.org/

Wenn es nicht ganz so umfangreich zu sein braucht wie LibreOffice Writer, reicht auch diese schnelle, schlanke Textverarbeitung, die ein Teil des Gnome-Office ist. Die Filterfunktionen zu anderen Textformaten sind naturgemäß sehr viel einfacher, funktionieren aber trotzdem verblüffend gut. Diese Textverarbeitung findet sich oft auf schwächeren Systemen.

Tabellenkalkulation (MS Excel)

Tabellenkalkulationen sind nie einfach: Der Umgang mit den integrierten Formeln und (finanz-)mathematischen Funktionen setzt immer auch ein gewisses Abstraktionsverständnis und mathematische Kenntnisse voraus.

Gnumeric

http://www.gnome.org/projects/gnumeric

Gnumeric ist eine schnelle und robuste Tabellenkalkulation. Es meistert alle Aufgaben des täglichen Arbeitslebens meist problemfrei und bietet eine Vielzahl an Optionen in gut strukturierten Dialogen an. Mehr als 300 hinterlegte Formeln und Funktionen sind für den Normalverbraucher mehr als ausreichend.

A Linux-Alternativen zu Windows-Programmen

LibreOffice Calc

http://www.libreoffice.org/

Einer der Ansprüche, die sich LibreOffice auf die Fahne schreibt, ist die möglichst weitreichende Kompatibilität mit dem Marktführer Excel. Dies gelingt mit in aller Regel auch gut, die große Stärke von LibreOffice ist allerdings die perfekte Einbindung an die übrigen Elemente von LibreOffice. Wenn Sie sich nicht die Mühe machen wollen, Tabellen selbst zu erstellen, finden Sie online jede Menge Vorlagen, die Sie einfach importieren und ausprobieren können.

Datenbankanwendung (MS Access)

Kexi

http://www.kexi-project.org

Glom

https://www.glom.org/

Große Datenbanksysteme wie LibreOffice Base oder Access erschlagen den wenig erfahrenen Nutzer mit mehr Funktionen, als im Alltag tatsächlich benötigt werden. Die beiden schlanken Datenbanken *Kexi* und *Glom* bringen demgegenüber sinnvolle Funktionen ohne Overkillgefahr mit und ermöglichen es dem Anwender ohne Vorkenntnisse, Datenbanken aufzusetzen und abzufragen.

LibreOffice Base

http://www.libreoffice.org/

Wenn Sie mehr Funktionen benötigen, komplexe Datenbanken erstellen und auch beherrschen, ist *Base* das Programm der Wahl. Ein Assistent nimmt Sie an die Hand, wenn es darum geht, eine neue Datenbank zu erstellen oder eine vorhandene zu öffnen. Die Community stellt im Vorfeld eine ganze Reihe vorgefertigter Datenbanken von einfachen Adressbüchern und Trainingsplänen bis zu Auftragsbüchern und Kundendatenbanken für den professionellen Bereich zur Verfügung.

Office-Programme (MS Office)   A.1

Präsentationssoftware (Power Point)

LibreOffice Impress

http://www.libreoffice.org/

Impress spielt hier natürlich in seiner eigenen Liga. Die Kompatibilität zu Microsoft ist sehr gut, auch wenn nicht perfekt. Alle Features, die Sie bei PowerPoint finden, können Sie auch hier nutzen. Vorlagen, Hintergründe, Übergänge, Sortierfenster, was will man letztendlich mehr. Bei Präsentationen ist ohnehin die Gefahr, einen visuellen Overkill zu erzeugen, größer als eine Funktion zu vermissen.

Ease

http://www.ease-project.org/

Dieses Programm macht seinem Namen alle Ehre und erstellt einfache Präsentationen mit einer sehr intuitiven Oberfläche und wenigen, nützlichen Optionen. Wenn Sie die Einarbeitung und den Funktionsumfang von *Impress* meiden wollen, werfen Sie einmal einen Blick auf diese App.

Projektmanagement (MS Project)

Diese hier vorgestellten Programme erstellen so genannte Gantt-Diagramme, die die Planung und den Fortschritt eines Projektes auf einer Zeitskala visualisieren. Darüber hinaus finden Sie Informationen zur Kostenrechnung, Risikoanalyse und Kommunikationsmanagement.

GanttProject

http://ganttproject.sourceforge.net/

Sehr umfangreiche Projektplanung, der Im- und Export von MS-Project-Dateien ist möglich.

Planner

http://live.gnome.org/Planner

Schnell und schlank. Nutzt ein eigenes Datenformat, kann aber MS-Projekt lesen

ProjectLibre

https://sourceforge.net/projects/projectlibre/files/ProjectLibre/

Ein kommerzielles Programm, das in der Open-Source-Variante kostenlos ist.

A.2 Webdesign (Frontpage, Dreamweaver)

Um eine Webseite zu erstellen, benötigen Sie einen so genannten HTML-Editor. Reicht es für den Einstieg, nur Texte, Bilder und Links darzustellen, ist es für den professionellen Einsatz nötig, auch mit Skriptsprachen, wie zum Beispiel PHP und JavaScript, oder Stylesheet-Sprachen wie zum Beispiel CSS umzugehen.

Hier finden Sie eine Aufstellung tauglicher WYSIWYG-Editoren *(what you see is what you get)*, bei denen die Seite beim Erstellen und Bearbeiten genauso angezeigt wird, wie sie der Browser später darstellt.

BlueGriffon

http://bluegriffon.org

Bietet eine kostenlose und eine lizensierte Version mit enormem Umfang. Bereits die freie Version dürfte für den Privatanwender ausreichen.

KompoZer

http://www.kompozer.net

Einfache, leicht zu bedienende Webseitenerstellung mit ausreichendem Umfang für den Privatanwender. Grundlage ist Gecko, ein Modul von Modzilla, auf dem auch Firefox basiert.

Aptana Studio

http://aptana.com

Professionelle Webseitenentwicklung mit einer riesigen Auswahl an Tools zur Bearbeitung der Hintergrundfunktionen. Kein WYSIWYG und definitiv nicht einsteigergeeignet.

A.3 Webbrowser (Edge, Internet Explorer, Chrome)

Webbrowser stellen als eine der meistgenutzten Apps überhaupt einen zentralen Teil einer Distribution dar, bei Windows lassen sich die integrierten Internet Explorer und Edge beispielsweise nicht deinstallieren.

In Linux-Foren herrschen oft hitzige Diskussionen über Sinn und Unsinn, Sicherheit, Schnelligkeit und korrekter Darstellung der verschiedenen Programme.

Firefox

https://www.mozilla.org/de/firefox

Der *Firefox*, Webbrowser der Modzilla-Stiftung, ist der zweitmeist genutzte Browser weltweit. Abgesehen von überzeugenden Sicherheitsfeatures zeichnet er sich durch Erweiterungsmöglichkeiten mit so genannten Add-ons aus, die es ermöglichen, Werbung auszublenden, anonym zu surfen, Videos aus Webseiten auszuschneiden und herunterzuladen und vieles mehr. Schwächere Systeme haben Schwierigkeiten, Videos ruckelfrei anzuzeigen, da der Firefox relativ viel Speicherplatz in Anspruch nimmt.

Konqueror

https://konqueror.org/

Hierbei handelt es sich um den Webbrowser der *KDE Software Compilation*. Das Multitalent kann auch als Dateimanager oder zum Betrachten von Bilddateien eingesetzt werden. Der *Konqueror*, der ohnehin Bestandteil des KDE-Desktops ist, bietet ebenfalls Add-ons an, um an persönliche Bedürfnisse angepasst zu werden.

Chrome / Chromium

https://www.chromium.org

Chrome ist der mit Abstand meistgenutzte Browser auf Desktopsystemen weltweit, allerdings ist ein großer Teil des Quelltextes proprietär. Da Google als Hersteller sehr an Daten seiner Nutzer interessiert ist, stimmt mich so etwas nachdenklich. *Chromium* ist dagegen Open-Source und basiert auf den frei verfügbaren Teilen von *Chrome*.

Chromium ist sehr schnell und schlank und wird gerne auf schwachen Systemen eingesetzt.

A Linux-Alternativen zu Windows-Programmen

Netsurf

www.netsurf-browser.org

Sehr schneller, sehr leichtgewichtiger Browser, der auf alten Systemen und den minimalistischen Distributionen eine sehr gute Figur macht.

Epiphany/Eolie

https://wiki.gnome.org/Apps/Web

https://wiki.gnome.org/Apps/Eolie

Zwei Browser mit vollständiger Integration in die Gnome-Umgebung

A.4 E-Mail-Clients (MS Outlook)

Thunderbird

http://www.mozilla.com/thunderbird

Thunderbird ist das Pendant zu Firefox und eines der weltweit meistgenutzten E-Mail-Clients für den Desktop. Auch hier lassen sich eine Unmenge Add-ons hinzufügen, die das Arbeiten erleichtern und sicherer machen: Am häufigsten wird sicher *Lightning* eingerichtet, ein Kalender mit Verbindung zu allen möglichen Online-Kalendern.

Evolution

http://www.gnome.org/projects/evolution

Evolution ist weit mehr als nur ein E-Mail-Client, von Hause aus ist er ein Personal Information Manager und Bestandteil des Gnome-Desktops. Funktionen sind unter anderem die Organisation und Verwaltung von E-Mails, Kontakten, Terminen, Aufgaben und Notizen. Und ähnelt damit sehr viel mehr Microsoft Outlook.

Kmail

https://userbase.kde.org/KMail

Kmail ist der E-Mail-Client von KDE. Das Programm kann alleinstehend ausgeführt werden oder es wird als Teil der kompletten KDE-Personal Information Managers Kontact genutzt. Zur Verwaltung der E-Mail-Adressen wird das Programm *KAddressBook* verwendet, *KNotes* und *KOrganizer* verwalten dann die Notizen und Termine

A.5 Brennsoftware (Nero BurningROM)

Brasero

https://wiki.gnome.org/Apps/Brasero

Das Programm ermöglicht es, schnell und einfach CDs und DVDs zu brennen. Eine besondere Einarbeitung ist nicht nötig, allerdings fehlen Spezialfunktionen wie das Auslesen einer CD und Umwandeln in .mp3-Dateien.

GnomeBaker

http://gnomebaker.sourceforge.net

Noch einfacher als *Brasero*. Einfach und intuitiv werden aus .iso-Dateien CDs gebrannt und Audio-CDs erstellt. Mehr nicht.

K3b

https://userbase.kde.org/K3b

Der Name *K3b* ist die kurze Schreibweise für »KDE Burn Baby, Burn!«. Hier finden Sie das genaue Gegenteil der oben genannten App. Denn das Ziel der K3b-Macher ist es, möglichst viele Funktionen zu integrieren und dabei intuitiv erledigen zu können. Es werden CDs, DVDs oder BluRays »on the fly« kopiert, ausgelesen, komprimiert ... Das Programm liefert dabei einen vollständigen Ersatz für Windows-Programme wie *Nero BurningROM*.

CD rippen

Geht es nur um das reine Auslesen von AudioCDs und das anschließende Umwandeln in komprimierte Formate wie .ogg oder .mp3, bietet Linux Programme wie Sand am Meer.

Grip

https://sourceforge.net/projects/grip/

RipperX

https://sourceforge.net/projects/ripperx/

Asunder

http://www.littlesvr.ca/asunder/

Sound Juicer

https://git.gnome.org//browse/sound-juicer

A.6 Audiobearbeitung

Audacity

http://www.audacity.de

Über die recht intuitiv gehaltene, grafische Benutzeroberfläche können Sie hier die meisten wichtigen Funktionen mit nur sehr wenigen Klicks erreichen. Eingebaute Filter entfernen Rauschen oder Klirren.

Ardour

http://ardour.org

Ist für den profesionellen Gebrauch gedacht und versucht nach eigener Aussage, die bestmögliche Bearbeitung für Tondateien zu ermöglichen. Das macht es schwierig für Einsteiger.

A.7 Bildbearbeitung für Rastergrafiken (Adobe Photoshop, Corel Photo-Paint)

Eine Raster- oder Pixelgrafik besteht aus einer rasterförmigen Anordnung von Bildpunkten (Pixeln). Jedem Pixel ist eine Farbe zugeordnet. Hauptmerkmale einer Rastergrafik sind die Bildgröße in Pixeln sowie die Farbtiefe. Rastergrafiken eignen sich zur Darstellung komplexerer Bilder wie Fotos.

GIMP / GIMPShop

https://www.gimp.org/

Gimp ist der Platzhirsch unter den Photoshop-Konkurrenten. Das Programm erfüllt als professionelle Bildbearbeitung fast alle Ansprüche für die Erstellung, Gestaltung und Bearbeitung von Grafikdateien und kann mit allen gängigen Funktionen aufwarten.

Der Ableger *GimpShop* versucht dabei die Bedienung des Marktführers Photoshop zu imitieren, um die Umstellung zu erleichtern.

Krita

https://krita.org/en

Krita ist ein professionelles Malprogramm, das auch die Bearbeitung von Fotos beherrscht. Das Hauptaugenmerk liegt allerdings auf der Malerei.

A.8 Fotoverwaltung und Bearbeitung (Adobe Lightroom)

LightZone

http://lightzoneproject.org/

LightZone ist die Alternative zum Bildbearbeiter *Lightroom*. Das professionelle Tool unterstützt Sie beim Organisieren Ihrer Fotos und stellt gleichzeitig eine breite Palette an Bearbeitungsfunktionen bereit. Sie können die Aufnahmen im unkomprimierten Modus über unzählige Schieberegler in Belichtung, Farbgebung und Schärfe anpassen und verbessern. Ebenso einfach lassen sich Bilder zuschneiden oder ganz einfach nur rote Augen entfernen.

Darktable

https://www.darktable.org/

Alternativ dazu stellt *Darktable* die Arbeitsabläufe in einem echten Labor nach: Vom Leuchttisch geht es in die Dunkelkammer, erst dann zur Diashow. Der Funktionsumfang ist für den ambitionierten Hobbyfotografen weit ausreichend.

Weitere Programme zur Fotoverwaltung

Wenn die Fotoverwaltung ein bisschen einfacher sein soll, bieten sich folgende Programme an, die Ihre Bilder vor allem als Thumbnail darstellen und eine einfache Bildkorrektur anbieten.

digiKam

http://www.digikam.org

gThumb

https://wiki.gnome.org/Apps/Gthumb

KphotoAlbum

https://www.kphotoalbum.org

Shotwell

https://wiki.gnome.org/Apps/Shotwell

Gwenview

https://userbase.kde.org/Gwenview

A.9 Programme für Vektorgrafiken (Adobe Illustrator, Corel Draw, Freehand)

Vektorgrafiken basieren auf einer Bildbeschreibung, die die Objekte, aus denen das Bild aufgebaut ist, exakt definiert. So kann beispielsweise eine Linie in einer Vektorgrafik über Lage der Endpunkte, Linienstärke und Farbe vollständig beschrieben werden. Da nur diese Parameter gespeichert werden, lassen sich Vektorgrafiken mit geringem Platzbedarf speichern. Eine Eigenschaft ist daher auch die stufenlose und verlustfreie Skalierbarkeit.

Inkscape

https://inkscape.org/de/

Inkscape ist eine professionelle Arbeitsumgebung, die überhaupt keine Wünsche offenlässt. Die sehr üppige Ausstattung und die Möglichkeiten werden den Einsteiger wohl zuerst einmal abschrecken, denn das, was sich unter kundigen Händen als Ergebnis des Designprozesses ergibt, hat mit den Polygonen und Linien handelsüblicher Vektorgrafiken nichts mehr zu tun.

LibreOffice Draw

http://www.libreoffice.org/

Draw ist ein Teil der LibreOffice-Suite und ist dann richtig für Sie, wenn Sie ein relativ einfach zu bedienendes Programm benötigen, mit dem Sie Skizzen, Flowcharts, Mindmaps etc. erstellen wollen.

Karbon

https://www.calligra.org/karbon/

Ist das einfachste der hier vorgestellten Vektorgrafik-Programme. Die Bedienung ist einfach und intuitiv, die Importfilter ermöglichen es, Dateien, die mit den proprietären Marktführern erstellt wurden, weiterzubearbeiten.

A.10 Videobearbeitung (Windows Movie Maker, Adobe Premiere Elements)

Im Bereich der Videobearbeitung bietet Linux ein sehr weites Spektrum an Programmen. Vom hochprofessionellen Programm, das allen Microsoftprogrammen locker das Wasser reichen kann, bis hin zur schnellen kleinen App, mit der Sie Ihre Urlaubsvideos auf die Schnelle schneiden können.

Cinelerra

http://heroinewarrior.com/cinelerra.php

Cinelerra ist ein nichtlineares Videobearbeitungs- und -schnittprogramm, das im Umfeld professioneller Linux-Videoproduktion entstanden ist und dort genutzt wird. An Bord sind eine Menge erstklassiger Filter und Encoder, die nicht nur einen profanen Videoschnitt ermöglichen, sondern Rendering in höchster Qualität ermöglichen. Nach Aussage des Herstellers ist *Cinelerra* ohne Einschränkung auch für den privaten oder heimischen Videoschnitt geeignet. Dies mag zutreffen, Sie müssen sich dann allerdings eine längere Einarbeitung einplanen.

Und weil es so sehr komplex daherkommt, hat sich eine Community gebildet, die

Cinelerra CV

https://cinelerra-cv.org/index

veröffentlicht. *CV* steht dabei für *Community Version* und verzichtet auf einige professionelle Tools wie den Umgang mit Farbräumen. Und hat vermutlich immer noch mehr Funktionen an Bord, als der Normalnutzer gemeinhin braucht.

Kdenlive

https://kdenlive.org/

ist eine Videoschnittsoftware, vor allem für die KDE-Umgebung. Wie in dieser Umgebung üblich, wird an Funktionen nicht gespart, dabei benötigt das System nicht ganz so viel Computerleistung wie *Cinelerra*.

Avidemux

http://avidemux.sourceforge.net/

Avidemux ist ein Videoschnittprogramm für den ambitionierten Hobbyfilmer. Sie ist plattformübergreifend, das bedeutet, Sie werden diese Software auch unter Windows oder macOS finden. *Avidemux* unterstützt zahlreiche Audio- und Videoformate und ermöglicht es meistens, diese untereinander zu konvertieren.

OpenShot

https://www.openshot.org/de/

Wenn es nur darum geht, Videos vom Smartphone oder der ActionCam zu schneiden, oder High-End Qualität nicht so wichtig ist wie eine unkomplizierte Arbeitsoberfläche: *OpenShot* ist das richtige Programm für Sie. Der Videoschnitt gestaltet sich sehr einfach und gespeichert wird nach Vorlagen. Falls Sie ein Youtube- oder Vimeokonto haben, können Sie Ihre Filme auch gleich veröffentlichen.

Weitere Videobearbeitungprogramme

Flowblade

https://jliljebl.github.io/flowblade

LiVES

http://lives-video.com

Open Movie Editor

http://www.openmovieeditor.org

PiTiVi

http://www.pitivi.org

A.11 3D-Animationen (3D Studio MAX)

Blender

http://www.blender.org

Blender ist ein enorm umfangreiches Profiwerkzeug für die Erstellung von 3D-Animationen. Auch wenn die Hersteller gerne mit intuitiver Bedienbarkeit werben: Dieses Programm ist nicht intuitiv bedienbar. Wenn Sie allerdings viel Zeit haben und ein Oscar-prämiertes Meisterwerk erstellen möchten: Hier ist Ihr Programm.

k-3d

http://www.k-3d.org

Wenn es etwas einfacher, allerdings auch weniger spektakulär sein darf.

wings 3d

http://www.wings3d.com

Hier können Sie Modelle aus Polygonen erstellen und rendern lassen. Die Galerie der Webseite zeigt beeindruckende Stilleben.

A.12 CAD-Programme (AutoCAD)

FreeCAD

https://www.freecadweb.org

Auch CAD-Programme benötigen Übung und Einarbeitung. Wenn Sie also auf die Schnelle eine technische Zeichnung anfertigen wollen – nehmen Sie lieber Papier und Bleistift. *FreeCAD* ist ein professionelles CAD-Programm mit Schnittstellen zu allen großen, proprietären Programmen.

Sweet Home 3D

http://sweethome3d.sourceforge.net/index.html

Während sich *FreeCAD* an Architekten und Ingenieure richtet, ist *Sweethome3D* das Programm für Hobby-Innenarchitekten und Raumausstatter. Es ist vergleichsweise einfach zu bedienen und liefert anschauliche Ergebnisse. Leider lassen sich die Möbel großer Möbelhäuser nicht importieren, allerdings steht eine große Auswahl vorgefertigter Möbel zur Auswahl.

Nachwort

So, lieber Leser, schön, wenn ich Sie bis hierhin begleiten konnte. Sie haben die meisten Hürden geschafft, Linux läuft wahrscheinlich stabil auf Ihrem System und vielleicht haben Sie schon angefangen, sich mit Ihrer Arbeitsumgebung vertraut zu machen. Wenn Sie nicht ganz zufrieden mit Ihrer Distribution sind, machen Sie sich keine Sorgen, Sie müssen hier nicht alles alles annehmen, was man Ihnen vorsetzt: Probieren Sie ruhig weitere Distributionen aus, Sie wissen ja jetzt, was zu tun ist.

Ansonsten können Sie sich von nun an mit dem guten Gefühl, einen stabilen und sicheren Computer zu nutzen, an die Arbeit begeben. Die meisten Sicherheitsprobleme des Internet gehen Sie nun nichts mehr an, und das Geld, das Sie nicht für Betriebssystem oder Office-Programme ausgegeben haben, ermöglicht sicher einen schönen Wochenendausflug.

Und falls Sie Lob, Fragen, konstruktive Kritik und Anregungen für mich haben, hierfür bin ich Ihnen natürlich dankbar, der Verlag wird diese an mich weiterleiten.

Index

Symbole

32-Bit-Version	54
.deb	28, 29
.iso-Datei	57
.rpm	32, 35
.snap	29

A

Abiword	45, 51, 229
addgroup	164
Addons	38
adduser	156
Administrator	148
Administratorrechte	100
Advanced Packaging Tool	28
Aktualisierungsverwaltung	119
Anaconda	33
Anonym surfen	39
Antergos	37
Anti-Viren-Programm	190
AntiX	41, 149
AppleTV	38
APT *Siehe* Advanced Packaging Tool	
Aptana Studio	232
ArchLinux	35
Ardour	236
Asunder	236
Audacity	236
Avidemux	240

B

Banana Pi	37, 51
Benutzer	149
Benutzerverwaltung	152

Bildbearbeitung	
Gimp	47
BIOS	57
Einstellungen	73
sperren	199
Blender	241
BlueGriffon	232
Bodhi-Linux	41
Bootloader	79
Boot Options	66
Bootsequenz	66, 79
Botnetz	188
Bots	188
Brasero	235
Brennprogramm	
k3b	50
xfburn	51
Browser	
Firefox	201

C

Caja	44
Calamares	36
Calligra Office	228
Canonical	29
CD	
brennen	235
rippen	235
CentOs	32
Checksumme	57
Chrome	233
Chromium	233
Cinelerra	239
Cinelerra CV	239
Cinnamon	31, 47

245

Index

Clones 32
Codecs 28

D
Darktable 237
Dateimanager
    Caja 44
Dateiverwaltung
    Nautilus 45
    Nemo 47
Datenschutz im Internet 200
Datensicherung 206
    Back in time 206
    BackupPC 206
    Déjà Dup 206
    Fwbackups Rsync 206
    Lucky Backup 206
Debian 27, 57, 98
Deinstalliere Wine Applikationen 172
Déjà Dup 206
Desktops 43
    Cinnamon 31, 47
    Gnome 3 45
    Gnome Classic 46
    KDE-Plasma 29
    LXDE 30, 50
    Mate 44
    Moksha 41
    Plasma 49
    ROX 42
    Unity 29
    Xfce 48
Desktop-Umgebungen
    Siehe Desktops
digiKam 237
Distributionen 25, 54
    Antergos 37
    AntiX 41, 149

ArchLinux 35
Bodhi-Linux 41
CentOs 32
Debian 27
Fedora 33
Gparted Live-CD 38
JonDo 39
Knoppix 31
Kubuntu 29, 49
Linux from Scratch 39
Linux Mint 30, 55, 103
Lubuntu 30
Manjaro 36
OpenELEC 38
openSUSE 34
Raspbian 37
Red Hat 32
Slackware 34
Ubuntu 28
DKMS 178
Domain 213
Drucker 120
DuckDuckGo 203
Dynamische IP-Adresse 212
DynDNS-Server 212
    Anbieter 212
    einrichten 213

E
Ease 231
Einstellungen
    Drucker 120
    Grafikkarte 114
    LibreOffice 121
    Scanner 119
    Spiegelserver 116
    Sprache 113
    Tastatur 113
    Updates 119

Index

E-Mail-Client
   Evolution 45, 234
   Kmail 234
   Thunderbird 234
Eolie 234
Epiphany 234
Externe Festplatte 208

F

FAT32 183
Fedora 33
Festplattenverwaltung
   GParted 38
Filesystem Hierarchy Standard 220
Firefox 201, 233
   Firefox absichern 201
Firefox-Add-ons
   AdBlock Plus 204
   AdNauseam 204
   anonymoX 204
   Better Privacy 204
   Blur 204
   Browser Protect 204
   Ghostery 203
   NoScript 204
Firewall 190
Flowblade 240
FreeCAD 241
Fritz!Box 214, 215
Fritz!USB-Stick 102

G

GanttProject 231
Gesellschaft für Software und
   Systementwicklung 34
GIMP 47, 236
GIMPShop 236
Glom 230
Gnome 3 45

GnomeBaker 235
Gnome Classic 46
Gnome Office 229
gnome-system-tools 162
Gnumeric 229
GParted 38, 151, 183
   Live-CD 38
Grafikkarte 114
Grip 235
groupadd 164
Grundeinstellungen 99
Gruppenbezeichnungen .. 159
Gruppeneigentümer 159
Gruppenzugehörigkeit ... 162
gThumb 238
Gwenview 238

H

Hardware 222
Heartbleed 191

I

Inkscape 238
Installation 26, 56
   abschließen 97
   minimal 56
   Netzwerk- 56
   normal 56
Installations-DVD 58
Installationsmedium 58
   DVD 58
   USB-Stick 58
Installationsprogramm
   Anaconda 33
   Calamares 36
   Smart 35
   YAST 34
   YUM 35
   Zypper 35

Index

J
JonDo 39

K
k3b 50, 235
k-3d 241
Karbon 239
Kdenlive 239
KDE-Plasma 29
KDE-Programme 51
KeePass Password Manager 199
Kexi 230
Knopper, Klaus 31
Knoppix 31
KompoZer 232
Konqueror 233
KphotoAlbum 238
Krita 237
Kubuntu 29, 50

L
Lastpass 199
Laufwerke 223
LibreOffice 36, 121, 47
    Base 230
    Calc 230
    Draw 238
    Impress 231
    Writer 229
LightZone 237
Linux
    einrichten 97
    from Scratch 39
    im Internet 53
    in der Gruppe 147
    Ökosystem 191
    Verzeichnisbaum 219

Linux-Alternativen 227
    3D-Animationen 241
    Audiobearbeitung 236
    Bildbearbeitung 236
    Brennsoftware 235
    Datenbankanwendung 230
    E-Mail-Clients 234
    Fotoverwaltung 237
    Grafikdesign 238
    Office-Programme 228
    Präsentationssoftware 231
    Projektmanagement 231
    Tabellenkalkulation 229
    Textverarbeitung 229
    Videobearbeitung 239
    Webbrowser 233
    Webdesign 232
LiVES 240
Lubuntu 30
LXDE 30, 50

M
Manjaro 36
Mate 44
MD5-Checksumme 57
Meltdown 192
Microsoft
    Excel 174
    Office 174
    PowerPoint 175
Miniinstallation 56
Mint 30, 55, 103
Mir 29
MirrorBrain 118
Mobiler Breitband-Stick 111
Moksha 41
Mozilla 36

Index

N

Nautilus 45
ndiswrapper 103, 104
Nemo 47
nemo-seahorse 198
Netselect 117
Netsurf 234
Netzwerk 108
   anmelden 108
Netzwerkinstallation 56
Netzwerkverbindungen 101
   Fritz!Wlan-Stick 103
   kabelgebundenes LAN 101
   mobiler Breitband-Stick 111
   Tethering 108
   WLAN 101
Non-PAE-CPU 40
normale Installation 56
nouveau 115
ntfs 183
Nutzersystem 189
nvidia 115

O

Officesuite
   LibreOffice 36, 47
OpenELEC 38
Open Movie Editor 240
OpenShot 240
OpenSUSE 34, 57, 98
   Leap 35
   Tumbleweed 35

P

PackageKit 105
Pacman 35, 36
PAE 40

Paketformat
   .deb 28, 29
   .rpm 32, 35
   .snap 29
Paketmanager
   APT 28
   RPM Package Manager 32
Paketsystem
   Pacman 35
Passwortsafe 195
   KeePass 199
   Lastpass 199
   Seahorse 195
Phishing 204
Physical Address Extension
   Siehe PAE
PiTiVi 240
Planner 231
Plasma 49
PlayOnLinux 173
Pluma 44
PostScript 120
PPTP-Tunneling-Protokoll 216
Privilegien 189
Programme aktualisieren 119
ProjectLibre 232
Pure Blends 28

R

Radeon 114
Ransomware 188
Raspberry Pi 37, 38, 51
Raspbian 37
Red Hat 32
RipperX 235
root 148
Root-Verzeichnis 220
Router 215
   einrichten 215

Index

ROX 42
RPM Package Manager 32

S

SANE-Projekt 119
Scanner 119
Schadsoftware 188, 205
Seahorse 195
Shotwell 238
Shuttleworth, Mark 28
Sichere Passwörter 192
Sicherheit 108, 108
   im Internet 200
   keine Verschlüsselung 108
   WEP-Verschlüsselung 108
   WLAN 108
   WPA-Verschlüsselung 108
Simple Scan 119
Slackware 34
Smart 35
Smartphone 108
Social Engineering 204
Software 105
   installieren 104
   und Aktualisierung 119
Softwareupdate 119
Sound Juicer 236
Spectre 192
Spiegelserver 116
Spracheingabe 74
Spracheinstellungen 113
Start absichern 199
Startpage by Ixquick 203
su 152
Sudo 150
Superuser 148
Sweet Home 3D 241
Synaptic 105
System aktualisieren 119

Systemeinstellungen 99
Systemupdates 119
Systemverwalter 163

T

Tastaturlayout 113
Terminal 104
Tethering 108
Texteditor
   AbiWord 45, 51
   Pluma 44
Treiber 115
   Drucker 120
   Grafikkarte 114
   installieren 107
   Scanner 119
Trojaner 188

U

Ubuntu 28, 99
UEFI 59
   sperren 199
Unity 29
Update 192
USB-Stick 58
useradd 158

V

Verzeichnisse
   / 221
   /bin 221
   /boot 221
   /dev 221
   /etc 221
   /home 221
   /lib 221
   /lost+found 221
   /media 222
   /mnt 221

Index

/proc 222
/root 222
/sbin 222
/temp 222
/usr 222
/var 222
Verzeichnisstruktur 220
Virenscanner 190
VirtualBox 178
Virtual Private Network
   Siehe VPN
Virtuelle
   Festplatten 183
   Maschine 176
Virus 188
VM
   Siehe Virtuelle Maschine
VPN 209
   PPTP-Tunneling-Protokoll 216
   VPNc 216
   VPN-Client 216
   VPN-Client 216

W

WEP-Verschlüsselung 108
Win32 Disk Imager 59, 60
Windows und Linux 168
Windows Wireless Drivers 105
Wine 169
wings 3d 241
WLAN 101
WPA-Verschlüsselung 108

X

xfburn 51
Xfce 48

Y

YaST 34, 98
YUM 35

Z

Zugriffsoptionen 161
Zypper 35

Christoph Troche

FRITZ!Box
Von der optimalen Einrichtung bis zum Heimnetzwerk

3. Auflage

Schritt-für-Schritt-Anleitungen und praxisnahe Beispiele

Telefonzentrale, Cloud und VPN einfach einrichten

Sicherheit mit der FRITZ!Box: WLAN verschlüsseln, Kindersicherung einrichten, Firmware aktualisieren

Die FRITZ!Box ist der unangefochtene Marktführer unter den Netzwerklösungen für den privaten Gebrauch – egal ob Sie nur einen Telefon- und Internetanschluss einrichten oder ein komplexes Netzwerk mit mehreren Teilnehmern aufbauen wollen.

Der Autor Christoph Troche zeigt Ihnen in diesem praktischen Handbuch, wie Sie die FRITZ!Box ganz einfach Ihren Wünschen entsprechend konfigurieren können. Am Beispiel von Peter, Paul und Marie, die in einer Wohngemeinschaft zusammenleben und ganz unterschiedliche Ansprüche an die FRITZ!Box haben, erklärt er leicht nachvollziehbar und praxisnah alle Möglichkeiten der Heimzentrale und die dafür notwendigen Einrichtungsschritte.

Im ersten Teil behandelt Troche den Anschluss und die Einrichtung der Box, den Aufbau eines Medienservers und die Konfiguration eines virtuellen persönlichen Netzwerkes (VPN), um zum Beispiel auch zwei Arbeitsplätze miteinander zu verbinden.

Im zweiten Teil werden die Funktionen der FRITZ!Box voll ausgenutzt: Sie optimieren die Sicherheitseinstellungen, entdecken nützliche Zusatzsoftware, richten sich einen eigenen Webserver ein, stellen einen Gastzugang zur Verfügung, aktualisieren die Firmware und vieles mehr.

Vorkenntnisse sind für die Umsetzung dieser Aufgaben nicht nötig, aber auch erfahrene Nutzer kommen mit diesem Buch auf ihre Kosten.

ISBN 978-3-95845-522-1

Probekapitel und Infos erhalten Sie unter:
www.mitp.de/522

Christoph Troche

Ubuntu 16.04
Praxiswissen für Ein- und Umsteiger
inkl. Ubuntu 16.04 auf DVD-ROM

Ganz einfach und Schritt für Schritt auf Ubuntu umsteigen

Die Benutzeroberfläche *Unity* kennenlernen und an die eigenen Bedürfnisse anpassen

Windows und Ubuntu parallel betreiben

Steigen Sie mit Ubuntu ein in die Linux-Welt! Egal, ob Sie parallel zu einem anderen Betriebssystem oder ausschließlich mit Ubuntu arbeiten wollen: Dieses Buch nimmt Sie an die Hand und ermöglicht Ihnen einen problem-losen Start mit Ubuntu 16.04.

Christoph Troche erklärt Ihnen gut nachvollziehbar die verschiedenen Installationsmöglichkeiten von Ubuntu (Live-Version, Fest-installation, allein oder parallel zu Windows). Er demonstriert, wie Sie Ubuntu einrichten und macht Sie mit der Arbeitsoberfläche Unity bekannt, so dass Sie direkt loslegen können.

Der Autor zeigt Ihnen die Programme, die Ubuntu bereits mitbringt und empfiehlt Ihnen geeignete Alternativen. Auf die Arbeit mit dem Bürosoftware-Paket LibreOffice geht er dabei besonders ein. Im weiteren Verlauf des praxisnahen Buches erhalten Sie wertvolle Informationen und Tipps in Sachen Multimedia, Mobilität, Datensicherung in der Cloud oder Sicherheit Ihres Systems.

So hilft Ihnen dieses Praxisbuch mit seiner verständlichen Art dabei, alltägliche Aufgaben problemlos zu meistern und Ihr Ubuntu optimal zu nutzen.

ISBN 978-3-95845-471-2

Probekapitel und Infos erhalten Sie unter:
www.mitp.de/471

Christoph Troche

Linux Mint 18
Praxiswissen für Ein- und Umsteiger
inkl. Linux Mint 18 auf DVD-ROM

Ganz einfach und Schritt für Schritt auf Linux Mint umsteigen

Die Benutzeroberfläche von Linux Mint Cinnamon kennenlernen und an die eigenen Bedürfnisse anpassen

Windows und Linux Mint parallel betreiben

Steigen Sie mit Mint ein in die Linux-Welt! Egal, ob Sie parallel zu einem anderen Betriebs-system oder ausschließlich mit Linux Mint 18 (Sarah) arbeiten wollen: Dieses Buch nimmt Sie an die Hand und ermöglicht Ihnen einen problemlosen Start. Dabei geht der Autor hauptsächlich auf die Standardversion Linux Mint Cinnamon ein, stellt aber auch die Distributionen MATE, KDE, Xfce sowie die OEM-Version und die No-codecs-Version vor.

Christoph Troche erklärt Ihnen gut nachvollziehbar die verschiedenen Installationsmöglichkeiten von Linux Mint (Live-Version, Festinstallation, allein oder parallel zu Windows). Er demonstriert, wie Sie Mint einrichten und macht Sie mit der Arbeitsoberfläche bekannt, so dass Sie direkt loslegen können.

Der Autor zeigt Ihnen die Programme, die Linux Mint bereits mitbringt, und empfiehlt Ihnen geeignete Alternativen. Auf die Arbeit mit dem Bürosoftware-Paket LibreOffice geht er dabei besonders ein. Im weiteren Verlauf des praxisnahen Buches erhalten Sie wertvolle Informationen und Tipps in Sachen Multimedia, Mobilität, Datensicherung in der Cloud oder Sicherheit Ihres Systems.

So hilft Ihnen dieses Buch mit seiner verständlichen Art dabei, alltägliche Aufgaben problemlos zu meistern und Linux Mint optimal zu nutzen.

ISBN 978-3-95845-510-8

Probekapitel und Infos erhalten Sie unter:
www.mitp.de/510